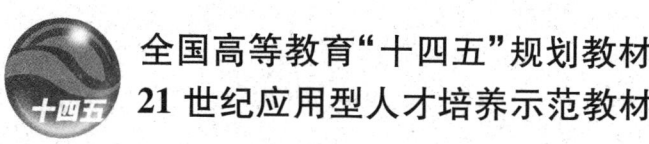

全国高等教育"十四五"规划教材
21世纪应用型人才培养示范教材

社交礼仪

主　编　张学林　王嘉文　王　磊
副主编　高娓娓　尹　瑞　王　芳
　　　　张亦刚　农成敏

燕山大学出版社
·秦皇岛·

图书在版编目(CIP)数据

社交礼仪/张学林,王嘉文,王磊主编.—秦皇岛:燕山大学出版社,2021.6(2026.1重印)
ISBN 978-7-5761-0160-7

Ⅰ.①社… Ⅱ.①张… ②王… ③王… Ⅲ.①社交礼仪 Ⅳ.①C912

中国版本图书馆 CIP 数据核字(2021)第 069660 号

社交礼仪

张学林　王嘉文　王　磊　主编

出 版 人	陈　玉
责任编辑	朱红波
封面设计	冯晓亮
出版发行	燕山大学出版社
地　　址	河北省秦皇岛市河北大街西段 438 号
邮政编码	066004
电　　话	0335-8387555
印　　刷	廊坊市印艺阁数字科技有限公司
经　　销	全国新华书店
开　　本	787mm×1092mm　1/16　印　张:15.75　字　数:360 千字
版　　次	2021 年 6 月第 1 版　　印　次:2026 年 1 月第 2 次印刷
书　　号	ISBN 978-7-5761-0160-7
定　　价	58.00元

版权所有　侵权必究

如发生印刷、装订质量问题,读者可与出版社联系调换

联系电话:0335-8387718

前　言

礼仪,是中华传统美德宝库中的一颗璀璨明珠,是中国古代文化的精髓。身居礼仪之邦,应为礼仪之民。知书达礼,待人以礼,应当是当代大学生的一个基本素养。然而,在大学校园仍存在许多不知礼、不守礼、不文明的行为,以及与大学生的礼仪修养、与精神文明建设极不和谐的现象。可见,对大学生进行社交礼仪教育具有跨时代的特殊意义。社交礼仪教育不仅是素质教育的必需,而且也是社会文明进步的强烈要求。当前,职业院校非常注重对学生进行"职业人"的培养,而往往忽略了对学生"社会人"的培养。要想让学生成为一个真正的职业人,先决条件是先成为一个"社会人"。

孔子曰:"不学礼,无以立。"没有谁能够与世隔绝,于是就有了交际。人在社会化的过程中,需要学习的东西很多,而社交礼仪教育是一个人在社会化过程中必不可少的重要内容。因为,礼仪是整个人生旅途中的必修课。任何一个生活在某一礼仪习俗和规范环境中的人,都自觉或不自觉地受到该礼仪的约束。自觉地接受社交礼仪约束的人,就被人们称为"成熟的人",是符合社会要求的人。反之,一个人如果不能遵守社会生活中的礼仪要求,他就会被该社会中的人视为"惊世骇俗"的"异端",就会受到人们的排斥,社会就会以道德和舆论的手段来对他加以约束。

《社交礼仪》全书共分为:知礼篇——人不学　不知礼;重礼篇——先尊重自己　再尊重他人;习礼篇——随时随地学礼仪;守礼篇——在工作和生活中遵守礼仪四个部分,分别介绍和阐述了个人礼仪、学校礼仪、家庭礼仪、社交礼仪、职场礼仪、商务礼仪、会务礼仪、仪典仪礼、行业服务礼仪和涉外礼仪等基本知识。

本书对礼仪方面的真知灼见和有益探索,必将有助于高校大学生深刻理解知礼、重礼的内涵,并通过各种场合的不断练习,养成习礼、守礼的良好习惯,大幅提高礼仪素养。本书尽可能全面地反映本学科的已有成果,力求系统地阐述本学科的基本知识,并坚持理论和实践相统一的原则,既注重理论高度,对礼仪实践进行概括和总结,又结合礼仪的时代特点,突出其应用性;力求通过社交礼仪教育进一步提高学生的礼仪修养,培养学生应对酬答的实际能力,养成良好的礼仪习惯,具备基本的文明教养,让文明之花遍地开放。

本书由济南工程职业技术学院张学林、黄河科技学院王嘉文、内蒙古建筑职业技术学院王磊担任主编,由三门峡职业技术学院高娓娓、浙江同济科技职业学院尹瑞、河南交通职业技术学院王芳和张亦刚、玉林师范学院农成敏担任副主编。其中张学林编写了第十一章、第十二章;王嘉文编写了第二章、第七章;王磊编写了第一章、第四章;高娓娓编写了第五章、第八章;尹瑞编写了第十三章及附录;王芳、张亦刚共同编写了第六章、第九章、第十章;农成敏编写了第三章,全书由王嘉文统稿。

本书在编写过程中参考和引用了国内外大量文献资料,在此谨向原书作者表示衷心的感谢。

由于水平有限,本书难免存在不足和疏漏之处,敬请各位读者批评指正。

编 者
2021 年 1 月

目录 Contents

知礼篇　人不学　不知礼

第一章　礼仪引论 ················ 1
- 第一节　礼仪的起源与演进 ················ 1
- 第二节　现代礼仪的含义、要素和类别 ················ 7
- 第三节　现代礼仪的特性和原则 ················ 14
- 第四节　现代礼仪的功能和作用 ················ 17
- 思考练习 ················ 19

重礼篇　先尊重自己　再尊重他人

第二章　个人形象礼仪 ················ 20
- 第一节　仪容 ················ 20
- 第二节　仪态 ················ 25
- 第三节　仪表 ················ 35
- 思考练习 ················ 46

第三章　语言礼仪 ················ 47
- 第一节　谈话礼仪 ················ 47
- 第二节　倾听的艺术 ················ 51
- 第三节　应答的语言艺术 ················ 56
- 思考练习 ················ 63

习礼篇　随时随地学礼仪

第四章　公共礼仪 ················ 64
- 第一节　公德礼仪 ················ 64
- 第二节　交通礼仪 ················ 67
- 第三节　公共场所礼仪 ················ 71

第四节　通信礼仪 ··· 72
　　思考练习 ··· 78

第五章　学校礼仪 ··· 79
　　第一节　学校礼仪概述 ··· 79
　　第二节　校园礼仪 ··· 80
　　第三节　课堂礼仪 ··· 83
　　第四节　师生礼仪 ··· 84
　　第五节　同窗礼仪 ··· 85
　　第六节　恋爱礼仪 ··· 87
　　思考练习 ··· 88

第六章　家庭礼仪 ··· 89
　　第一节　家庭礼仪概述 ··· 90
　　第二节　家庭称谓礼仪 ··· 93
　　第三节　家庭祝贺礼仪 ··· 96
　　第四节　家庭应酬礼仪 ··· 98
　　思考练习 ··· 101

第七章　社交礼仪 ··· 102
　　第一节　日常交往礼仪 ··· 102
　　第二节　舞会、派对礼仪 ····································· 108
　　第三节　宴请礼仪 ··· 112
　　第四节　娱乐礼仪 ··· 118
　　第五节　运动礼仪 ··· 122
　　第六节　婚丧礼仪 ··· 126
　　思考练习 ··· 130

守礼篇　在工作和生活中遵守礼仪

第八章　职场礼仪 ··· 131
　　第一节　求职礼仪 ··· 133
　　第二节　就业礼仪 ··· 138
　　第三节　办公室礼仪 ··· 139

第四节　迎送、接待与馈赠礼仪 ……………………………… 141
　　思考练习 …………………………………………………………… 147

第九章　商务礼仪 …………………………………………………… 148
　　第一节　商务会议礼仪 …………………………………………… 148
　　第二节　商务洽谈礼仪 …………………………………………… 150
　　第三节　商务应酬礼仪 …………………………………………… 155
　　思考练习 …………………………………………………………… 158

第十章　会务礼仪 …………………………………………………… 159
　　第一节　新闻发布会会务礼仪 …………………………………… 160
　　第二节　会展会务礼仪 …………………………………………… 164
　　第三节　茶话会会务礼仪 ………………………………………… 167
　　第四节　赞助活动会务礼仪 ……………………………………… 170
　　思考练习 …………………………………………………………… 173

第十一章　仪典礼仪 ………………………………………………… 174
　　第一节　庆典仪式礼仪 …………………………………………… 174
　　第二节　开业仪式礼仪 …………………………………………… 179
　　第三节　剪彩仪式礼仪 …………………………………………… 183
　　第四节　签约仪式礼仪 …………………………………………… 188
　　第五节　交接仪式礼仪 …………………………………………… 192
　　思考练习 …………………………………………………………… 197

第十二章　行业服务礼仪 …………………………………………… 198
　　第一节　民航服务礼仪 …………………………………………… 198
　　第二节　商场服务礼仪 …………………………………………… 201
　　第三节　银行服务礼仪 …………………………………………… 204
　　第四节　旅游服务礼仪 …………………………………………… 211
　　第五节　饭店服务礼仪 …………………………………………… 215
　　思考练习 …………………………………………………………… 220

第十三章　涉外礼仪 ··· 221
第一节　涉外接待礼仪 ··· 221
第二节　西餐礼仪 ··· 226
第三节　涉外馈赠礼仪 ··· 231
第四节　国外主要禁忌 ··· 233
思考练习 ·· 235

附录 ·· 236
附录一　自我形象十大检查 ······································· 236
附录二　鲜花礼仪 ··· 237
附录三　中国主要节日 ··· 239
附录四　称呼礼仪 ··· 240

# 知礼篇 人不学 不知礼

第一章 礼仪引论

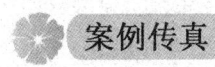 案例传真

玉帛成干戈

公元前592年,当时的齐国国君齐顷公在朝堂接见来自晋国、鲁国、卫国和曹国的使臣,各国使臣都带来了墨玉、币帛等贵重礼品献给齐顷公。献礼的时候,齐顷公向下一看,只见晋国的亚卿郁克是个独眼,鲁国的上卿季孙行父是个秃头,卫国的上卿孙良夫是个跛脚,而曹国的大夫公子首则是个驼背,不禁暗自发笑:怎么四国的使臣都是有毛病的?

当晚,齐顷公见到自己的母亲萧夫人,便把白天看到的四个人当笑话说给萧夫人听。萧夫人一听便乐了,执意要亲眼见识一下。正好第二天是设宴招待各国使臣的日子,于是齐顷公便答应让萧夫人届时躲在帷帐的后面观看。

第二天,当四国使臣的车子到达后,众人依次入厅时,萧夫人掀开帷帐向外张望。她一看见四个使臣便忍不住大笑起来,她的随从也个个笑得前俯后仰。笑声惊动了众使者,当他们弄明白原来是齐顷公为了让母亲开心,特意做了这样的安排时,个个怒不可遏,拂袖而去,并约定各自回国请兵伐齐,雪洗在齐国所受的耻辱。四年后,四国联合起来讨伐齐国,齐国不敌,大败,齐顷公只得讲和。这便是春秋时著名的"鞍之战"。

礼仪在正式的外交场合是极其重要的,玩忽礼仪,只会像齐顷公那样,自食恶果。

第一节 礼仪的起源与演进

一、我国古代礼仪的起源与演进

中国自古称"华夏",取"服章之美是为华,礼仪之大是为夏"之意,正所谓"礼仪之邦,衣冠上国"。时至今日,中国人更是与时俱进,在古代礼仪基础上"取其精华,去其糟

粕",赋予了中国现代礼仪新的内容,中华民族也以崭新的面貌屹立于世界的东方。通过本书的学习,让学生了解现代礼仪的基本内容,做到知礼、重礼,并通过各种场合的不断练习,养成习礼、守礼的良好习惯,从而提高学生的礼仪素养。

人类的文明源远流长,在人类文明历史形成的同时,作为文明的表现形式之一的礼仪也随之出现。礼仪发展的历史实际上是人类逐渐走向文明的历史,了解礼仪的起源和发展演变,有助于我们全面把握礼仪文化,并通过对传统礼仪的扬弃,正确地指导现代礼仪实践。

(一)我国礼仪的起源阶段(公元前5万年—前22世纪)

据考证,我国礼仪最早起源于祭祀神灵。这是因为原始社会时,生产力极其低下,人们还处于一种愚昧无知的状态,对种种自然现象无法作出科学的解释,认为各种自然现象是受某种神秘的力量支配的,于是神秘化、人格化自然的力量,想象出各种神灵作为崇拜的对象。为了表达这种崇拜之意,人类生活中有了祭祀活动,并在祭祀活动的历史发展中,逐渐地完善了相应的规范、制度,形成了祭祀礼仪。所以,汉代许慎说:"礼,履也,所以事神致福也。"郭沫若在《十批判书·孔墨的批判》中也指出,"礼之起,起于祀神,其后扩展而为人,更其后而为吉、凶、军、宾、嘉"等多种仪制。

公元前11万年左右,人类进入新石器时期。该时期原始的婚姻制度也始具雏形。根据古代历史文献记载,在新石器时代的后期,就有"夫妻之道"。从伏羲时代开始,即有男女嫁娶的礼仪,规定以"俪皮"为礼。"俪皮"即两张鹿皮,由男方送给女方作为聘礼。"俪"为成双、两者匹配之意,故称夫妻为"伉俪"。仰韶文化时期,人们已经注意尊卑有序、男女有别,长辈坐上席、晚辈坐下席,男子坐左边、女子坐右边。尧舜时代,国家已具雏形,民间交往礼仪得到进一步发展,拜、作揖、拱手等礼仪广泛运用于社交活动中。

(二)我国古代礼仪的形成阶段(公元前21世纪—前771年)

大约在奴隶社会的夏、商、周三代,我国传统礼仪进入了飞速发展乃至成熟时期。尤其到周代以后,人们由对自然神的崇拜扩展到对人自身的崇拜,统治阶级为统治权力的法定化、神圣化,制定了一整套礼教制度。西周时期,我国历史上第一部记载"礼"的书——《周礼》产生,随后《仪礼》《礼记》相继出现,标志着我国古代礼仪进入了成熟阶段。《周礼》偏重政治制度,《仪礼》偏重礼仪规范,《礼记》偏重对礼的各个分支作出符合统治者需要的理论说明。当时,统治者以"三礼"为依托,十分重视对贵族及其子弟的礼仪教化。当时的"国学"就以"六艺"为基本的教学内容。"六艺"就是礼(礼节仪式)、乐(音乐舞蹈)、射(箭术)、御(驾车)、书(写信)、数(算法),其中礼仪教育列于首位。这种教育不仅要使学生懂得制礼的精神,而且还要让学生"演礼",使他们的一举一动都符合礼仪规范的要求。

《周礼》《仪礼》《礼记》这三部礼仪著作作为我国礼仪发展史上的里程碑,不仅对人的正确行为和社会公德的形成具有极为重要的作用,还对人际交往产生不可估量的影响。

(三)我国古代礼仪的发展、变革阶段(公元前770—前221年)

西周末期,王室衰微,诸侯纷争,"礼乐崩坏",奴隶社会向封建社会过渡。此时,相继出现的孔子、孟子、荀子等重要思想家,发展和革新了我国的古代礼仪。

春秋时期的孔子是儒家学派的创始人,他主张恢复周礼,"克己复礼为仁",把"礼"看成治国安邦的策略。他认为,"不学礼,无以立",并且告诫人们"非礼勿视,非礼勿听,非礼勿言,非礼勿动",要求人们用道德规范约束自己的行为,做"文质彬彬"的君子。总之,孔子较系统地阐述了礼及礼仪的本质与功能,把礼仪理论提到一个新的高度。

孟子继承和发展了孔子的"仁学"思想,主张"民贵君轻""以德服人",他认为要达到"礼"的标准,要讲究"修身",培养"浩然正气"。

荀子则主张"隆法""重礼",提出理法并用,他说:"礼之于正国家也,如权衡之于轻重也,如绳墨之于曲直也。故人无礼则不生,事无礼则不成,国无礼则不宁。"他认为"礼"的目的就是区分每个人的长幼、贵贱和贫富。

孔孟等儒家的礼仪思想,构成了中国传统礼仪文化的基本精神,对中国礼仪文化产生了深远的影响,奠定了中国礼仪文化的基础。

(四)我国古代礼仪的强化、衰落阶段(公元前221—1911年)

秦朝统一"六国"以后,实行中央集权制,推行"书同文""车同轨""行同伦"的政令,奠定了封建体制的基础。

西汉时期董仲舒在孔孟思想的基础上,把封建专制制度的理论系统化,提出"唯天子受命于天,天下受命于天子"的"天人感应说",他把儒家礼仪具体概括为"三纲五常"。"三纲",即君为臣纲,父为子纲,夫为妻纲。"五常",即仁、义、礼、智、信。后来汉武帝采纳了董仲舒的"罢黜百家,独尊儒术"的主张,儒家礼教成为两千多年来中国的封建定制。

盛唐时期,《礼记》由"记"上升为"经",成为"礼经"三书之一。

宋代程朱理学占统治地位,家庭礼仪教育研究成果突出,这是宋代礼仪发展的一个特点。此时出现了司马光的《家范》、朱熹的《朱子家礼》等礼仪著作,这些著作秉承传统家庭礼仪教育的精神,强调父母的言传身教,注重礼仪教育与启蒙知识的结合、礼仪教育同日常生活行为的结合。至此,我国古代礼仪进一步发展,变得更加严密、完善。

元、清时期,北方少数民族入主中原,给古老的中华传统礼仪带来了冲击,但少数民族礼仪始终没能占统治地位,反而被根深蒂固的封建礼仪所同化。清末,洋人的枪炮打开了中国的大门,西方礼仪文化也随之涌入,长期占据统治地位的封建礼仪根基渐渐松动。1911年辛亥革命使封建王朝迅速土崩瓦解,以孙中山为首的革命派除旧布新,翻开了现代中国礼仪的崭新一页。

(五)我国现代礼仪阶段(1911—1949年)

辛亥革命以后,科学、民主、自由、平等、博爱的观念逐渐深入人心,反帝、反封建的新文化运动更是对传统礼教制度进行了疾风暴雨式的摧毁。这些为我国现代礼仪的产生和普遍被社会认可作了充分的酝酿,打下了扎实的基础。

(六)我国当代礼仪阶段(1949年至今)

新中国成立后,人民当家作主,确立了新型的人际关系,我国的礼仪建设进入了一个崭新的历史阶段。从新中国成立初到现在,当代礼仪的发展可以分为三个阶段。

一是礼仪的革新阶段,指的是1949年新中国成立到1965年"文化大革命"前夕。此间,许多落后的传统礼仪被淘汰,比如,"神权天命""愚忠愚孝"以及严重束缚妇女的"三从四德"等封建礼教。一些优秀的传统礼仪继续保存下来,并得以发扬光大,比如精忠报国、尊老爱幼、讲究信义等。此时新型的人际关系也确立起来,人与人之间是平等的,是一种同志式的合作互助关系。

二是礼仪的退化阶段,指的是1966年到1976年的十年"文化大革命"时期,传统礼仪和现代礼仪受到严重的摧残,许多人不懂或者根本不遵守起码的礼仪规范,打倒一切、怀疑一切,不敬父母、不敬师长,毫无秩序。许多传统的礼仪精华也被当作"封资修"(封建主义、资本主义、修正主义)打入冷宫。

三是礼仪的复兴阶段,指的是1978年党的十一届三中全会以来,改革开放的春风吹遍了祖国大地,我国的礼仪建设进入了新的全面复兴阶段,各行各业的礼仪规范纷纷出台,礼仪教育、岗位培训日趋红火。《公共关系报》《现代交际》等一大批有关礼仪的报纸刊物不断涌现。随着我国对外开放的进一步扩大和深化,我国现代礼仪增添了许多新的内容,学习礼仪、懂得礼仪、运用礼仪蔚然成风。

二、西方礼仪的起源与发展概况

我国现代礼仪明显受西方礼仪的影响,那么西方礼仪的产生和发展情况又如何呢?了解这点,对于我们正确掌握现代礼仪、促进国际交往有着重要的意义。

西方礼仪的形成和发展经历了更为复杂的历史过程。

(一)古希腊罗马时期的礼仪

西方礼仪发展到今天已经糅进了各种文明的因素,但是古代希腊可以说是西方文明的发源地。古代希腊文明又以雅典文化为代表。在当时,人们不仅遵从法律,而且还需讲究礼仪,特别是对贵族来说,有无礼仪修养非常重要。早在荷马时代,贵族们就把"作战英勇、能言善辩、谦恭有礼、高度负责,甚至对战败者的宽宏大量和对自己的高度责任感"看作是贵族不可缺少的高贵品质(见卡扎米亚斯的《教育的传统与变革》)。作为一名贵族,"不许说谎,必须恪守信用,不准损人利己;在买卖交易中,宁可自己吃亏,不能诈骗他人的一分一厘"(见伊迪丝·汉密尔顿的《希腊方式——通向西方文明的源流》)。古希腊这些礼仪的具体形式为西方文明奠定了基础。

公元前146年,古罗马开始统治西欧。古罗马在继承古希腊文化遗产的基础上,发展和创造了自己的文明。古罗马教育理论家昆体良在这方面作出了突出的贡献,他写了《雄辩术原理》一书。书中论及罗马帝国的教育情况,认为一个人的道德、礼仪应从幼儿期开始。在孩子的幼儿时期,要选择品质优秀、言行合礼的人来充当保姆,因为此时保姆跟幼儿接触最多,对幼儿影响最大。到了一定的年龄后就应该送到学校学习,以提高他们的交际能力。

总之,在古希腊罗马时期,交际礼仪已经引起了人们的重视,一些思想家开始对其中的一些问题进行初步的探讨,但还比较零碎,且往往蕴含在伦理道德的理论当中。

(二)中世纪时期的礼仪

在公元12—17世纪的欧洲社会,统治者极力宣传世界万物都是上帝创造的,社会上的一切制度和关系也都是上帝安排的,"上等人统治,下等人服从统治"是天经地义的。在这种理论指导下的封建等级制度以土地关系为纽带,通过层层分封在人与人之间形成上尊下卑的等级差别。国王是最高的"封主",其下有各级爵位的贵族,最后是统治中最低等级的骑士。与这种封建等级制度相适应,在贵族之中形成封建社会所特有的严格而烦琐的贵族礼仪、宫廷礼仪。贵族还必须接受一种所谓的"骑士教育",内容包括打猎、角力、骑马、跳舞、唱歌、一般礼仪与和蔼行为及少量的文学知识。这种"骑士教育"强调培养骑士对贵族妇女的特殊感情,养成一种为她们献身的精神,由此而产生出一种所谓的"骑士风度",即在交际生活中给予贵族妇女种种礼遇,如出入门请她们先走,聚会时请她们入上座等。这种对待贵妇人的礼仪,后来随着文艺复兴、宗教改革和启蒙运动的到来,逐步扩大了它的范围,最后成为今天西方普遍遵从的"女士优先"的礼仪。但在中世纪时期,平民劳动妇女并不享有跟贵族妇女同等的待遇,她们受着各种封建礼仪规范的束缚,当时为了驯服妇女,还出现过《训女手册》之类的书籍。

(三)近现代时期的礼仪

公元14—16世纪欧洲出现了资本主义萌芽,接着而来的是文艺复兴。新兴的资产阶级高举"人文主义"的旗帜,主张一切以人为本,一切为了人的利益,提倡人性,反对神性;提倡人权,反对神权;提倡个性解放,反对宗教神学;提倡理性,反对蒙昧主义和神秘主义。随着资本主义的确立和发展,带有封建等级色彩的礼仪退出了历史舞台,资产阶级在改造封建社会礼仪形式的基础上建立起了一整套反映资产阶级利益和思想原则的礼仪规范。这一时期的许多思想家、政治家纷纷提出了许多有关礼仪、礼仪教育的理论。

英国资产阶级教育思想家约翰·洛克写了《教育漫话》,书中深入、系统地论述了礼仪的地位、作用以及礼仪教育的意义和方法。他主张吸收封建社会中一切与资本主义文明相适应的礼仪形式,培养出既有封建贵族派头,又有资产阶级精神风貌的"绅士"。要造就这样的人,最重要的是德行的教育,而在德行的教育当中,又要特别注意礼貌品质的养成和礼仪知识的灌输。

1716年,德国学者麦兰杰斯出版了礼仪专著《论接待权贵和女士的礼仪,兼论女士如何对男士保持雍容的态度》,对具体交际场合的礼仪作了详尽的阐述。英国政治家切斯特菲尔德勋爵也在其名著《教子书》中指出:"世界最低微、最贫穷的人都期待从一个绅士身上看到良好的教养,因为他们在本性上是和你相等的,并不因为教育和财富的缘故而比你低劣。同他们说话时,要非常谦逊、温和,否则,他们会以为你骄傲而憎恨你。"这都说明人际交往中对礼仪要求的普遍性。

社交礼仪

随着生产力的提高、教育的普及、文化的发展发达,现代社交生活已不是少数阶层专有的特权,各种具有现代文明特色的交际礼仪已广泛渗透到社会生活的方方面面,这对人们的文明教养水平提出了更高要求。很多有关这方面的论著随之出现,其中比较著名的有:法国学者让·塞尔的《西方礼节与习俗》,英国学者埃尔西·伯奇·唐纳德的《现代西方礼仪》,德国作家卡尔·斯莫卡尔的《请注意您的风度》,美国礼仪专家伊丽莎白·波斯特的《西方礼仪集萃》,以及美国教育家卡耐基的《成功之路丛书》,等等。

三、我国传统礼仪与西方现代礼仪的差异

随着我国改革开放步伐的加快,越来越多的中国人走出去,越来越多的外国人走进来,在这来与去的交往当中,人们感受到了中西礼仪文化的迥然不同。这种差异反映了不同的价值认识、道德规范和情感态度。中西礼仪的差异主要表现在如下四个方面。

(一)家族本位与个人本位

中国人向来有很强的家族观念。在古代中国社会,人们以家族为本位,每个人作为家族中的一员,视家族的利益为根本,认为家是国的基本组成单位,国则是家的放大,比如,所谓的"家天下"。所有的人际关系都可以最终归结到家族关系。由家族观念衍生的人伦亲情直接催生中国的许多道德伦理规范,比如,忠于国家,孝敬长辈,看重人情、亲情。日常生活中,"你吃饭了吗?""最近身体还好吧?""你去哪里?",这种十分贴近交往对象的问候方式实际是重人情关系的外化形式。

在西方社会,个人本位的观念则占据着主导地位。他们信奉每个人都是独立的,不依靠任何人而存在,强调个人至上、个性自由,反对损害个人尊严,要求尊重个人隐私,维护人格自尊。就算是最为亲密的夫妻关系,也只不过是男女双方订立契约的结果,当事人双方各自为个体,保持着独立的活动,双方都不干涉对方的社交自由。

(二)重视身份与追求平等

中国的礼仪历来就强调一个"份"字(即身份)。"贵贱有等,长幼有序,贫富轻重皆有称"(《荀子·礼论》)是中国古人追求的一种理想的社会境界。现代的"官本位"意识就是这种思想的"后遗症"。另外,在家庭生活中,男主外,女主内,"男女有尊卑之序,夫妇有唱随之礼"(男尊女卑,夫唱妇随),妇女处在一种从属的地位。当今社会,虽然妇女的地位大大地提升了,女性的尊严得到了很大的维护,但歧视妇女、虐待妇女的事情还时有发生。

西方社会阶级、阶层的差别是存在的,不同身份的人有不同的社交圈子。但是,在日常生活中,每个人都很重视自己的尊严,不喜欢打听对方的身份,一些带有浓重等级色彩的礼仪形式已越来越不受欢迎。相反,像自助餐、鸡尾酒会这样一些不讲等级身份差别的交际形式却十分受欢迎。西方人追求平等不仅突出地表现在强调一切交际场合要讲究男女平等,反对性别歧视,更要讲究尊重妇女、关心妇女、体谅妇女、帮助妇女、保护妇女,就是常说的女士优先。

(三) 谦恭自制与情感外露

中国人一向视谦虚为美德,"满招损,谦受益"是千年古训。因此,在交际中,中国人很讨厌夸夸其谈、自吹自擂,同时也很善于控制自己的情感,"动于心,发于情,止于礼仪"被视为有良好道德修养的表现。在交际生活中,中国的夫妻、朋友、恋人一般不会在他人面前做出过分亲昵的举动。

西方人则与此相反,他们不喜欢过分谦虚,也不提倡过分客套,不认同自谦、自贬。他们往往感情外放,有一说一,亲吻礼、拥抱礼正是这种民族性格在礼节上的表现。例如,我们中国人宴请客人,在动筷之前往往谦和地说:"没有什么好菜,请随便吃。"如果客人来自西方国家,对中国习俗还不太了解,他们肯定会感到困惑,明明摆着满桌的菜,怎么说没菜呢?相反,西方人宴请客人,一般没有多少个菜,他们却自豪地说:"这是我的拿手好菜。"或者说:"这是我太太特地精心为你准备的。"如果桌上的菜被吃得干干净净,中国主人会觉得面子上过不去,因为这表明菜准备少了,显得太寒碜;而在西方遇到相同的情况,主人则会欢欣鼓舞,因为这说明客人肯定自己的烹饪技术,饭菜做得好吃。

(四) 崇尚礼仪与法律至上

在中国的历史上,礼仪的政治作用被提到了无以复加的高度。儒家的德主刑辅,即先德后刑的礼治主义长期受到统治阶级的青睐。因此,礼仪往往被摆在法律之上,或者说礼仪已经包含了法的成分。

西方人也重视礼仪的社会功能,但更强调法律的作用,特别是资产阶级在其革命时期就把建立法治社会作为自己政治活动的目标。所谓的法律至上,就是说在一国范围内,居于最高地位的、享有最高权威的、具有最高效力的是法律,任何社会主体都应该遵守法律、依法办事。在西方国家,法制观念较礼仪观念更深入人心,"法庭上见"是西方人常挂在嘴边的话。在与他们的交往中,以法律为底线、不触犯法律是交际成功的重要前提。

第二节 现代礼仪的含义、要素和类别

一、礼仪的含义

(一) 礼仪的基本含义

要真正了解礼仪,首先要了解礼仪的基本含义。不同历史时期礼仪的基本含义不完全相同。

1. 我国古代礼仪的含义

在古汉语中,"礼"有三种意思。一是我国奴隶社会和封建社会的等级制度,以及与之相适应的一整套礼节仪式。《礼记·典礼上》说"礼不下庶人,刑不上大夫",说明"礼"有严格的阶级区分。二是表示尊敬和礼貌。《左传·襄公二十二年》中记载"执事

社交礼仪

不礼于寡君",意思是说晋国国君不尊重郑国国君。三是表示赠送的物品。《晋书·陆纳传》谈到"及受礼,唯酒一斗,鹿肉一样"。

"仪"有两种意思。一是指容貌和外表,《晋书·温峤传》中有"风仪秀整,美于谈论"。二是指礼节和仪式,《晋书·谢安传》中有"诏府中备凶仪"(凶仪指丧事仪式)。

"礼仪"一词早在《诗经》中就出现过,《诗经·小雅·楚茨》中记载"礼仪卒度,笑语卒获",意思为祭祀礼仪尽合乎法度,笑语尽得其节制。

古代许多有名的思想家都对"礼"作出过不同的解释。孔子曾这样论述"礼":"礼者何?即事之治也。君子有其事,必有其治。"又说:"礼者,人道之极也。"荀子说:"礼者,节之准也。"管子也说:"礼者,因人之情,象义之理,而为之节乐者也。"

我国古代对礼仪含义的理解尽管多种多样,但归结起来主要有以下两种解释:一是由官方专门规定并要求人们遵守执行的涉及政治、经济、文化、军事等制度在内的典章制度;二是社会公众在长期的社会交往过程中自发形成的做人的道德、行为准则以及各种正式的仪式。

2. 现代礼仪的含义

礼仪的含义不是一成不变的,而是会随着社会的发展变化而变化,尤其是现代社会中,礼仪直接为统治阶级服务的主要功能逐渐弱化,促进人际交往的功能逐步增强,礼仪的内涵也随之发生变化。根据礼仪的发展规律及其本身的作用,礼仪成为人类在社会人际交往、沟通中约定俗成的律己、敬人的一种行为规范与准则。

3. 礼仪含义面面观

事实上,站在不同的角度对礼仪进行研究,对礼仪的概念可以有不同的理解。

从个人修养的角度来看,礼仪可以说是一个人的内在修养和素质的外在表现。也就是说,礼仪即教养、素质在一个人行为举止中的体现。

从道德的角度来看,"道德仁义,非礼不成"。礼仪可以被界定为为人处世的行为规范。因此,在2019年10月中共中央发布的《新时代公民道德建设实施纲要》中,把"明礼"列为我国公民的基本道德规范之一。

从交际的角度看,礼仪是人际交往中的一种实用艺术,也可以说是一种交际沟通方式或交际沟通方法。

从民俗学的角度看,礼仪既是人际交往中必须遵行的律己敬人的习惯形式,也可以说是在人际交往中约定俗成的对人以尊重、友好的习惯做法,是待人接物的一种惯例。

从传播学的角度来看,礼仪是一种在人际交往中进行相互沟通的技巧。

从审美学的角度来看,礼仪是一种形式美,是人的心灵美的必然外化。

(二)礼仪与礼貌、礼节、仪式、仪表的关系

谈到礼仪,必然不能回避与之密切相关的礼貌、礼节、仪式、仪表,从内涵上看它们之间既有联系又有区别。

1. 礼貌

礼貌一般是指在人际交往中通过语言、动作向交往对象表示谦虚和恭敬的行为规范,主要内容包括:在家庭生活中,尊老爱幼,夫爱妻敬;在单位工作中,敬重领导、善待

同事、礼贤下士;在服务行业中,热情待客、耐心周到;在公共生活中,遵守秩序、互谅互让、讲究卫生、言必有信、仪表端庄等。

礼貌侧重于内在修养,表现一个人的品质与修养,属于社会公德的范畴。孟子说:"辞让之心,礼之端也"(《孟子·公孙丑上》),"迎之致敬以有礼,则就之;礼貌衰,则去之"(《孟子·告子下》)。在孟子看来,礼貌就是恭敬辞让之心,这种道德情感在人的神态体貌上的自然表露,就是和颜悦色地与人相处。宋代司马光也有过关于礼貌的论述,他说:"凡待人无贵贱贤愚,礼貌当如一。"这就是说在社会交往中,无论对什么人都要一视同仁,讲究以礼相待,要求人际交往时要做到诚恳、谦虚、和善、有分寸,待人"诚于中而形于外"。总之,礼貌的核心内容就是要求人们在交际过程中具有一种尊重他人的态度。

2. 礼节

礼节通常是指人们在交际场合,相互表示尊重、友好的惯用形式。礼节是礼仪的具体的、外在的表现形式,是内在美的一种外化。

从内容上看,礼节包括待人接物的行为规则,反映对人的尊重和友善。没有礼节就无所谓礼貌,有了礼貌就必然需要具体的礼节。比如,为了表示对外宾的友好,讲究迎宾的礼仪规格;为了体现对死者的悼念,讲究参加追悼会的着装等。需要注意的是,礼节强调"分寸"。通常认为,一个人能在待人接物之中把握分寸、不卑不亢便是礼节。由于人们的社会关系是复杂多样的,每个人总是以一定的身份参与交际活动,并且每一种交际活动都是在一定的时间、地点中进行的,因此礼节的形式也是各种各样的。每个人只有熟悉交际活动中的各种惯用形式,才可以把握分寸、恰到好处地表达自己的情感,否则就会出现失礼的行为。

3. 仪式

仪式是交际活动中按礼宾要求,围绕一定的主题,按照某种特定的程序进行的集体性的礼仪过程。仪式是在讲究礼貌、尊重对方的前提条件下进行的,所以,它包含有仪表和礼节的因素,它对参加仪式活动的每一个人都有着仪表和礼节方面的要求,但它又不是仪表和礼节的简单叠加,它具有集体性、主题性和程序性的特点。集体性指的是仪式通常是以聚会、集会、宴会等形式出现,参加的人数多,需要一定的活动场所,是一种集体性的交际活动,是礼仪活动中比较外在的、隆重的部分,比如,开业仪式、庆典仪式、剪彩仪式等。主题性指的是举行任何一种仪式都有一定的目的,例如,签字仪式是以郑重的形式对某一协议、条约或公约予以正式的承认;结婚仪式是以喜庆的形式向世人宣布一对男女结为夫妇。程序性指的是仪式中进行的活动都有先后次序的安排,这种次序有限定性,不能随意变更。

4. 仪表

仪表是礼仪在个人外在形象方面的体现,包括容貌、举止、姿态、风度等。仪表可以表现人的精神状态和文明程度,是其交际形象的重要组成部分。交际形象就是一个人在交际活动中表现出来的整体风貌,它是多层次的复合体。从大的方面看,交际形象可分为外在形象和内在形象。外在形象就是仪表,例如,一个人的容貌就是他的"天然"形象,穿戴就是他的外饰形象,姿态就是他的动作形象。内在形象包括一个人的心理形象、知识形象、智能形象等精神方面的形象。一个人只有把内在形象的美和外在形象的美统一起来,才能达到一种完美境界。

仪表是交际礼仪中必不可少的因素,它在交际活动中会给人留下难忘的第一印象,如果这种印象是美好的,就会为今后成功的交际打下基础,反之就可能影响今后交际活动的顺利进行。这种现象在心理学上称为"晕轮效应"。

从以上的分析中可以看出,礼貌、礼节、仪式、仪表的划分只具有相对的意义,它们之间存在着既相互渗透,又互相区别的关系。礼貌是礼仪的基础,是礼仪的外在表现形式之一。礼节则是礼仪的基本组成部分,在礼节中也包含有对仪表的要求,它更突出地表现了一种人际交往时的动态关系。仪式是礼仪程序化的形式,它把礼仪看成是一种集体性交际活动的形式。仪表是礼仪在个体身上的外在表现,主要是从一个人的外表给人留下的印象来说的,这种印象的形成显然也离不开礼节的要素。可见,礼仪是总称,既包括内在的内容,也包括外在的形式,在层次上要高于礼貌、礼节、仪式、仪表,它的内涵更深、更广,是一个表示礼貌的完整的、系统的过程,而不仅是一次行为、一种做法。从本质上看,礼仪、礼貌、礼节、仪式、仪表都体现了对人的尊敬。

二、礼仪的基本要素

礼仪涉及的社会生活面十分广泛,但不管是哪种礼仪,都包含四个基本要素,即礼仪主体、礼仪客体、礼仪媒介、礼仪环境。

(一)礼仪主体

礼仪主体是指礼仪活动的实施者和操作者。具体操作、实施礼仪活动的通常是个人或组织,据此可以将礼仪主体划分为个人主体和组织主体。

1. 个人主体

当礼仪活动由个人来操作、实施时,礼仪主体就是个人主体。这种礼仪活动一般规模较小,程序比较简单,例如,参加朋友的婚礼、举办生日宴会,参加者、举办者的言谈举止、仪容仪表完全由个人具体应用,代表的是个人。

2. 组织主体

当礼仪活动规模较大、程序较为复杂时,礼仪活动通常是一种组织行为,此时,礼仪的主体就是组织主体,例如,某高校经济管理系学生会干部参观百色起义纪念馆,这项活动中礼仪的主体就是该系学生会。

当然,个人主体与组织主体并不是绝对的、一成不变的,在一定的条件下是会发生变化。例如,某机电进出口公司的总裁张某将参加在澳大利亚悉尼召开的国际经贸洽谈会,他就不仅代表他个人,还代表了他所在的公司、国内同行业,甚至代表了国家的形象。

此外,礼仪主体还有一种特殊情况,即礼仪主体的代表人。礼仪主体的代表人是指代表礼仪主体进行礼仪操作和实施的人。对于组织类型的礼仪主体来说,其礼仪行为必须由具体的人代表组织进行具体操作和实施。对于个人类型的礼仪主体来说,礼仪应由个人来完成,但在某些特殊情况下,如外出不在或其他原因,可以委派代表者实施礼仪活动。例如,某地某超市举行一周年店庆活动,发柬邀请另一超市的总经理参加,如果总经理不在,可以让副总经理代表前去,要注意的是,选派的代表要能够真正代表礼仪主体,为礼仪对象所认可。

(二)礼仪客体

礼仪客体又称礼仪的对象,指礼仪活动的指向者和承受者。它的外延十分广泛,可以是人也可以是物,可以是物质的也可以是精神的,可以是有形的也可以是无形的,可以是圣洁的也可以是污秽的。例如,佛教的舍利子、意大利都灵大教堂中陈列的耶稣遇难时的裹尸布、藏族的哈达等都可以作为礼仪的客体。

礼仪的主体与客体之间的关系也不是绝对的,主客体的转化是由礼仪主体决定的。我国传统主张礼尚往来,孔子说"有来无往非礼也",在你来我往中,礼仪的主客体就发生了转变。为了促进双方之间关系的巩固和发展,主客体之间都应该自觉地促成这种转换。例如,中国青年代表团访问日本,日本青年代表团应邀回访中国。

(三)礼仪媒介

礼仪媒介是指进行礼仪活动所要依托的媒体。任何礼仪都必须使用礼仪媒介,不使用礼仪媒介就无法传达礼仪信息。礼仪媒介种类繁多,可划分为口头语言礼仪媒介、书面语言礼仪媒介、形体礼仪媒介、界域语言礼仪媒介、物体礼仪媒介、事体礼仪媒介等。

(1)口头语言礼仪媒介,指通过口头语言来传达礼仪信息的媒介,如电话、交谈等。

(2)书面语言礼仪媒介,指通过书面文字来传达礼仪信息的媒介,如贺信、邀请函、请柬等。

(3)形体礼仪媒介,指通过表情、动作来传达礼仪信息的媒介,如微笑、鞠躬、挥手致意等。

(4)界域语言礼仪媒介,指通过礼仪主客体之间的相互关系位置来传达礼仪信息的媒介,如礼宾次序。

(5)物体礼仪媒介,指通过物体来传达礼仪信息的媒介,如互送礼物、纪念品等。

(6)事体礼仪媒介,指通过相关事体来传达礼仪信息的媒介,如签字仪式、宴请等。

(四)礼仪环境

礼仪环境指礼仪活动得以实施的具体时空条件,分为自然环境和社会环境。礼仪环境对礼仪活动有严格的制约作用。"到什么山唱什么歌",采用什么样的礼仪受具体环境的限制,如何实施礼仪也由具体环境决定,例如吻手礼,一般流行于西方上流社会;再如女士坐姿中的"双腿斜放式",双腿斜向左侧还是斜向右侧,视交谈对象的位置而定。

在礼仪实施的过程中,上述四个基本要素是缺一不可的。没有礼仪主体,礼仪活动就无法进行;没有礼仪客体,礼仪就缺乏指向;不借助礼仪媒介,礼仪信息无法传达;不

考虑礼仪操作的实际环境要求,礼仪效果可能会适得其反,失去应有的作用。

三、礼仪的类别

(一)礼仪的分类

1. 根据礼仪的适用范围分类

根据礼仪的适用范围,可以将礼仪分为政务礼仪、商务礼仪、服务礼仪、社交礼仪、国际礼仪等。

(1)政务礼仪,也称国家公务员礼仪。它所指的是国家公务员在执行公务时所应当遵守的礼仪。

(2)商务礼仪,指的主要是公司、企业的从业人员以及其他一切从事经济活动的人士,在经济往来中所应当遵守的礼仪。

(3)服务礼仪,指的主要是各类服务行业的从业人员,在自己的工作岗位上所应当遵守的礼仪。这种礼仪应用广泛,涉及餐饮、旅游、酒店服务等各类服务行业。

(4)社交礼仪,也称交际礼仪,指的是社会各界人士在一般性的交际应酬之中所应当遵守的礼仪。

(5)国际礼仪,指的是人们在国际交往中,在同外国人打交道时所应当遵守的礼仪,又称涉外礼仪。

在上述的五个主要礼仪分支中,政务礼仪、商务礼仪、服务礼仪等主要是按照行业划分的,并且是人们在工作岗位上所应遵守的礼仪,所以也可以称之为行业礼仪或职业礼仪。而社交礼仪、国际礼仪的划分,则主要以交往范围为依据,二者均可称为交往礼仪。

2. 根据礼仪的操作主体不同分类

根据礼仪的操作主体不同,可以划分为公关礼仪、秘书礼仪、护士礼仪、交警礼仪、教师礼仪等。

(1)公关礼仪:指公关人员在公关活动中应遵循的礼仪要求,并不包括其他场合的礼仪。但是,公关礼仪与其他交际礼仪也有相通之处,只不过目的、对象有所不同罢了。

(2)秘书礼仪:指秘书在与人交往时所使用的表示友好和互敬的具体的行为举止,如握手、打招呼等。

(3)护士礼仪:指护士在工作岗位上,通过服饰、仪容言谈、举止、沟通行为等对患者表示尊重和友好的行为规范和惯例。简单地说,就是护士在工作场合适用的礼仪规范和工作艺术。

(4)警察职业礼仪:是基于警察职业的特点与要求,在窗口服务、社区走访、接警处警、交通指挥、巡逻盘查、行政办公等多个方面,对人民警察在各种时间、场合处理人际关系和对外交往中正确的言行举止和必要的礼节。

(5)教师礼仪:指教师在教育教学过程中表现出来的仪容仪表、言谈举止以及在工作岗位上待人接物、为人处世等方面的行为规范。它是教师的师德修养、文化素质、风度气质、行为操守的外在表现。

3. 根据礼仪的表达方式分类

根据礼仪的表达方式,可以划分为仪表礼仪、言语礼仪、服饰礼仪、行为礼仪。

(1)仪表礼仪:指一个人的仪表要与他的年龄、体形、职业和所在的场合吻合,表现出一种和谐,这种和谐能给人以美感,增进互相的好感。

(2)言语礼仪:指人们在交谈活动中应遵循的礼节和应讲究的仪态。语言礼仪反映一个人的文化修养和综合素质。

(3)服饰礼仪:是人们在交往过程中为了相互表示尊重与友好,达到交往的和谐而体现在服饰上的一种行为规范。

(4)行为礼仪:是人类为维系社会正常生活而要求人们共同遵守的最起码的道德规范,它是人们在长期共同生活和相互交往中逐渐形成,并以风俗、习惯和传统等方式固定下来的。

(二)礼仪与相关学科的交叉关系

礼仪是一门专门研究人的交际行为规范的科学,这是它有别于其他学科的标志。同时,礼仪又是一门综合性学科,因为人的交际行为本身就是复杂的,涉及心理、伦理、民俗等多方面。礼仪广泛吸收了这些学科的研究成果,内涵丰富。

1. 礼仪与民俗学的关系

民俗学研究的是流行于民间的风俗习惯。礼仪与民俗学之间的关系是:"礼出于俗,礼化为俗。"二者之间相互联系、相互影响、相互转化。所以,礼仪在民间常称为礼俗。了解民俗,有助于掌握礼仪,学习礼仪又将使人们深入地理解民俗。

2. 礼仪与传播学的关系

传播学所研究的是信息传播的规律,运用传播学的观点看待交际活动,实际上是一种人际传播。礼仪活动通常与传播有关,传播学则是礼仪规范的一个重要的理论基础。交际即信息传播,传播制约着交际,二者密不可分,互相依存。

3. 礼仪与伦理学的关系

伦理学所研究的是道德问题,礼仪则是对伦理学研究成果的具体运用,反映着社会的道德关系,体现社会的道德标准。伦理学是礼仪的基础,而礼仪则是对伦理学所提出的道德要求的具体表现形式。

4. 礼仪与心理学的关系

心理学研究的是人的心理活动及其一般规律。心理学是礼仪活动的一个基础。人是交际活动的主角,只有掌握人的心理活动,才能更好地理解人、尊重人,才能更好地运用礼仪。

5. 礼仪与社会学的关系

社会学研究的是社会生活和社会行为。交际活动是社会学的重要研究对象之一,而研究社会生活、社会行为的社会学所提供的一系列成果,则又必然有助于礼仪所关注交际活动的成功。

6. 礼仪与公共关系学的关系

公共关系学研究的是组织所面对的公众关系。公共关系是交际活动中的每一位成功者所必须妥善处理的,而礼仪则又是处理公共关系的一种重要的技术手段;公共关系重在塑造组织形象,礼仪则意在维护个人形象,在公共礼仪中,个人形象作为组织形象的一部分存在,其最终的目的是塑造组织形象。

7. 礼仪与美学的关系

美学所要研究的是美的一般规律,社会美是其研究的一个重要方面,而社会美又往往表现在人的交际活动中。"有礼则雅",符合礼仪的做法必然是美的,而美又是衡量礼仪是否完善的重要标尺。从某种意义是说,礼仪实际是交际活动的一种形式美。

第三节 现代礼仪的特性和原则

一、礼仪的特性

礼仪虽然与各门学科有着这样那样的联系,但它作为人的行为规范,有它自身的特性。礼仪的特性主要表现在以下几个方面。

(一)规范性

礼仪本身就是一种规范,它在人们长期的交往实践当中形成,并以风俗、习惯和传统的相对固定方式保存下来,约束着人们的行为举止,是人们普遍遵循的行为准则。是否遵循这种行为准则,不仅影响个人交际的成败,而且反映一个人的道德水准。总之,礼仪是约定俗成的律己、敬人的惯常行为模式。因此,任何人要想在交际场合表现得彬彬有礼,都必须遵守人际交往的惯例,"独家创造"的礼仪规范是不能令交往对象接受的。当然,人们的行为举止是否符合人际交往的惯例,要视具体的交际情境而定,也就是说,礼仪的规范性是受礼仪环境制约的,不能一概而论。

(二)多样性

礼仪具有多样性。首先,礼仪涉及社会生活的方方面面,而社会生活的内容是纷繁复杂的,社会生活的多样性决定了礼仪的多样性;再者,不同的个人在其学习、生活、工作等的特定领域,由于其社会角色的不同又有不同的礼仪要求。比如,一个成年女子可能扮演以下这些角色:在家庭中她可能是母亲、妻子、媳妇,在单位里她可能是职员、领导,出行坐车她又可能是乘客、游客,来到餐馆她又成为顾客。从前面的礼仪分类中,我们也可见礼仪种类的繁多。总之,不管在内容上还是形式上,礼仪都是丰富多彩的。

(三)继承性

任何国家、任何民族的礼仪文化都是在本民族固有文化的基础上继承、发展而来的,都是这个国家、这个民族传统文化的重要组成部分,离开了对本民族传统礼仪的传承、扬弃,就不可能形成适应社会发展又独具本民族特色的礼仪文化和礼仪规范。各民

族的礼仪作为自己民族文化的积淀,不会因历史的变迁、社会制度的变革而消亡。对于传统的礼仪文化遗产,正确的态度是不应当食古不化,不加选择全盘照用,也不能全盘否定,而应当是有扬弃,有继承。

(四) 差异性

由于各民族的文化传统、宗教信仰、民情风俗等存在差异,导致礼仪的差异,这种差异主要体现在礼仪的民族性和地域性上,所谓"十里不同风,百里不同俗"正是这个道理。礼仪作为一种行为准则和规范是约定俗成的,这是民族礼仪文化的共性,但是对于礼仪的运用,则会因现实条件的不同而使其意义出现差异性,具体体现在同一礼仪形式常常会因为时间、地点的不同而使其意义出现差异。比如,点头在大多数国家都表示赞许、肯定等意义,但在尼泊尔则表示否定,而摇头的意义则刚好相反,正是"点头不算,摇头算"。礼仪的差异性还表现在同一礼仪形式,在同一场合,针对不同的对象会有差别,例如握手,男女之间握手的力度要求不一样。再者,同样意义的礼仪在不同的民族、不同的地区,可能有不同的表现形式,比如同样表示欢迎和友好,有的用拥抱,有的用握手,有的用亲吻。

(五) 社会性

礼仪这种文化形态,有着广泛的社会性,它贯穿于人类社会的始终,遍及社会的各个领域,渗透到各种社会关系之中,只要有人和人的关系存在,就会有作为人的行为准则和规范的礼仪存在。再者,礼仪也会随着社会的发展、历史的进步而与时俱进,特别是在现代社会,世界经济国际化、一体化日趋明显,各个国家、各个地区、各个民族之间的交往日益密切,礼仪也随着这种社会的变化而不断被赋予新的内容。

二、礼仪的原则

(一) 尊敬原则

这一原则是礼仪的核心与重心,正如孔子所说:"礼者,敬人也。"在对待他人的诸多做法当中,最要紧的就是敬人之心长存,处处不可失敬于人,不可伤害他人的尊严,更不能侮辱对方的人格、国格。与他人交往,要互谦互让、互尊互敬、友好相待、和睦相处,更要把对交往对象的重视、恭敬、友好放在第一位。所谓"敬人者,人恒敬之""人敬我一尺,我敬人一丈",要获得他人的尊敬,促进交际的成功,必须要敬人为先。

(二) 自律原则

礼仪规范由对待自己的要求和对待他人的方法两部分组成。对待自己的要求,是个人培养礼仪修养的基础和出发点,学习、应用礼仪最重要的是自我约束、自我反省、自我对照。

(三) 平等原则

礼仪的核心是尊重交往对象,要求对待任何交往对象都要一视同仁,给予同等的礼遇,不能因为交往对象之间的职位、财富、文化、种族等的不同而厚此薄彼。尤其在涉外

社交礼仪

交往中,国家不分大小、贫富、强弱,一律平等,违反了这点,会破坏两国关系,甚至会产生国际争端,影响世界和平。当然,在人际交往中,我们承认人的身份与地位的差异,也主张根据不同的交往对象采用不同的方法。比如握手,先长辈后晚辈,先职位高者后职位低者,这是人人都可以接受的操作方法;但如果在一行人当中,你同甲、乙、丙握手,唯独没有与丁握手,那就是失礼的行为。

(四)适度原则

战国时的宋玉曾在《登徒子好色赋》里谈到女子的美,东家之子"增之一分则太长,减之一分则太短;著粉则太白,施朱则太赤",他认为东家之子的美恰到好处,是最理想不过的了。这种适度美的思想,也同样可以应用在交际礼仪中。适度的原则,就是要求应用礼仪时,为了保证取得成效,必须要注意技巧、合乎规范,特别要注意做到把握分寸、认真得体。这是因为凡事过犹不及,运用礼仪时,假如做过了头,不能正确地表达自己的自律、敬人之意。在人际交往中,该行则行,该止则止,如果连话都不敢说,就未免过于拘谨,不能形成宽松融洽的氛围;相反,我行我素、目中无人、高谈阔论,全不顾他人的感受,也会走向另一个极端。

(五)宽容原则

在人与人的社会交往中,由于立场、观点、思想的不同及其他方面的原因,会出现这样那样的不尽如人意的事情。人际交往如果不懂得宽容,会造成心胸狭隘、嫉妒心强、猜疑心重的恶劣心态。宽容是一种高尚的情操,是克服这种不健康心态的良药,它容许别人有行动和判断的自由,对不同于自己的见解有耐心公正的容忍态度,会体谅他人、理解他人。我们强调在交际中尊重他人,实际上就是尊重他人的个人选择。对不同于自己、不同于众人的行为耐心容忍,不必要求其他人处处效法自身,与自己保持一致,实际上也是尊重对方的一个主要表现。

(六)真诚原则

礼仪运用的真诚原则要求人们在交往中做到诚心诚意待人,言行一致,表里如一。讲信用是组织或个人生存和发展的必要条件,它关系到组织或个人的形象,影响到组织的市场竞争力或个人的亲和力。中国传统道德主张"言必信,行必果",就是强调做人要真诚,要有信用。

(七)从俗原则

在上述谈到礼仪的特征时,我们知道,由于国情、地区、民族、文化背景的不同使得礼仪呈现差异性,对这一客观事实我们应有正确的认识。费利克斯·德·格朗·孔布说:"最坏的举止是以为本国的举止皆好,外国的举止皆坏。"(见让·塞尔的《西方礼仪与习俗》)各种礼仪都有自己的适用范围,有些礼仪形式在旁人看来不可思议,但每种礼仪形式都有它存在的必要性与合理性,而没有优劣、对错之别,都应当坚持无条件地加以尊重,所谓"入境而问禁,入国而问俗,入门而问讳"就是这个道理。只有尊重对方特有的习俗,才能增进双方之间的理解和沟通,才能更好地表达我方的真诚和善意。

在交际过程中,犯了对方的"禁",往往是因为对交际对象所特有的风俗习惯不了解,运用从俗原则,前提条件是充分地了解对方的衣、食、住、行等多方面的风俗习惯。

(八)守信原则

守信原则,一是要求交往时要出言谨慎,重视承诺,二是要认真负责地牢记自己的言行。有的人可能一时糊涂,也可能事务太多,有时候把自己已经作出的承诺、许下的愿、说过的话忘在了脑后,等到出现恶果时才想起当初的事情。这是千万不可疏忽和出纰漏的。

(九)不卑不亢原则

不卑不亢,是涉外礼仪的一项基本原则。它的主要要求是:每一个人在参与国际交往时,都必须意识到,自己在外国人的眼里,是代表着自己的国家,代表着自己的民族,代表着自己的所在单位的。因此,其言行应当从容得体。在外国人面前,既不应该表现得畏惧自卑、低三下四,也不应该表现得狂傲自大、放肆嚣张。在涉外交往中坚持"不卑不亢"的原则,是每一名涉外人员都必须给予高度重视的大问题。

(十)互动原则

互动是交往双方合作得以体现的根本,即和交往对象在公关交往进行对话时,既要倾诉又要倾听,最后通过交流达成共识。互动原则需要双方在认识上保持一致,在行动上做到协调,在策略上强调配合,通过共同的努力,达到共同追求的目标。

第四节 现代礼仪的功能和作用

一、现代礼仪的功能

(一)塑造形象功能

现代社会是一个快节奏的社会。在社会组织如云、激烈竞争的时代,人们处理事情、了解事物,往往缺乏必要的耐心和足够的时间,因而,组织的外在形象尤为重要。组织在开张、开业时举办隆重而热烈的庆典,公关人员在外事交往中大方得体的举止,在社交场合的姿态及风度,都能给人以最直观、最鲜明的印象。

(二)人际交往功能

礼仪有助于促进人们的社会交往,改善人际关系。"世事洞察皆学问,人情练达即文章",讲的就是人际关系的重要性。一个人只要同他人打交道,就不能不讲礼仪。

文明的礼貌交往,表现了社会组织与公众相互间的尊敬和友善,反映了现代社会人们之间的依存关系。当我们用"礼"规范自己的言行时,一方面,体现了说话人的谦虚和美德;另一方面,也激发了对方尊重他人的意识,从而共同营造出一个文明友好的氛围。

(三)增强组织凝聚力功能

礼仪能提高团队的凝聚力。《礼器》记载:"君子之行礼也,不可不慎也,众之纪也,

纪散而众乱。"礼是用来确定人际关系的亲疏远近,判定人际关系之间存在的疑难问题,辨别古今的异同和异域的差别,辨明各种社会现象与个人行为的正确与否的一种准则。礼仪就是人类社会发展到一定阶段而产生,并随着社会的发展而发展的社会道德准则和全体社会成员共同认可且自觉遵守的行为规范。而正是这一功能让全体员工团结互助、爱岗敬业、诚实守信,增强员工的凝聚力,从而推动公司的发展。

(四)提高文明水准功能

从社会教育的角度来看,社交礼仪是人的社会化的重要内容之一,对礼仪的学习与培养,能促进人类文化的延续和文明水准的提高。一个具有良好文明素养的民族,必定是一个讲礼仪、懂礼貌的民族。现代社会,无论是政治的竞争、经济的竞争、军事的竞争,还是科学技术的竞争,归根到底是人的素质的竞争。人的文明素养程度与民族的未来发展密切相关。一些看似微不足道的"小节",往往是一个人文明修养水平的直观反映。有人因注意小节而获得成功,也有人因不拘小节而导致失败。

(五)传递信息功能

礼仪是一种信息,通过这种信息可以表达出尊敬、友善、真诚等感情,使别人感到温暖。在商务活动中,恰当的礼仪可以获得对方的好感、信任,进而有助于事业的发展。

(六)沟通功能

人们在社会交往过程中会发生各种关系,主要有经济关系、政治关系和道德关系,这三者构成了人们的社会关系。在人际交往中,不论体现的是何种关系,只要双方能自觉地执行礼仪规范,就会容易沟通双方之间的感情,从而使人们之间的交往得以成功,进而有助于从事的各种事业得到发展。

(七)协调功能

在一定意义上说,礼仪是人际关系和谐发展的调节器。人们在交往时按礼仪规范去做,有助于加强人们之间互相尊重、友好合作的新型关系,可缓和或避免某些不必要的情感对立与障碍。

(八)维护功能

礼仪是整个社会文明发展程度的反映和标志,同时礼仪也反作用于社会,对社会的精神文明产生广泛、持久和深刻的影响。

二、现代礼仪的作用

(一)尊重作用

人际交往中,尊重是相互的,当你向对方表示尊敬和敬意时,对方也会还之以礼,即"礼尚往来"。

(二)约束作用

礼仪作为行为规范,对人们的社会行为具有很强的约束力。礼仪一经制定和推行,便成为社会的行为规范和习俗,人们都应遵守和服从,都将自觉或不自觉地受到约束。

(三)教育作用

礼仪作为一种道德习俗,对全社会的每一个人都在施行教育。礼仪一经形成和巩固,就会成为社会传统文化的重要组成部分,世代相继,世代相传。

(四)调节作用

人际关系是人类社会生活中极为重要的关系。一个人如果没有良好的人际关系,就无法满足个人的归属感、受尊重感,就会怅然若失甚至惶惶不安,行为怪异。

思考练习

1. 什么是礼仪?礼仪与礼貌、礼节、仪式、仪表有什么区别和联系?
2. 礼仪有哪些基本构成要素?礼仪的特征是什么?礼仪有哪些重要原则?
3. 试述中西方礼仪文化的主要差异。
4. 试述礼仪的主要功能。
5. 我们应该怎样学习礼仪?

 重礼篇　先尊重自己　再尊重他人

第二章　个人形象礼仪

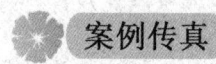

形象创造的奇迹

曾任美国总统的老布什,能够坐上总统宝座,成为美国"第一公民",与他的仪态表现分不开。

在1988年的总统选举中,老布什的对手杜卡基斯,猛烈抨击老布什是里根的影子,没有独立的政见。而当时老布什在选民中的形象也的确不佳,在民意测验中一度落后于杜卡基斯10多个百分点。不料两个月以后,老布什以光彩照人的形象扭转了劣势,反而领先10多个百分点,创造了奇迹。原来老布什有个毛病,他的演讲不太好,嗓音又尖又细,手势及手臂动作总显得很死板。后来老布什接受了专家的指导,纠正了尖细的嗓音、生硬的手势和不够灵活的摆动手臂的动作,并且在以后的竞选中,老布什竭力表现出强烈的自我意识,而且为了吸引选民,经化妆师设计,老布什还常穿着浅色调的西服,配以卡其布蓝条厚衬衫,以显示"平民化",改变了原来人们对他的评价,终于获得了最后的胜利。

第一节　仪　　容

一、仪容美

仪容,即人的容貌,是个人仪表的重要组成部分,它由发式、面容及人体未被服饰遮掩的肌肤(如手、颈、足等)组成。仪容在仪表中占有举足轻重的地位。美好的仪容往往将人与办事认真、工作严谨踏实、有条理、一丝不苟联系在一起。一个人的仪容,大体上受两大因素的左右。其一,是本人的先天条件。一个人相貌如何,通常主要受制于血缘遗传。不管一个人是"天生丽质难自弃",还是长得普通,实际上一降生到人世便已"命

中注定如此",其后的发展变化往往不会与之相去甚远。其二,是本人的修饰维护。每个人的先天条件固然重要,然而这并非意味着一个在仪容方面先天条件优越的人,便可以过分地自恃其长,而不去进行任何后天的修饰或维护。事实上,修饰与维护,对于仪容的优劣而言往往起着一定的作用。在任何情况下,一个正常人倘若不注意对本人的仪容进行合乎常规的修饰与维护,往往在他人的心目中也难有良好的个人形象可言。所以,我们在平时必须时刻不忘对自己的仪容进行必要的修饰和整理,做到"内正其心,外正其容"。

俄国伟大作家契诃夫说过:"人的一切都应该是美的,美的仪表、美的服饰、美的心灵……"现代礼仪中对个人的要求首先是仪容美,具体要求主要包含以下三个方面。

首先,要求仪容自然、整洁。

其次,讲究仪容的修饰、美化。修饰的主要目的是使自己更美丽,这就意味着一个人必须对自己有所了解,依据修饰的规范及个人的条件,扬长避短,设计出最适合自己的个人形象。

最后,尽量做到秀外慧中、表里如一。

二、仪容修饰

(一)仪容修饰的意义

仪容在个人整体形象中居于显著地位能够传达出最直接、最生动的第一信息,反映着个人的精神面貌。个人仪容受两方面因素的影响:一是个人的先天条件,自然形成;二是后天的修饰和保养。正像法国启蒙思想家孟德斯鸠所说:"一个人只有一种方式是美丽的,但他可以通过十万种方式使自己变得可爱。"个人容貌是父母给予的,相对定型,但通过保养、修饰、装扮可以焕然一新,这就需要懂得一些美容常识,充分发挥自己的优势,以有效地弥补自身的缺陷和不足。

仪容修饰是人体装饰艺术的重要组成部分,也是礼仪交往中不可缺少的物质条件。人们的化妆意识,从宗教信仰、标志群体特色到显示等级差异,最后发展成为日常生活中的装饰,历经了漫长的发展过程。

据考证,中国历史上最早的仪容化妆出现在公元前11世纪的商纣时期。当时人们已经懂得使用"燕支",据《古今注》记载:"燕支草似蓟花,出西域,土人以染,名为燕支,中国人谓之红蓝粉。"此后,随着历史的推移,修饰仪容的新材料、新技术不断出现,仪容修饰也有了巨大的发展。随着社会文明程度的提高,仪容修饰真切地反映出社会道德、审美情趣及身心健康等方面内容,如端正的仪容可以给人以信任感,而恰当自然的修饰又可以给人以愉悦感。

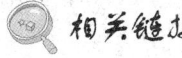

仪容的魅力

美国前总统林肯,出身于一个拓荒者的家庭。他在竞选总统时是一名律师,名气并不是很大。在竞选过程中,林肯收到一个小姑娘的来信,信中说:"您的相貌太平常了,

您的下巴又光秃秃的,不够威严,不像男子汉,如果您蓄上一撮大胡子,那么我们全家都会投您的票。"林肯采纳了小姑娘的意见,蓄上了一大撮胡子,果然使他的形象增添了几分光彩,赢得了许多选民的好感。

在上面例子中,林肯正是通过一定的修饰,使自己原来的形象得到了改善,变得更完美,更具有魅力,因而获得成功。一个人在社会中生活,就要扮演各种不同的角色,当一个人以某种特定角色出现时,在仪表方面就应符合社会对这个角色所期望的要求。大学生也不例外,应在仪容方面符合社会和时代对大学生的要求。大学生的仪容要求清新、端正、整洁,不浓妆艳抹,只作适当修饰。

(二)仪容修饰的基本常识与技巧

1. 仪容的中心——头发

仪容整洁最基本的要求是拥有整洁干净的头发。头发能够反映一个人的道德修养、审美水平、知识层次以及行为规范,人们常常可以通过一个人的发型判断出其职业、身份、受教育程度、生活状况及卫生习惯,也可感受出其对工作、生活的态度。

"完美形象——从头开始。"首先头发的清洁和护理很重要。头发的日常护理主要包括正确洗发、适时护发、梳理头发及适度按摩。

其次选择得体的发型可以表现出一个人的良好仪容。发型修饰要与脸型、体型、年龄、气质服饰和谐统一。

(1)发型与脸型协调。发型对人的容貌有极强的修饰作用,甚至可以"改变"人的容貌。不同的脸型适合不同的发型,所以要根据自己的脸型选择发型,这是发型修饰的关键。例如,圆脸型适宜将头顶部头发梳高,避免头发遮挡额头,两侧头发适当遮住两颊,以使脸部视觉拉长;长脸型适宜选择用刘海遮住额头,加大两侧头发的厚度,以使脸部丰满起来。

(2)发型与体型协调。发型的选择得当与否,会对体型的整体美产生极大的影响。比如,脖颈粗短的人,适宜选择高而短的发型;脖颈细长的人,宜选择齐颈搭肩、舒展或外翘的发型;体型瘦高的人,适宜留长发;体型矮胖的人,适宜选择有层次的短发。

(3)发型与年龄、气质相协调。发型是一个人文化修养、社会地位、精神状态的集中反映。通常年长者最适宜的发型是大花型短发或盘发,以给人精神、温和可亲的印象;而年轻人则适合活泼、简单、富有青春活力的发型。

(4)发型与服饰协调。头发为人体之冠,为体现服饰的整体美,发型必须根据服饰的变化而改变。如穿着礼服或制服时,女性可选择盘发或短发,以显得端庄、秀丽、文雅;穿着轻便服装时,可选择各式适合自己脸型的轻盈发式。

大学生应该选择适合自己年龄和个性的发型,即自然清新、文雅端庄、朴素利落。女生以选择齐耳短发、自然式束发、运动式短发为主;男生以板寸、平发、分头等为主。

2. 仪容的重点——护肤和化妆

规范妆容主要体现在化妆适度和护肤得法两个方面。护肤得法是指要对皮肤,尤其是面部皮肤的经常护理和保养,这是实现仪容美的首要前提。化妆适度是指在职业活动中适当化妆,这不仅是职业工作的需要,同时也是对他人尊重的一种表现。做任何

事情都贵在适度,化妆也不例外。过分醉心于美容,妆化得过于浓艳,不仅有损于皮肤的健康,而且还有损于别人的观瞻。

化妆是一门技术,也是一门艺术,恰当、得体的妆容可以展现个人风采,在礼仪文化中起着重要作用。人们在政务、商务及社交生活中装扮自己,一方面表示对他人的尊重,另一方面也展示自己的风貌。学校虽然不主张大学生化妆,但了解这方面的知识,相信对以后的工作和生活会大有帮助。

(1)护肤。做好护肤是化妆的先行条件,我们重视皮肤的护理,仪容化妆才能更好地发挥改善作用。护肤选择正确的肌肤保养品非常重要。护肤可分以下步骤:首先选用对皮肤刺激性小的卸妆用品,从眼部与唇部开始去除脸部化妆品;再用洗面乳进行脸部清洁,去除新陈代谢产生出的老化物质、空气污染等残留物质。通过卸妆及洗面去除污垢后,要用化妆水、乳液或面霜及时补充水分及营养,使肌肤恢复原来的状态。肌肤的特殊护理主要是通过按摩、敷面及保养来促进新陈代谢,加强血液循环,以保证皮肤的健康。

小贴士:

大学生大多处于青春期,一部分同学脸部生有暗疮,这主要是由青春期体内荷尔蒙分泌加大,产生过量油脂,使毛孔堵塞所致。另外,工作学习压力大、遗传、爱吃油量大的食物、吸烟、饮酒也是暗疮生成的原因。

脸部生有暗疮并不可怕,但要重视。在清除暗疮时要非常小心,如果暗疮未冒出前发现小红点,可涂些抗菌药膏。如果暗疮已有白色脓头出现,应该先用毛巾热敷,然后轻轻抹掉脓头。这个工作最好在晚间做,好让伤口有时间充分愈合。不过,对于爱生暗疮的人,最好的办法是"防患于未然"。平常不要经常洗脸,因为皮肤表面的油脂如果被清除得过于干净,会产生反作用,刺激皮肤产生过多的油脂;洗脸后等一会儿,待皮肤自己平衡分泌后,再涂上润肤霜,只涂在干燥部位;涂抹暗疮膏时,不要只涂在暗疮上,暗疮周围的皮肤也要涂抹,并要经常做此项工作;化妆时,应首选不含油分、粉状的化妆品。

正如每个人都有自己的生物钟一样,每个人的皮肤也有其遵循的作息时刻表。肌肤的保养如果能与肌肤自然作息时刻相配合,可以发挥它的最大功效。

(2)化妆。面部化妆以突出五官中最美的部分并掩盖或矫正缺陷为目的。恰当的淡妆修饰可以展现自然、清新、大方的美,适宜于上班或家居使用;如果参加晚宴、演出等场合则可通过化浓妆,塑造出庄重、高贵的形象。下面介绍简易的化妆步骤。

①化妆前根据皮肤性质,选择合适的化妆品。

②温水净面或洗面奶净面。

③基本化妆:涂化妆水→抹眼霜→上粉底→扑化妆粉(也可不用)。

注:粉底要选择质量好、接近肤色的,用海绵块从额头开始向下涂抹,以改善肌肤的颜色与光泽。对于额头偏窄而面颊饱满的梨形脸来说,化妆的秘诀是:额头发际处及面部内轮廓用亮色粉底来扩展额头的宽度;面部外轮廓用深色粉底遮盖,由外向内逐层涂抹,接近面颊时,与亮色粉底过渡衔接。这种打底方法可使脸形消瘦而立体感明显。

④眼睛和眉毛的化妆。眉毛和眼睛是修饰化妆的重点。修饰眉毛可衬托眼睛,改善脸形的宽窄、长短;眼部化妆则可使眼睛变大、加长,以显出精、气、神。

眉毛的标准位置是眉头在鼻翼与内眼角的延长线上;眉峰在鼻翼与眼珠的正中的延长线上,大约在眉头的2/3处;眉尾在鼻翼与外眼角的延长线上;眉头与眉毛在水平线上。修饰眉毛时,应握住眉笔顺着眉毛的自然形状一根根描画,从眉峰画眉尾时稍向下倾斜描绘。不同的脸型要配以不同的眉型,如长脸形选择一字眉较合适;圆脸形宜选择眉峰高或上扬的眉形,以使脸部拉长;宽脸形宜拉近眉头间距离;窄脸形要适当拉开眉头间距离(见图2-1)。

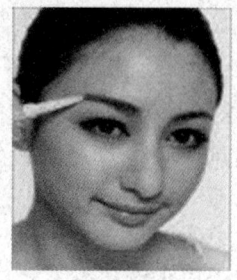

图2-1 眉的修饰

眼睛的标准位置是眼尾应位于发际至嘴角的中间,两眼间距离应恰好等于眼睛的长度。如果眼睛过高,应强调下眼线;如果眼睛过低,应强调上眼线及眼尾部分。如果两眼间距离过宽,可用眉笔加画眉头,但最好眼头处用深色眼影加以修饰;如果两眼间距离过窄,眉头处眉毛可拔一些,并用眼影强调眼尾。下垂的眼睛应强调上眼尾,眼线向上画,并加强眼影;上扬的眼睛要使用色调温和适度的眼影,强调下眼尾,使之平衡(见图2-2)。

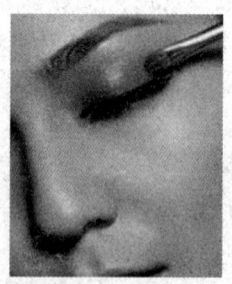

图2-2 涂眼影

⑤唇的化妆。完美的唇妆首先要有清晰、漂亮的唇形,所以第一步须勾画唇线。唇线的勾画可以用唇刷,也可以用唇线笔。唇部修饰的具体步骤如下:先画上嘴唇的轮廓,由嘴唇中央往上以弧线画出唇峰,再向嘴角延伸,要一气呵成,左右两边的唇线必须对称;接着画下嘴唇唇线,应该由左右两侧向中间描画;然后张开嘴画嘴角轮廓,上下嘴唇的连接应自然、清晰;最后用唇刷蘸取唇膏或直接用唇膏均匀地涂满整个嘴唇,注意不能越出唇线(见图2-3)。

图 2-3　唇的修饰

在化妆时,还需要学会正确判断自己的腮红位置。在微笑时,双颊上升,一般刷腮红应由上向下呈斜角刷在最突起的区域,看上去会觉得自然、柔和。不同的肤色应选择相应颜色的腮红,脸颊旁放一张白纸,在正常光线下对着镜子,反射在纸上的颜色如果是淡白色,应选择桃红或粉红色的腮红;如果是微黄略带苍白,就要选择浅杏、玫瑰粉色的腮红;如果是淡红色,适宜选用红、褐色腮红;如果是黑色则应选用古铜色腮红以突出活力与健美。

总之,对自己的仪容进行适度的修饰,懂得肌肤护理的方法,掌握美容化妆的要领显得格外重要。

三、大学生的仪容要求

大学生的仪容应以所在群体为标准,以显示出优秀年轻人的朝气蓬勃、积极奋进的精神风貌。

应该注意的是,大学生在日常学习、生活中,以不化妆为宜。作为学生,干净朴素的仪容仪表一直是被大力提倡的,健康的、阳光的青年学生带给人们的感觉是蓬勃和希望,那些并不适合青年学生们的所谓时尚,并不能让年轻人显得更为优秀和健康,反而会在某些程度上显得不伦不类。在社交娱乐活动中,大学生适当进行修饰也应以自然、清淡为主,切忌人工痕迹过重,否则会丧失年轻人自然的美感。

第二节　仪　　态

仪态泛指人们身体平时所呈现出来的各种姿势,亦即身体的具体表现和造型。有时,它亦叫作仪姿、姿态。具体而言,仪态又可以进一步分为举止动作、神态表情以及相对静止的体态。一定的仪态可以向他人传递一定的信息,因此,仪态又被称为人的体态语。有人为强调其重要性,还将其称作人类的"第二语言"。

美国知名心理学家梅拉比安曾经提出过一个非常重要的公式:

人类全部的信息表达 = 7% 语言 + 38% 声音 + 55% 体态语

梅拉比安通过这一公式证明,观察一个人的仪态,即可了解其个人的素质、阅历以及思想感情。这种了解,比通过其口头语言所进行的了解往往更值得信赖。不仅如此,一个人的仪态还直接展示着其气质与风度。

仪态美以仪态的文明、优雅、美观、和谐为基本特征,并且以高贵的气质、迷人的风度为具体表现形式。因此,大学生对自己的举止行为、神态表情都要力求完美、自然、规范。

一、站姿

(一)站姿的基本要领

正确健美的站姿给人以挺拔笔直、舒展俊美、精力充沛、积极进取、充满自信的感觉。大学生应该掌握规范的站姿礼仪。

规范的站姿应该是:两脚跟相靠,脚尖开度为45°~60°,身体重心主要落于脚掌、脚弓上,两脚并拢立直,髋部上提;腹肌、臀大肌微收缩并向上挺,臀、腹部前后相夹,髋部两侧略向中间用力;脊椎、后背挺直,胸略向前上方挺起;两肩放松,气下沉,自然呼吸;两手臂放松,自然下垂于体侧,虎口向前,手指自然弯曲;脖颈挺直,头顶上悬,下颌微收,双目平视前方。

(二)男性站姿

男性的站姿应英姿挺拔,具体要诀如下:身体立直,挺胸抬头,下颌微收,双目平视,两膝并严;脚跟靠紧,脚掌分开呈"V"字形;挺髋立腰,吸腹收臀,双手置于身体两侧自然下垂,或者两腿分开,两脚平行,不能超过肩宽,双手在身后交叉,右手搭在左手上,贴在臀部。

(三)女性站姿

女性的站姿应亭亭玉立,具体要诀如下:身体微侧,成自然的45°,斜对前方,面向正前方;脚呈丁字步,即右(左)脚位于左(右)脚的中后部,人体重心落于双脚间。这样的站姿可使女性看上去体态修长、苗条,同时也最能展示出女性美。

二、坐姿

坐是日常仪态的主要内容之一。符合礼仪规范的坐姿能传达出自信干练、积极向上、尊重他人的信息和良好风范。

(一)坐姿的要求

坐姿的要求是稳,要"坐如钟"。

入座时,步履应轻盈和缓,从容自如地走到座位前,轻而稳地落座,并将双脚并排自然摆放。

坐定后,身体重心垂直向下,腰部挺起,上身保持正直,头部保持平稳,两眼平视,下颌微收,双掌自然地放在膝头或者座椅的扶手上。

(二)入座后的几种坐姿

基本的坐姿有下列几种。

坐姿一：上身挺直，下颌微收，双目平视，两腿分开，与肩同宽，两脚平行，两手分别放在双膝上。此种坐姿只适合男性。

坐姿二：两腿并拢，两脚同时向左或向右放，两手相叠后放在左腿或右腿上，也可以两腿并拢，两脚交叉，置于一侧。此种坐姿只适合女性。

坐姿三：女性若着裙装，入座时应用手将裙子稍微拢一下，不要等坐下后，再重新站起来整理衣裙。女性就座时，不宜跷二郎腿，更不可将双腿叉开。

坐姿四：男性可以交叠双腿，一般是右腿架在左腿上，但腿脚不能不停地抖动。

注：男性和女性就座时，双手不要叉腰或交叉在胸前，手中不要摆弄物品或将手中的东西不停地晃动，不要不时地拉衣服、整头发或抠鼻子、掏耳朵。

三、行姿

行姿是展现人类动态美的重要形式，正确的行姿协调稳健、轻松敏捷，不仅给人动态之美，还能表现出一个人朝气蓬勃、积极向上的精神状态。大学生应掌握下面一些基本的行姿。

（一）规范行姿

规范行姿是一种基本的步伐。它的基本要求是"行如风"。

（1）起步时，上身略向前倾，身体重心落在前脚掌上。

（2）行走时，双肩平稳，目光平视，下颌微收；手臂伸直放松，手指自然弯曲。摆动时，以肩关节为轴，上臂带动前臂，前后自然摆动，摆幅以 30°～35°为宜；步幅适当，一般应该是前脚的脚后跟与后脚的脚后跟相距一脚长；跨出的步子应是全脚掌着地，膝和脚腕不僵直，行走足迹在一条直线上。

（3）步行速度，一般是男性 108～110 步/每分钟，女性 118～120 步/每分钟。

（二）变向行姿

变向行姿是指在向他人告别、祝愿、提醒、寒暄时的行走姿态。在行走中需要转身改变方向时，要注意先转身体，后转头。

（三）后退步

后退步是与人告别时的行姿。与人告别，不能扭头就走，应先向后退几步，再转体离去。后退步的基本要求是：退步时脚轻擦地面，不要高抬小腿，后退步幅要小；转体时要先转身，后转头。

（四）引宾步

引宾步是挡走在前边给宾客带路的行姿。引宾步的基本要求是：引宾时，要尽量走在宾客的左侧前方，整个身体半转向宾客方向，左肩稍前，右肩稍后，保持两三步的距离；遇到上下楼梯、拐弯、进门时，要伸出左手示意，提示客人先上。

（五）前行转身步

前行转身步是拐弯时的行姿。在行走中遇到拐弯时，要在距所转方向远侧的一脚落地后,立即以该脚掌为轴,转过全身,然后迈出另一脚;向左拐时,要右脚在前时转身,向右拐时,要左脚在前时转身。

四、蹲姿

蹲姿使用的频率虽不太高,但大学生同样应当讲究蹲姿的方式及美感。

(一)蹲姿要领

标准规范的蹲姿是:下蹲时两腿合力支撑身体,避免滑倒或摔倒。下蹲时为了使蹲姿优美,头、胸、膝关节不要在一个角度上。

(二)基本蹲姿的要求

蹲姿有三种基本形式:高低式蹲姿、交叉式蹲姿和半蹲式蹲姿。

1. 高低式蹲姿

左脚在前,右脚在后,左小腿垂直于地面,全脚掌着地;大腿靠紧,右脚跟提起,前脚掌着地;左膝高于右膝,臀部向下,上身稍向前倾;以右脚为支撑身体的主要支点。

2. 交叉式蹲姿

下蹲时左脚在前,右脚在后,左小腿垂直于地面,全脚着地,右腿在后与左腿交叉重叠,右膝向后面伸向左侧,右脚跟抬起,脚掌着地;两脚前后靠紧,合力支撑身体。

3. 半蹲式蹲姿

这种姿势一般为人们在行走中临时采用。它的基本特征是身体半立半蹲。其主要要求是在蹲下之时,上身少许下弯,但不宜与下肢构成直角或锐角;臀部务必朝着下方,而不应向上撅起;双膝可以微微弯曲,其角度可根据实际需要有所变化,但一般应为钝角;身体的重心应当被放在一条腿上,然而双腿之间却不宜过度地分开。特别是女大学生,夏天穿短裙子时,切勿翘臀弯腰下蹲。

五、手臂姿势

手臂姿势通常叫作手姿或者手势,它指的是人们在运用手臂时所采用的具体动作与体位。手臂在社交场合使用的频率最高。一般来说,手臂姿势既有静态的,又有动态的。在日常生活中,手势不但能够单独发挥作用,而且还经常与其他姿势配合使用。

(一)常见手势

1. 双手自然垂放式

这是人们在正式场合使用得最多的一种手势,因而也是最基本的一种手势。它的主要特征是人们在站立时将手臂自然垂放下来。其常见的具体做法有三:一是双手伸直后指尖朝下,掌心向内,然后分别紧贴于两腿裤线之处;二是双手伸直后自然相交于小腹之上,掌心向内,上下相握或者叠放;三是双手伸直后自然相交于背后,掌心向外,并且相握在一起(此种手势更适合男性)。不论采用其中哪一种垂放手势的方式,都要自然大方,并且尽量避免出现使自己手臂、手指乱动乱晃的现象。

2.手臂的搭放姿势

这是指人们将自己的手部搭放在身前的桌面或者柜台之上的一种手位。

(1)站立时的自然搭放,主要要求身体尽量靠近桌、柜,上身挺直,两臂稍许弯曲,肘部朝向外侧,双手以手指部分搭放,指尖向前,拇指与其他四指略有分离,搭放的部位应为桌、柜的边缘之处。

(2)就座时的自然搭放,则主要要求身体靠近桌、柜,上身挺直,除书写、计算外,手部最好以相握、叠放的方式平放于桌、柜之上。

3.持拿物品的手势

这是指展示或持物的手势,大学生手持物品时,需要注意三点:一是稳当。持物时,可根据其形状、重量采取不同的手势,但必须确保其安全,并要防止伤人伤己,为此应当轻拿轻放。二是到位。在拿某些物品时,应将手置于一定位置,如箱子应拎其提手,杯子应握其杯耳等,不然既不方便,也不好看。三是卫生。取用食物时,切勿直接下手。敬茶、送汤、上茶、端饭时,不要将手指搭在杯、碗、碟、盘的边沿,更不能使其泡于其中。必要时可将杯、碗、碟、盘置于茶盘端上。

4.递接物品的手势

这是指接递物品或取物品时应注意的手势。递送物品时要注意:一要主动上前。递物者通常应主动走近接物者。若其就座时,应先行起立。二要双手接物。递物以双手为佳,至少也要采用右手,使用左手一般视为不妥。三要方便接取。递物给他人,一定要将物品直接交于接取者手中。同时,还要留有余地,以利于对方接取。四要尖、刃他向。若将带有尖、刃的物品交予他人时,千万不要以尖、刃直指对方,而应令其朝向别处。

接取物品时,也应注意三点:一是态度认真。在可能时,务必要起身站立,而不可环顾其他地方。二是谦恭有礼。通常,应用双手或者右手从他人手中接取物品,尽量不要单用左手。三是动作稳妥。接取物品时,宜待递送者先有所表示,不要下手去抢夺。另外还要注意下手稳当,不要令物品跌落在地。

5.展示物品的手势

这是指向他人展示物品时的手位。持物展示于人时,有两点要注意:一是便于观看。展示物品一定要便于在场之人对其进行观看,所以应将其正面向着观看者,并且举至一定的高度。当四周皆为观众时,还需要变换展示之物的角度。二是手位正确。向别人展示物品时,常用下述三种手位:将物品举至高于双眼之处;将物品举至双臂横伸时自肩至肘之处;将物品举至双臂横伸时肘部之外的上不过眼、下不过胸之处。它们各自适用于不同的情况,其共同之处是应使物品在身体一侧被展示,而不宜以其阻挡本人的头部。将物品举至自己胸部以下展示于人,通常显得不够大方,因为多数时候只有将其偷偷拿给别人看时,人们才会这么做。

6.招呼别人的手势

招呼别人是指呼唤远处之人,对其进行引导,或者为其指示方向。其常见的手势有四种。

社交礼仪

一是横摆式。即手臂向外侧横向摆动，指尖指向被引导或指示的方向。它多用于为别人指示方位。

二是直臂式。即在采用上一方式时将手臂伸直，并抬至肩高。它适用于进行引导或指明某物所在之处。

三是曲臂。即手臂弯曲，前臂由体侧向体前摆动，并使之处在胸部之下。它适用于请人进门。

四是斜臂式。即手臂由上而下斜伸摆动。它适用于请人就座。

上述四种形式的共同之处有三点：一是仅用一只手臂，另外一只手臂垂放或背于身后；二是主要使用手掌，而不是仅仅使用手指；三是掌心应当向上，反之则会被视为失礼。

7. 举手致意的手势

这种手势多用于向他人表示问候、致敬或者感谢之意。它既可以悄然无声地进行，也可以伴之以相关的言辞。向别人举手致意时，一般应当注意四点：一是面向对方。举手致意时，一定要全身直立地面朝致意的对象，至少上身与头部要朝向对方。目视对方时，还需同时面带笑容。二是手臂上伸。在致意之时，应将手臂自下而上地向侧上方伸出，手臂可以伸直，亦可略有弯曲。三是掌心向外。举起手臂时，务必要掌心向外，指尖向上，千万不要叉开手指、握拳或者手背向外。四是摆动有方。举手致意，最好使用右臂。在具体过程中，理当使之自下而上地轻缓伸起，切不可令其由上而下从左到右地来回摆动。

8. 挥手道别的手势

这是与人互相道别时采用的常规手势。其主要要求有五点：一是要站直身体。挥手道别时，尽量不要走动或乱跑，更不要晃来晃去。二是要目视对方。挥手与人道别，不管手势多么标准，若是不看着道别的对象，也是失礼的。三是要前伸手臂。在挥手道别时，可以仅用右手，也可以双手并用。但是，一定要使手臂向上、向前伸出，并同时令指尖向上。不要让手臂伸得太低，或者令其过分地弯曲。四是要掌心朝外。在任何情况下，挥手道别时须令自己所挥动的手臂掌心向外，即面对道别的对象，这是尊重对方的一种具体表现形式。五是要左右挥动。以一只手挥手道别时，应令其向左右两侧轻轻挥动。用双手挥手道别时，则应使之同时由外向内来回挥动，不要上下挥手，或是令手臂僵直不动，好像投降。

（二）手势禁忌

使用手势时，如果出现明显的错误，往往不仅有可能令自己的本意南辕北辙，而且还有可能让自己给人留下不良印象。在日常生活里，大学生应当禁忌的手势错误主要有如下几种。

1. 对他人指指点点

与别人相处时，不允许随随便便地指点别人。不论自己与对方是否相识，不论对方注意自己与否，都不可这么做。

与别人进行交谈时，尤其是在与尊长进行交谈时，最忌讳用手对对方指指点点。通常认为,用手对别人指指点点便意味着对对方缺乏尊重。有时,它还会有教训对方之嫌。

2. 随意地摆弄手指

当众反复地摆弄自己的手指,如活动其关节,或勾动其手指,或莫名其妙地摩拳擦掌,或者一再地抖动自己的手腕,这都是不许可的,是失礼的表现。

3. 随便地滥用双手

一般而言,在公共场合双手用得越少越好。与社交对象相处时,切记不要随便摆手。掌心向外、指尖向上,自左至右地摆手,通常表示拒绝别人;掌心向内、指尖向下,由内而外地摆手,大都具有不耐烦之意。

4. 在人前乱摸身体

在任何时候、任何情况下,大学生都要防止用自己的单手或者双手去抚摸自己的身体。

任何抚摸自己身体的动作,诸如摸脸、搔头、擦眼、抠鼻、掏耳、剔牙、搓手、抠脚、抓痒等,既不卫生,又不礼貌,而且当众这样做,举止很不雅观。

5. 在人前搔首弄姿

在外人面前,大学生一是不要用手整理自己的服装;二是不要用手整理自己的饰物;三是不要用手去整理自己的化妆;四是不要用手去整理自己的发型。否则,自己便会有碍于己、有碍于人,甚至还会给人以卖弄风骚之感。

6. 用身体触及别人

根据惯例,在正常情况下是不允许随随便便地用自己的手部去直接接触别人的身体的。与异性、尊长、外宾、初识之人打交道时,大学生特别应当对此予以注意。即便与熟人、同性进行交往时,大学生也要尽可能地少以自己的手部去接触对方,万一有必要动手接触外人时,通常应当有言在先,对对方先作声明、表示,或者征得对方的认可。

7. 将手部放置错位

常见手部放置不当的情况有五种:一是双手端在胸前,二是双手抱在脑后,三是双手叉在腰上,四是双手放入衣兜,五是双手放于桌下。

小贴士:
身体不同部位在体态中的功能

人身体的不同部位在体态中表达不同的含义,正是由于不同部位的功能组合,才形成体态特有的功能表达。以下列举人体部分重要部位的主要功能。

1. 嘴部

嘴可以借嘴唇的伸缩、开合表露心理状态。比如,撅起嘴是不满和准备攻击对方的表示,抽烟动作则可以表示出一个人的内心活动和情绪变化。

2. 颈部

颈部的功能是决定表情的正或负(即"是"或"否")。

3. 肩部

肩部历来被视为责任与尊严的象征,特别是男性尊严、威严、责任感和安全感的象

 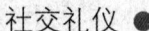

征。把手置于对方的肩上,暗示信任与友好。肩与肩的互相接触表示对等的关系。肩与手的相互接触则表示亲密关系。

4. 腕部

腕部是力量、能力的象征。比如,政治上强有力的人物称为"铁腕人物";善于玩弄权术则称为"耍手腕",手腕高强。

5. 胸部

挺胸表示自信和得意,因为挺胸的姿势把自己的心脏部位暴露出来,显示敌人不可能对自己进行攻击,是精神具有优势的表现。

6. 腰部

腰部位置的"高"或"低"与一个人的心理状态有关联。比如,鞠躬、点头哈腰动作属于精神状态的"低姿态",蹲、揖、跪、伏、拜等都具有服从、屈从的含义。反之,挺直腰板则反映出情绪高昂、充满自信。

7. 腹部

腹部相对比较不引人注目,但其表达的含义也是十分深刻的。比如,凸出腹部,往往表现出这个人的心理优势、自信与满足感。反之,抱腹部蜷缩的动作则表现不安、消沉、沮丧。

8. 背部

背部具有一定的掩盖和隐藏情感、情绪的功能,但其泄露出来的部分反而展示出更为深刻的内涵。

9. 腿部

腿部虽然位于身体的下端,但往往是最先表露出潜意识情感的部位。比如,小幅度地摇动脚部或抖动腿部,意味着将不安、紧张、焦躁的感觉传达给对方。架腿动作可以表示防卫态度。同时,腿部动作还可以表达扩大或缩小自己的势力范围。

10. 足部

足部指膝盖以下的部位,其表现力与腿部相仿,同样可以表现欲望、需求、个性和人际关系。

体姿主要是指人的身体表现出来的姿势。人的生理结构、年龄、修养、学识、环境、经历的不同,往往使人们展示在自己的体姿上,表现出自己的礼仪特点。

六、神态表情

神态表情一般泛指一个人面部所呈现出的具体神态。所谓神态,是指在人的面部所表现出来的神情态度;所谓表情,则是指通过人面部形态的变化所反映出来的内心的思想感情。二者所指的,实际上都是人在其面部所发生的具体变化。

实际上,人的神态表情总是离不开其身体各个部位之间的协调行动。但是在正常情况下,它却主要表现在人的脸部,尤其是以眼神、笑容为基本点。

(一)眼神的运用

眼睛是人类面部的感觉器官之一,最能有效传递信息和表达情意,人们常说的"含情脉脉""怒目圆睁"等,就是通过眼神所表达出的神态表情和情感。在社交活动中,眼神运用要符合一定的礼仪规范,大学生具体要注意以下几点。

1. 注视的部位

一是关注型注视部位,主要是注视对方的双眼。它表示本人对对方十分重视,并且对对方所言之事正在洗耳恭听。但注视时间不宜过长,免得令人感到紧张、难堪或不知所措。

二是社交型注视部位,即注视对方的面部。它适宜在较长时间之内面对交往的对象进行交谈,其注视区域包括对方的整个面孔,而本人眼神的运用则以散点柔视为佳。它既表明自己全神贯注,又不会使对方反感或不快。

三是亲密型注视部位,可注视对方的全身。它一般适用于亲朋好友之间,而且多用于双方之间自远相互接近之时。倘若双方十分接近时,通常不适宜这么做。

四是随意型注视。即注视对方身体之上的某个局部,称作随意型注视。它主要适用于两种情况:要么是应对方的要求,要么是需要帮助对方。无缘无故地在公共场合以此种方式注视陌生之人是失礼的。如果没有任何理由而随意去注视一位路人,尤其是一位异性的胸部、腹部、臀部或者大腿等部位,则尤为不妥。

2. 注视的角度

具体所采取的角度是否恰当,在注视他人时至关重要。属于正常情况而又不至于引起误会的视角,主要有下列四种。

一是正视对方。正视即在注视他人时,与之正面相对,同时还必须将上身的前部朝向对方。即使与对方并排而坐,亦应侧身注视对方为好。

二是平视对方。平视即在注视别人时,应当主动使本人的身体处于同对方基本上相似的高度。平视与正视并不矛盾,因为在正视别人时,往往可以同时做到平视对方。平视对方,主要体现了交往双方在身份上的平等以及自己对待对方态度的不卑不亢。

三是仰视对方。仰视即在注视交往对象时,主动地令本人处于较对方稍低的具体位置,从而使自己在注视处于较高位置的对方时需要仰望。仰视对方,往往含有重视、崇拜或者信任之意。

四是环视。环视即在与多人同时交往时,有意识地按着一定的方向,对环绕在自己四周的对方加以注视。环视会给众多的交往对象"一视同仁"之感,避免让对方产生厚此薄彼之嫌。

3. 注视忌讳

一是扫视。扫视即看人时视线不停地移动,上下左右反复晃动。一般来讲,扫视传递的信息是好奇、吃惊或者挑剔。

二是斜视。斜视又称睨视或鄙视,即斜着眼角看人。它一般传递的信息是轻视、怀疑、不信任、不服气。

三是俯视。俯视是相对于仰视而言的,其做法是居高临下看人。它传递的信息是自高自大,大学生切勿主动采用此种眼神。

四是他视。他视即在人际交往中不是注视交往对象,而是眼望着别处。它一般传

社交礼仪

递的信息是胆怯、心虚、反感或心不在焉。

五是无视。无视亦称闭视,即在人际交往中闭上双眼,故意不注视交往对象。它传递的信息是疲惫、无聊、生气、反感等。

4. 注视的时间

与别人打交道时,特别是在与熟人相处时,注视对方的时间是很有讲究的。过长或者过短,都会使人误解,令人不快。在一般情况下,因注视交往对象时间的长短的不同所显示出来的常规含义有下述五种。

一是重视。为了表示对交往对象的重视,与交往对象会面时,眼神的绝大部分时间要十分认真地注视着交往对象。

二是友好。为了表示对交往对象的友好,与交往对象会面时,眼神应非常友善地注视着对方,并且注视的时间尽可能多些。

三是有兴趣。为了表示对交往对象本人感兴趣,与交往对象会面时,应带着欣喜的眼神紧盯着对方,表示出非同一般的热情。

四是有敌意。通常表示对对方怀有敌意,或者是为了寻衅滋事,注视他人的眼神,目光是冷冷的、阴阴的,甚至是寒光逼人。这样既不利于与他人的交往,也不利于团结。

五是轻视。为了表示对交往对象的轻视,与交往对象会面时,要么对他视而不见,要么非常鄙视地扫视一下。

(二)笑容的运用

笑容是人们在笑的时候面部所呈现的神态表情,其具体表现是脸上露出喜悦之色,口中有时亦同时伴有欢喜之声。俗话说:"笑一笑,十年少。"可见,笑是有益健康的。在人际交往中,笑是一种令人愉悦的神态表情。学会微笑,是大学生进入社交场合的入场券。

1. 微笑的类型

(1)自信的微笑。这类微笑充满着自信和力量,大学生在遇到困难或危险时,若能微笑以待、沉着冷静,定会给旁人百倍信心、坚定冲破难关的勇气和决心。

(2)礼貌的微笑。这种微笑像春风化雨,滋润人的心田。一个懂得礼貌的大学生,会毫不吝啬地将微笑当作礼物,慷慨地赠予他人。

(3)真诚的微笑。这种微笑表现对别人的尊重、理解、同情。与人交往时,发自内心的笑会使对方深深地感受到一颗真诚关爱的心。

2. 微笑的训练

微笑时不发声、不露齿、肌肉放松,嘴角两端向上略微提起地笑。

训练微笑,首先要求微笑发自内心,无任何做作之态。其次,练习时,为使双颊肌肉向上抬,口里可念着普通话的"一"字音,嘴巴两端做出微笑的口型,随后放松面部肌肉。

3. 笑的禁忌

在人际交往里,下列六种笑容都是不宜为大学生所采用的。

一是假笑。假笑即笑得虚假做作,皮笑肉不笑。这种虚假的笑不仅没有任何价值,而且还会令人产生受骗之感。

二是冷笑。冷笑是含有怒意、讽刺、不满、不屑或者不以为然等意味的笑。它很容易刺激或激怒对方。

三是怪笑。怪笑即笑得阴阳怪气,十分暧昧,令人莫名其妙、心里发怵。它多有讥讽、嘲弄之意。

四是狞笑。狞笑指的是笑时面容凶狠变形,毫无美感,而且大多表示愤怒、凶狠或恐吓之意。

五是窃笑。窃笑即偷偷地发笑。它多见于洋洋自得、幸灾乐祸,或者是有意要看别人的笑话时的场景。生活中有时窃笑并非都怀有恶意,但社交场合尽量不要这样笑,特别是公务活动或初次见面,否则会造成误会。

六是媚笑。媚笑即有意讨好别人的笑。它绝非发自内心,通常都是带有一定功利目的的。

第三节 仪 表

仪表美归根结底是为了显示人体美,所以也是人外在美的组成部分。仪表装饰有发饰、面饰、首饰、胸饰、腰饰、服饰等。服饰美不仅表现人的外在美,还体现着人的精神面貌。仪表美和内在美的关系比仪容美和内在美的关系更密切。

仪表,即人的外表,包括容貌、举止、姿态、风度等。在政务、商务、事务及社交场合,一个人的仪表不但可以体现他的文化修养,也可以反映他的审美情趣。穿着得体,不仅能赢得他人的信赖,给人留下良好的印象,而且还能够提高与人交往的能力。相反,穿着不当,举止不雅,往往会降低自己的身份,损害自己的形象。

一、着装的原则

古今中外,着装从来都体现一种社会文化,体现一个人的文化修养和审美情趣,是一个人身份、气质、内在素质的无言的介绍信。从某种意义上说,服饰是一门艺术,服饰所能传达的情感与意蕴甚至不能用语言来替代。正确得体的着装,不仅能体现个人较高的精神面貌和文化修养,给人留下良好印象,而且还能够提高与人交往的能力。总的来说,着装需要时间、地点、场合、身份以及色彩的相互协调。

国际社交场合对服装的总体要求是朴素、大方、整洁、得体。衣服要熨平整,裤子熨出裤线。衣领、袖口要干净,皮鞋要上油擦亮。要将长袖衬衣的前后摆塞在裤内,不要卷起袖口和裤管。任何情形下都不应该穿短裤参加涉外活动。

无论参加什么活动,进入室内场所都要摘帽,脱掉大衣、风雨衣以及套鞋。男士任何时候在室内都不得戴帽子、手套,而允许妇女在室内穿戴纱手套、纱面罩、帽子、手套。

一般来说,着装应遵循以下基本原则。

(一)TPOR 原则

TPOR 是四个英语单词的缩写,它们分别代表时间(Time)、地点(Place)、场合(Occasion）、角色（Role），即着装应该与当时的时间、地点、所处的场合及扮演的角色相协调。

1. 时间原则

时间原则是指在不同的时代、不同季节、不同的时间应穿不同的服装。

不同时段的着装规则对女士尤其重要。男士有一套质地上乘的深色西装或中山装足以打天下，而女士的着装则要随时间而变换。白天工作时，女士应穿着正式套装，以体现专业性；晚上出席酒会就需多加一些修饰，如换一双高跟鞋，戴上有光泽的配饰，围一条漂亮的丝巾等。服装的选择还要适合季节气候特点，保持与潮流大致同步。

2. 场合原则

场合原则是指在不同的工作环境、不同的社交场合，着装要有所不同。

在喜庆的场合不能穿得太古板，悲伤的场合不要太花哨，庄重的场合不要太随意，休闲的场合不要太隆重。总之，衣着要与场合协调。与顾客会谈、参加正式会议等，衣着应庄重考究；听音乐会或看芭蕾舞，则应按惯例着正装；出席正式宴会时，女性应穿中国的传统旗袍或西方的长裙晚礼服；而在朋友聚会、郊游等场合，着装应轻便舒适。

3. 地点原则

地点原则是指在不同地点着装要有所不同。

在自己家里或饭店接待临时来访的客人，可以穿着舒适但整洁的休闲服，但不可赤脚，不能只穿内衣、睡衣、短裤接待客人；如果是去公司或单位拜访，穿职业套装会显得职业；外出时要顾及当地的传统和风俗习惯，如去教堂或寺庙等场所，不能穿过露或过短的服装。

4. 角色原则

着装要和身份、所扮演的角色一致。每个人都扮演不同的角色、身份，这样就有了不同的社会行为规范，在着装打扮上自然也有规范。当你是柜台销售人员，就不能过分打扮自己，以免有抢顾客风头的嫌疑；当你是企业的员工出现在工作场所，服装就不能随心所欲，穿过分杂乱、短小、透视的衣服。

（二）色彩搭配原则

一般来说，黑、白、灰是服装搭配时最常用的三种颜色，它们最容易与其他颜色的服装搭配并取得很好的效果。如果你对配色不是很在行，你可以大胆地使用这三种颜色。

除此之外，服装色彩的搭配要遵循上深下浅或上浅下深的原则，可采取同类型配色或衬托配色的方式，例如，绿色配黄色、浅蓝色配粉红色、深蓝色配红色等。

不同颜色的服装穿在不同的人身上也会产生不同的效果。深色的衣服给人以收缩感，胖人穿着会显得苗条；反之，浅色的衣服给人以扩张感，适宜瘦人穿着。

（三）协调性原则

1. 着装应与自身条件相协调

选择服装首先应该与自己的年龄、身份、体型、肤色、性格和谐统一。年长者，身份、地位高者，选择服装款式不宜太新潮，而应选择款式简单而面料质地讲究些的。青少年着装则着重体现青春气息，以朴素、整洁为宜，清新、活泼最好，"青春自有三分俏"，若以过分的服饰破坏青春朝气实在得不偿失。

形体条件对服装款式的选择也有很大影响。身材矮胖、颈粗圆脸形者,宜穿深色低"V"字形领、大"U"形领套装,浅色高领服装则不适合。而身材瘦长、颈细长、长脸形者宜穿浅色、高领或圆形领服装。方脸形者则宜穿小圆领或双翻领服装。身材匀称、形体条件好、肤色也好的人,着装范围则较广,可谓"淡妆浓抹总相宜"。

2. 着装应与从事的职业相协调

人的穿着打扮在某种程度上体现出其职业特点,因此穿着要与职业相协调。例如,医院的医生、护士就不能穿得过于鲜艳,打扮得花枝招展不仅会影响病人和家属的心情,也不利于病人的治疗和休养。教师在学校里不宜染发、穿奇装异服,不能打扮得过于前卫,在上课时更不能浓妆艳抹、珠光宝气。

二、西装礼仪

(一) 西装的选择

要挑选一套正规场合穿着的西装,大抵需要关注其面料、色彩、图案、款式四个方面的细节。

1. 面料

鉴于西装在商务活动中往往充当正装或礼服,故其面料的选择应力求高档。毛料一般为西装首选的面料,以高档毛料制作的西装大都具有轻、薄、软、挺的特点。具体而言,纯毛、纯羊绒的面料以及高比例含毛的毛涤混纺面料皆可作西装的面料。而不透气、不散热、发光发亮的各类化纤面料,则尽量不要用以制作西装。

西装搭配时要注意面料的一致性。虽然西服套装具有变通性能,可以灵活穿用、随时选配成套装,但它是有一定的规律的,在服饰面料方面也具有协调性。例如,全毛西装配上粗平纹布衬衫,就给人不协调的感觉。特别是在出席各种公众场合的宴会、谈判、舞会时,要注意高级西装应选配高级衬衫、高级领带,以免有失礼仪。

2. 色彩

男士在穿西装时,往往将其视作自己在社交活动中所穿的制服。因此,它的具体色彩必须显得庄重、正统,而不能过于轻浮和随便。据此要求,适合男士在商务交往中所穿的西装的色彩,理当首推藏蓝色。在世界各地,藏蓝色的西装往往是每一位商界男士首先必备的。

除此之外,还可以选择灰色或棕色的西装。黑色的西装亦可予以考虑,不过它更适于在庄严而肃穆的礼仪性活动中穿着。

西装现在远远超越了过去的几种单一色系。浅灰、土黄、铁锈、钻红、浅咖、藏蓝都成为时髦的流行色。再加上各种变换样式的格子花色、规则或不规则排列的碎花纹,尽显男人的翩翩风度。

西装的配色很讲究,尤其是领口区和衬衫、领带的配色,是否优美恰当、是否讲究艺术性等,直接关系到西服的穿着效果,因此要注意花型的组合。当前男士普遍喜欢条、

格、点等素花型服饰。领带有花型,衬衫有花型,西装也有花型。但三种服饰花型组合不像颜色选配那么简单,因为花型虽然是简单的条、格、点三种,但它们是有颜色的,所以组合时要色、花全面考虑。一般最容易选配的是"两花一素",即西装和领带有花型而衬衫为素色的服饰。这种选配方法里外对应,易于协调。例如,暗条深藏蓝色的西服套装,里面穿白色大尖领衬衫,系上紫红色或藏蓝色斜条领带,十分优雅大方。如三件服饰都有条状花型,则容易给人一种杂乱的印象。

越是正规的场合,越讲究穿单色的西装,因而带有两种以上色彩的"杂色"西装,在大多数情况下是与职场男士无缘的。按照惯例,男士在正式场合不宜穿色彩过于鲜艳或发光发亮的西装,通常也不宜选择朦胧色、过渡色的西装。

3. 图案

男士所推崇的是成熟、稳重,所以其西装一般以无图案为好。

通常,上乘西装的特征之一便是没有任何图案。唯一的例外是,男士可选择以"牙签呢"缝制的竖条纹的西装。竖条纹的西装,以条纹细密者为佳,以条纹粗阔者为劣。在着装异常考究的欧洲国家里,男士最体面的西装往往就是深灰色、条纹细密的竖条纹西装。

用"格子呢"缝制的西装,一般是难登大雅之堂的。只有在非正式场合里,男士才可以穿它。

4. 款式

与其他任何服装一样,西装也有自己的不同款式。区别西装的具体款式,主要有以下两种最常见的方法。

(1) 按照西装的件数来划分

根据此项标准,西装有单件与套装之分。依照惯例,单件西装,即只有单件上衣,裤子是另配的,仅适用于非正式场合。男士在正式社交场所中所穿的西装,必须是西装套装。所谓西装套装,指的是上衣与裤子成套,其面料、色彩、款式一致,风格上相互呼应的多件西装。通常,西装套装又有两件套与三件套之分。两件套西装套装包括一衣和一裤。三件套西装套装则包括一衣、一裤和一件马甲。按照人们的传统看法,三件套西装比起两件套西装来,要显得更加正规一些。上面所说的最正宗、最经典的商务套装,自然也非他莫属。因此,男士在参与高层次的商务活动时,以穿三件套的西装套装为好。

套装如作正式交际场合的礼服用,最好用毛料制作的深色西装。在半正式交际场合,如在办公室参加一般性的会见,可穿颜色比较浅一些的西装。在非正式场合,如外出游玩、购物等,如穿西装,最好是穿单件的上装,配以其他色调和面料的裤子。

(2) 按款式来划分

款式方面,男士西装有单排扣、双排扣、两边开衩、单边双口袋等样式的变化。现在男士常穿的西装有两大类,一类是平驳领、圆角下摆的单排扣西装,另一类是枪驳领、方角下摆的双排扣西装。

（二）西装的搭配技巧

男士穿着西装时,要注意衬衫、领带、鞋袜和公文包与之进行组合搭配的基本常识和技巧。

1. 衬衫

与西装为伍的衬衫,应当是正装衬衫。其特征如下:

(1)面料以高级精纺的纯棉、纯毛制品为主。不宜选择用真丝、纯麻做成的衬衫。

(2)必须为单一色彩。在正规的商务应酬中,白色衬衫可谓唯一选择。除此之外,蓝色、灰色、棕色、黑色,有时亦可加以考虑。

(3)大体上以无任何图案为佳。唯一的例外是,较细的竖条衬衫在一般性的商务活动中可以穿着。但是,必须禁止同时穿着竖条纹的西装。

(4)领型多为方领、短领和长领。具体进行选择时,须兼顾本人的脸型、颈长以及所打的领带结的大小,千万不要使它们相互之间反差过大。扣领的衬衫,有时亦可选用。

(5)必须为长袖衬衫,因为短袖衬衫具有休闲性质。以其袖口而论,衬衫又有单层袖口与双层袖口之别。后者又称法国式衬衫,主要的作用是可以佩戴装饰性袖扣。装饰性袖扣又称链扣或袖链,使用时如恰到好处,可为自己平添高贵而优雅的风度。

穿着正装衬衫与西装相配套,有下述四点注意事项。

①衣扣要系上。

②袖长要适度。衬衫袖应比西装袖长出1厘米左右。

③下摆要放好。穿长袖衬衫时,不论是否穿外衣,均须将其下摆均匀而认真地掖进裤腰之内。

④大小要合身。除休闲衬衫之外,衬衫不宜过于短小紧身,也不应当过分地宽松肥大。特别要注意其衣领或胸围要松紧适度,其下摆不宜过短。衬衫领应高出西装领1厘米左右。若不系领带,衬衫的领口应敞开。

2. 领带

领带是男士穿西装时最重要的饰物。在欧美各国,领带则与手表和装饰性袖扣并列,称为"成年男子的三大饰品"。

(1)领带挑选注意事项

挑选领带要重视如下几点。

①面料。最好的领带,应当是用真丝或者羊毛制作而成的。

②色彩。在正式场合中,切勿使自己佩戴的领带多于三种颜色。同时,也尽量少打浅色或艳色领带。它们与三种色彩以上的领带一样,仅适用于社交或休闲活动之中。

③图案。正式活动之中佩戴的领带,主要是单色无图案的领带,或者是以条纹、圆点、方格等规则的几何形状为主要图案的领带。

(2)领带款式的特点

①领带有箭头与平头之分,一般认为,下端为箭头的领带,显得比较传统、正规;下端为平头的领带,则显得时髦、随意一些。

②领带有宽窄之别,除了要尽量与流行保持同步以外,根据常规,领带的宽窄最好

与本人胸围与西装上衣的衣领形成正比。

③简易式的领带，如"一拉得"领带、"一挂得"领带，均不适合在正式的商务活动中使用。

④领结宜与礼服、翼领衬衫搭配，并且主要在社交场所使用。

3. 西装与鞋袜

穿西装时不要穿布鞋、凉鞋或旅游鞋。庄重的西装要配深褐色或黑色的皮鞋。袜子的颜色应以深色为主，不穿白色袜子，花色要尽可能朴素大方。

根据西装礼仪的基本要求，穿西装要特别注意以下七个方面。

(1) 要拆除衣袖上的商标。

(2) 要熨烫平整。

(3) 要扣好纽扣。一般而言，站立之时，特别是在大庭广众之前起身而立之后，西装上衣的纽扣应当系上，以示郑重其事。就座之后，西装上衣的纽扣大都需要解开，以防其"扭曲"走样。唯独在内穿马甲或羊毛衫，外穿单排扣上衣时，才允许站立之际不系上衣的纽扣。

通常，系单排两粒扣式的西装上衣的纽扣时，讲究"扣上不扣下"，即只系上边那粒纽扣。系单排三粒扣式的西装上衣的纽扣时，正确的做法则有两种：要么只系中间那粒纽扣，要么系上面那两粒纽扣。而双排扣式西装上衣，则所有纽扣一律都要系上。

西装马甲要系纽扣。它一般只可与单排扣西装上衣配套。据西装的着装惯例，单排扣式西装马甲的最下面的那粒纽扣应当不系，而双排式西装马甲的全部纽扣则必须统统系上。

(4) 要不卷不挽。在公共场所，不可将西装衣袖挽起来。一般情况下，随意卷起西裤的裤管，也是不合礼仪的表现。

(5) 要慎穿毛衫。要将一套西装穿得有"型"有"款"，除了衬衫与马甲之外，在西装上衣之内，最好就不要再穿其他任何衣物，否则会使西装鼓胀不堪，变形走样。

(6) 要巧配内衣。西装的衬衫之内一般不穿棉纺或毛织的背心、内衣。因特殊原因，需要在衬衫内再穿背心、内衣时，要注意数量上以一件为限，色彩上宜与衬衫的色彩相仿，款式上应短于衬衫。穿在衬衫之内的背心或内衣，其领型以"U"领或"V"领为宜。

(7) 要少装东西。为保证西装不走样，就应当在西装的口袋里少装或不装东西。

西装上衣左侧的外胸袋除可以插入一块用以装饰的真丝手帕，不应再放其他任何东西，尤其不应当别钢笔、挂眼镜；内侧的胸袋，可用来别钢笔，放钱夹或名片夹，但要避免过大过厚；外侧下方的两个口袋，原则上以不放任何东西为佳。

最后要注意西装的搭配。熟知西装着装规范的人，大都听说过一句行话："西装的韵味不是单靠西装本身穿出来的，而是西装与其他衣饰一道精心组合搭配出来的。"由此可见，西装与其他衣饰的搭配，对于成功地穿着西装是何等重要！

三、套裙礼仪

套裙是职业女性的首选，可分两种基本类型：一种是用女式西装上衣和随便的一条裙子进行自由搭配组合成的"随意型";另一种是女式西装上衣和裙子成套设计、制作而成的"成套型"或"标准型"。

(一)套裙的选择

在正式场合穿着的套裙,应由高档面料缝制,上衣和裙子要采用同一质地、同一色彩的素色面料,在造型上讲究为着装者扬长避短,所以提倡量体裁衣、做工讲究。上衣注重平整、挺括、贴身,不宜使用饰物和花边进行点缀。裙子要以窄裙为主,并且裙长要到膝或者过膝,色彩方面以冷色调为主。

同色的套裙,可以采用不同色的衬衫、领花、丝巾、胸针、围巾等衣饰来加以点缀,显得生动、活跃。另外,还可以采用不同色彩的面料来制作套裙的衣领、兜盖、前襟、下摆,以使套裙看起来比较活跃。但搭配时要注意,一套套裙的全部色彩不应超过三种。

正式场合穿的套裙,可以不带任何图案,以朴素而简洁为佳。

(二)套裙的穿法

套裙具体穿着有以下六大讲究。

第一,整洁平整。

第二,色彩合适,大小恰当。色彩要与肤色相配,要避免过大或过小、过肥或过瘦的套裙。

第三,穿着到位。注意上衣的领子要完全翻好,衣袋的盖子要拉出来盖住衣袋;不允许将上衣披在身上,或者搭在身上;裙子要穿得端端正正,上下对齐之处务必对齐。除主体衣服外,还要注意鞋、袜、手套的搭配。

第四,考虑场合。在各种正式的社会交往之中,一般以穿着套裙为好。在涉外商务活动之中,则务必这样做。除此之外,大都没有必要非穿套裙不可。

第五,协调妆饰。高层次的穿着打扮讲究的是着装、化妆与配饰风格统一,相辅相成。

就化妆而言,女士在穿套裙时的基本守则是:既不可以不化妆,也不可以化浓妆。

就配饰而言,女士在穿套裙时的主要要求是:以少为主,合乎身份。如果要佩戴首饰的话,则至多不应当超过三种,每种也不宜多于两件。不仅如此,穿套裙的商界女士在佩戴首饰时,还必须兼顾自己职业女性这一身份。按照惯例,不允许佩戴与个人身份有关的珠宝首饰,也不允许佩戴有可能过度地张扬自己"女人味"的耳环、手镯、脚链等首饰。

第六,兼顾举止。着套裙举止要端庄、稳重。

(三)套裙的搭配

(1)面料色彩要与肤色合理相配。肤色较深者则面料色彩不必过于艳丽,以中性较为适宜;而肤色较浅者对色彩的适应面较宽,一般无限制。

(2)考虑与本人其他服装、饰品,如鞋、手套及手装甚至首饰的色彩相适宜,既可采用色彩对比的配色,也可采用协调的配色,这主要受本人的个性等因素的影响。

(3)注意与当时的流行色调相互协调。首先,在选用面料质感时,要根据穿着用途而定,如日常上班与业余休闲,对于面料的选择就不一样。其次,应考虑与其他服装、饰品的配套组合,如丝巾、丝绸衬衫配面料质感细腻的秋季套裙,可取得协调一致的视觉效果;若配以面料粗犷的套裙,则可获得对比奔放的效果。

(4)款式造型应考虑结合自身的体型特征来选择。如大翻领套裙衫适合身材较高、体型丰满的职业女性而不适合身材矮小者。一般而言,较胖的职业女性宜穿造型简练、宽松的套裙;瘦小女性宜挑选结构较为复杂或有少许缀饰的裙装,以丰富视觉,给人美感。

(四)鞋袜的选择

1. 鞋子

用来和套裙配套的鞋子应该是皮鞋,并且以黑色为好,和套裙色彩一致的皮鞋也可以选择。鞋子的款式最好是高跟、半高跟的船式皮鞋或盖式皮鞋,而不宜搭配系带式皮鞋、丁字式皮鞋、皮靴、皮凉鞋等。

2. 袜子

袜子,可以是尼龙丝袜或羊毛袜,可用肉色、黑色、浅灰、浅棕等几种常规选择,最好是单色。袜子要完好无损,且不能暴露袜口。高筒袜和连裤袜是套裙的标准搭配。

穿套裙的时候,要有意识地注意鞋、袜、裙之间的颜色是否协调。鞋、裙的色彩必须深于或略同于袜子的色彩。

四、制服礼仪

(一)制服搭配技巧

在一般情况下,商界人士在穿制服时,按规定要求与其配套使用的衣饰主要有衬衫、帽子、鞋袜、皮带等,它们往往会与制服一起下发,在整体风格上与制服相一致。商界人士在穿着制服时,若是离开了它们,往往会令所穿制服失去其本应具有的神韵。因此,穿制服时,按规定必须与其配套使用的衣饰一同使用,不准不用,也不得以其他非配套使用的衣饰代替。

穿制服时,即使对其他部分的衣饰单位没有作统一规定,亦不得滥用,在选择其他衣饰时,应将它们与制服是否协调的问题置于首位予以考虑。

(二)制服的分类

1. 常用的分类

就目前而言,制服的分类最常采用的主要有下述四种方法。

其一,按照性别分类。服装根据性别不同分为男装、女装及通用装。

其二,按照季节分类。季节性制服可分为冬、夏、春、秋四类。

其三,按照用途分类。制服依照其具体用途可以分为办公服、礼宾服与劳动服三类。办公服,主要供坐办公室者穿着。礼宾服,主要适合礼仪人员在礼宾岗位上穿着。劳动服,则仅仅适用于在劳作之时穿。

其四,按照职级分类。其好处是不仅方便了自己的交往对象,而且亦可增强着装者的责任心与荣誉感。

2. 分类要准

要使制服在商务活动中真正发挥良好的作用,就必须在恪守上述几项规则的前提之下,对其进行必要的分类。在实际生活中,商界制服的分类有多种方式方法。然而,不论采用何种分类方法,都应当使之适应实际工作的需要,并且有助于维护本单位的形象,定位恰到好处。

除此之外,做工要精,还包括其制作应当量体裁衣,大小合身。

(三)制服四戒

不管制服具体采用哪一种款式,根据"款式要雅"的总体要求,都必须使之力戒露、透、短、紧,这就是所谓的制服四戒。

(四)穿制服的礼仪规范

在穿着制服上班时,必须注意以下四个方面的问题。

1. 忌脏

制服着装的原则是无异味、无异物、无异色、无异迹。对于制服定期或者不定期地进行换洗,应当成为每位上班族用以维护自我形象的自觉而主动的行为。不仅如此,除制服外,与之同时配套穿着的内衣、衬衫、鞋袜,亦应定期进行换洗,而绝不可让其长期"值班"。

2. 忌皱

制服着装的另外一个重要的要求就是要整整齐齐、外观完好。由于制服所用的面料千差万别,并非所有的制服都能够做到悬垂挺括、线条笔直,但是不使其皱皱巴巴、折痕遍布却是每一个人均应做到的。

为了防止制服产生褶皱,必须采取一些必要的措施。例如,脱下来的制服应当挂好或叠好,切勿信手乱扔。洗涤之后的制服,要加以熨烫,或是上浆。穿制服时,不要乱倚、乱靠、乱坐等。最重要的是,要在思想上认识到,满是褶皱的制服是丑的,而不是美的。

3. 忌破

在工作之中,制服可能会在一定程度上形成破损。除了"工伤"这一因素之外,制服穿着的时间久了,也会自然发生"老化",例如开线、磨毛、磨破、纽扣丢失等。发现制服"挂彩"之后,应采取必要的补救措施,并且根据其具体情况区别对待。在一般情况下,制服一旦在外观上发生明显的破损,如掉扣、开线或破洞等,就不宜在工作岗位上继续穿着。在办公室里,特别是在某些"窗口"部门工作的职场人士,或是担负领导职务的职场人士,更要注意这一点。

对破残的制服,应分别进行处理。若其为劳动服,则经过认真修补后,仍然可以再穿。若其为礼宾服或办公服,破残之处经过修补后痕迹明显者,如需要打补丁或换上式样不配套的纽扣之类,则不宜再度在正式场合穿。

4. 忌乱

如果单位里规定全体员工着制服上班,每名工作人员都必须认真遵守此项规定。

不仅如此,商务人员还须注意,欲使制服真正发挥功效,穿着者还必须认真地依照着装规范行事。

在穿制服的单位里,最忌讳一个"乱"字。它主要反映在如下两个方面:

一方面是不按照规定穿制服,如以"忘记了""不舒服""不合身""不喜欢"为由,拒绝穿制服。

另一方面则是穿制服时不守规矩。比如说,敞胸露怀、不系领扣、高卷袖管、挽起裤腿、乱配鞋袜、不打领带、衬衫下摆不束起来等。如此种种做法,亦有损制服的整体造型。

五、饰物礼仪

饰物指与服装搭配对服装起修饰作用的其他物品,主要有胸针、围巾、丝巾、首饰、领带夹、领带等。饰物在着装中起着画龙点睛、协调整体的作用。女性佩戴饰物原则为:符合身份,以少为佳。

(一)胸针

胸针适合女性一年四季佩戴,但佩戴的胸针应因季节、服装的不同而变化。胸针应戴在第一和第二粒纽扣之间的平行位置上。胸针的搭配应从两个角度考虑,但无论是哪种材质,胸针的质地、颜色、位置一定要考虑同服装的配套与和谐。

1. 胸针的佩戴技巧

(1)穿西装时,可以选择大一些的胸针,材料也要好一些的,色彩要纯正。

(2)穿衬衫或薄羊毛衫时,可以佩戴款式新颖别致、小巧玲珑的胸针。

(3)服装线条不对称、不规则的服装上,如果将胸针别在正中部位,在视觉上可起到平衡的作用。

(4)如果你的服装色彩较简单,可以佩戴有花饰的胸针,这样照样能够让你在高贵与端庄中显出独特的风采。

(5)如果你的上衣是多色彩的,下身是较为深色的裙或裤,那么就要在多色彩的上衣上佩戴同下身一样颜色的胸针。

(6)胸针还可以扣在樽领的一边,这样看起来既优雅又浪漫。

(7)若胸针是别在胸前的话,可以尝试把几个小型胸针不规则地扣在一起,创造活泼跳动的感觉。

(8)将胸针别在围巾上,也是一种很好的创意。你可以试着将胸针扣在围巾两端交接的位置,这样既能点缀纯净的围巾,还能起到固定围巾的作用。

(9)若在衣服的口袋上也别上一个小小的胸针,或是在牛仔裤一边的口袋上扣上胸针,甚至是一簇小巧的胸针,同样能让你使人眼前一亮。

(10)一个别致的胸针扣在帽子上,也能营造鲜明的效果,让你更显优雅高贵,不落俗套。

无论哪种佩戴方式,只要胸针能令你的服饰出奇制胜,达到你所希望的效果,那么,胸针的流行与功用就达到了设计师的真正目的了。

2.佩戴胸针的几点禁忌

(1)身着高级面料的礼服时,则不宜用塑料、玻璃、陶瓷为材料制成的胸针,因为这种胸针与高雅华丽的服装极不协调。

(2)年轻的少女在选择胸针时,最好以别致型、趣味型为佳,不要拘泥于高档与否。

(二)丝巾

巧用丝巾,特别是女士佩戴丝巾,会收到非常好的装饰效果。丝巾不如其他服饰配件那样具有潮流指南性,但其搭配的实用性,以及在个人风格上画龙点睛的巧妙性,却是其他配件无法企及的。

1.丝巾的作用

(1)功能性。作为配饰,丝巾具有极强的功能性,所以善用丝巾,可以一举数得。长时间的商务旅行会使旅行箱成为沉重的负担。多带几条丝巾,搭配不同的套装,设计搭配方案,会收到不同的效果。当然,丝巾的系法也对着装效果有很大的影响,出席晚宴时,把长形丝巾随意地搭在肩上,营造飘逸优雅的气质;商务场合,当然是简洁利落的蝴蝶结和链状结最能给人干练的感觉。

(2)方便性。在抽屉里藏一些丝巾也不失为一个方便工作生活的好办法,遇上来不及准备的活动,巧妙的丝巾搭配能让你的着装风格瞬间变换,当然,灵感来源于你的大胆创新。比如,把大号方形丝巾的一端系在颈间,另一端系于腰部,就是一件华美的胸衣,出席晚宴和娱乐场合绝对没问题。

(3)修饰性。女性的烦恼之一就是尽管衣橱里塞得满满的,还是觉得衣服不够穿,丝巾无疑又是一个解决方案。挑选多种规格、色调协调的丝巾,配合不同的系法,会使服装永不落伍,常穿常新。用丝巾作披肩,呈现在眼前的你可能是一个古典美女;围在脖颈一圈又可能感觉很休闲,富有青春气息;在脖颈上打个秀气的结,转眼又变成一个文静少女;将丝巾裹在头后并打个结,让人感觉你是一个前卫的时尚女子。

2.不同脸型佩戴丝巾的技巧

(1)圆形脸。脸型较丰润的人,要想让脸部轮廓看来清爽消瘦一些,要将丝巾下垂的部分尽量拉长,强调纵向感,并注意保持从头至脚的纵向线条的完整性,尽量不要中断。系花结的时候,选择那些适合个人着装风格的系结法,如钻石结、菱形花、玫瑰花、心形结、十字结等,避免在颈部重叠围系、过分横向以及层次质感太强的花结。

(2)长形脸。左右展开的横向系法,如百合花结、项链结、双头结等,能展现出领部朦胧的飘逸感,可以减弱脸部的长度。另外,还可将丝巾拧转成略粗的棒状后,系出蝴蝶结状,不要围得过紧,尽量让丝巾自然地下垂,也可以渲染出朦胧的感觉。

(3)倒三角形脸。从额头到下颌,脸的宽度渐渐变窄的倒三角形脸型的人,给人一种严厉的印象和面部单调的感觉。此时可利用丝巾让颈部充满层次感,如带叶的玫瑰花结、项链结、青花结等系结款式,会有很好的效果。

需要注意的是,要减少丝巾围绕的次数,下垂的三角部分要尽可能自然展开,避免系得太紧,并注重花结的横向层次感。

(4)方形脸。两颊较宽,额头、下颌宽度和脸的长度基本相同的方形脸的人,容易给人缺乏柔媚的感觉。系丝巾时尽量做到颈部周围干净利索,并在胸前打出些层次感强的花结,如基本花、九字结、长巾玫瑰花结等,再配以线条简洁的套装,便可演绎出高贵的气质。

丝巾上的风景越个性越时尚,越舒适越流行,所以在强调发展个性的流行趋势中,丝巾起着重要的作用。

(三)首饰

首饰主要指耳环、项链、戒指、手镯、手链等。佩戴首饰应与脸型、服装协调。首饰不宜同时戴多件,比如戒指,一只手最好只戴一枚,手镯、手链一只手也不能戴两个以上。

总之,饰物的选用也应遵循 TPOR 原则,以"和谐"为美。

(四)领带夹

应在穿西服时使用,也就是说仅仅单穿长袖衬衫时没必要使用领带夹,更不要在穿夹克时使用领带夹。穿西服时使用领带夹,应将其别在特定的位置,即从上往下数,在衬衫的第四与第五粒纽扣之间。

(五)领带

参见"西装礼仪"。

思考练习

1. 个人礼仪形象的构成要素主要有哪些?
2. 请说明穿着西装的礼仪要求。
3. 请结合个人实际,谈谈服饰搭配的技巧与经验。
4. 对照个人举止行为规范,找出自己在这方面的缺点。

第三章 语言礼仪

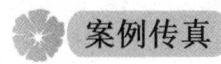 **案例传真**

不当众揭短

北魏的高允是一个很善于处理君臣关系的人,他从来不在大庭广众之下对皇帝提意见,如果有意见要提,会单独求见,等皇帝将身边侍奉的人都遣开以后,才痛快淋漓地陈述,毫无顾忌、毫不避讳,有时能从早说到晚。但出宫以后,他便一字不提,大臣们谁也不知道他对皇帝说了些什么。因此,虽然他有时提的意见很尖锐,言辞很激烈,魏主有些接受不了,但也不怪罪他,并对大臣们说:"国君如同父亲一样,父亲有了过错,做儿子的为什么不写一封意见书当众宣读批评,而是关起房门私下里规劝呢?这不就是为了不让父亲的过错被外人所知吗?"

第一节 谈话礼仪

作为谈话内容的载体,语言的具体运用可以体现出谈话者的思想境界和个人修养。因此,在谈话时人人都有必要重视语言的运用。

在谈话中,对大学生在语言方面的总体要求是文明、礼貌和准确。

一、语言文明

作为受过高等教育的人,大学生必须在谈话中做到语言文明。所谓语言文明,就是在谈话语言的具体选择、运用中,应当既表现出其良好的文化素养和待人处世的友善态度,又令人听之产生高雅、温和、爽心、脱俗之感。要做到这一点,必须注意如下两个方面。

(一)尽量使用文雅词语

在人际交往中,大学生务必要尽可能多地选用文雅词语,即雅语。亦即要求大学生在交流时,尤其是在与他人进行正式交谈时,用词用语一定要力求谦和、恭敬、高雅、脱俗。

在人际交往中使用雅语时,一是要注意使用的场合。使用文雅词语的最佳场合,主要是初次交往、公事交往、对外交往等。二是要注意实际的效果。使用文雅词语,一般

都可以取得良好的收效,但必须防止书生意气,将其绝对化。在具体使用文雅词语时,还是应该重视切实致用,要避免咬文嚼字、词不达意、过度滥用。

总而言之,在谈话中适当地使用文雅词语,通常都是必要的。例如,在正式活动里欢迎客人到来时,使用雅语"欢迎光临",显然要比说"你来了"要郑重其事得多。而对一位上了年纪并且看起来很有文化的老人使用雅语"敬请赐教",自然也比直言"有什么意见快说"更为悦耳。

(二)避免使用不雅之语

不雅之语,自然是指那些失之于文雅的词语。在谈话中,作为大学生应当避免使用以下六类不雅之语。

一是粗话。粗话一般指的是意在侮辱他人人格的、粗野的、带有恶意的、失敬于人的话语。有人为了显示本人为人粗犷,出言必粗,其实是很失身份的。

二是脏话。所谓脏话,主要是指出口成"脏",口带脏字,讲起话来骂骂咧咧。平时,在谈话之中爱说脏话的人,也必将受到其交谈对象的轻视。辱骂他人,在任何情况下都是没有道理的。即便在交谈中无意之中捎带上一句"国骂",对于个人形象也会损害极大。

三是黑话。黑话通常泛指专为帮会、地痞、流氓、盗匪及其他黑社会成员所使用的暗语,或者含义隐晦的话语。从角色定位的角度来说,只有涉"黑"之人才习惯于讲黑话。

四是荤话。荤话大都是指在讲话时所刻意涉及的那些与艳事、绯闻、男女关系有关的内容。不管自己的谈话对象是同性还是异性,千万要注意场合,动不动就爱讲荤话、讲黄色下流故事的人,不仅表明自己格调不高,而且也是对对方极大的不尊重。

五是怪话。在人际交往中,时常会有极其个别的人讲起话来阴阳怪气。他们所使用的话语及其具体内容,或者冷嘲热讽,或者怨天尤人,或者黑白颠倒,或者危言耸听。总之,他们大都成心要以自己的谈吐之"怪"令人侧目。

六是气话。所谓气话,即在谈话时缺乏自我控制的能力,动不动就闹意气、泄私愤、图报复,或者是大发牢骚、指桑骂槐。在谈话时,讲气话永远都是有害无益的。因为它不仅无助于沟通,而且还十分容易得罪人、伤害人。

二、语言礼貌

在谈话中使用礼貌语言,是做人的基本常识,也是博得交往对象好感与体谅的最为简单易行的做法。

礼貌用语,一般简称为礼貌语。它是指那些约定俗成的、在交谈之中用于向谈话对象表示谦虚恭敬的专门性用语。在正常情况之下,礼貌用语具体可以被分作问候用语、迎送用语、致谢用语、应答用语、赞赏用语、祝贺用语、推脱用语以及道歉用语八种类型。他们既有各自专门适用的场合,又有各自专用的表达方式。

在具体的人际交往中,要真正做到语言礼貌,大学生们还必须做到以下两点。

第三章　语言礼仪

（一）端正认识

从思想上端正对语言礼貌的认识，主要体现在以下"三性"上。

1. 自觉性

对于任何人来说，既然在交谈中使用礼貌用语是为了表达自己对谈话对象的谦虚与恭敬之意，那么就必须自觉地对其加以使用，而不应当使之成为一种被迫的非个人意愿的行为。这就是运用礼貌用语的自觉性，也是其使用的基本要求之一。

2. 主动性

与他人交谈时，使用礼貌用语，应当成为每一位有教养者的主动行动。也就是说，在交谈时，每一个人都应当主动地使用礼貌用语，而不必等待谈话对象率先采取行动。这便是运用礼貌用语的主动性。做到了这一点，礼貌用语的使用才会真正做到口到、心到、意到，并且为对方所感觉到。

3. 亲密性

运用礼貌用语的亲密性，主要是指在使用礼貌用语的具体过程中，必须神形兼备，言行一致，完全表现得亲切而自然。要让谈话对象听在耳中，暖在心头，心领神会。最重要的是，运用礼貌用语时一定要真情实意、不落俗套，千万不可巧言令色、言行不一。

（二）养成习惯

在日常生活里，大学生有必要养成自觉使用礼貌用语的习惯。在一般性的交际应酬中，对于下述五句礼貌用语，尤其应当经常使用。

一是"您好"。"您好"是一句表示问候的礼貌语。遇上相识者或不相识者时，不论是打算深谈下去，还是只想与对方打招呼，都应当先向对方热情地问候一声"您好"。如果其他人先以此语问候了自己，则也要及时地以此语来回应一下对方。

二是"请"。"请"是一句专门用于请托的礼貌语。要求别人做某一件事情时，居高临下、颐指气使不合适，低声下气、百般乞求亦无必要。在此情况下，多用上一个"请"字，往往可以起到逢山开路、遇水架桥的作用，从而赢得主动，得到对方的照应，而且还可以使自己的所作所为表现得彬彬有礼、不卑不亢。

三是"谢谢"。"谢谢"是一句致谢时常用的礼貌语。每逢得到帮助、承蒙关照、受到礼遇、接受服务或者获得理解与支持时，都需要当即向交往对象道上一声真挚的"谢谢"。这种做法既是对对方的感激，同时也是对对方积极的肯定。

四是"对不起"。"对不起"是适用于道歉的礼貌语。当自己打扰、妨碍、影响了别人，或是在人际交往中给他人造成了麻烦、不便，甚至给对方造成了某种程度的损失、伤害时，务必要及时而认真地向对方道一句"对不起"。及时地使用这句抱歉语，将有助于大事化小、小事化了，并将有助于修复双边关系。

五是"再见"。"再见"是一句用于人们道别时的礼貌语。在交谈结束、与人作别之际，向对方诚心诚意地道上一声"再见"，可以恰当地表达自己的惜别之意，并且使自己对对方的恭敬之心表现得有始有终。

三、语言准确

在进行谈话时,语言准确与否,往往至关重要。如果语言模糊或词不达意,是极不利于人际沟通的。

要确保语言准确,对大学生来说,需要注意下列四个方面的问题。

(一)语言标准

作为中国人,语言要标准,实际上就是要求人们在交谈时要讲普通话,并且要讲好普通话。普通话是我国法定的现代汉语的标准语。它以北京语音为标准音,以北方话为基础方言,以典范的现代白话文著作为语法规范。推广普通话是我国的一项基本国策,也是密切中国人彼此之间进行交流的一项重要措施。在人际交往中,除面对外国友人、少数民族人士以及个别听不懂普通话的特殊人士之外,大学生一定要在与之进行交谈时使用普通话。

发音规范是说好普通话的关键。在交谈中,每一个人的具体发音都应当力求规范。发音规范,通常体现在以下五点。

一是发音要标准。发音时吐字一定要符合标准,不要动辄发错音、念错字,从而让人见笑,甚至引起误会。

二是声音要清晰。同别人谈话时,发音要尽可能地清晰,以便让对方听得一清二楚。若是说起话来口齿不清、含含糊糊,就像俗话说的"大舌头",那是很难达到交流目的的。

三是音量要控制。进行交谈时,必须有意识地控制本人说话之时的音量,令其大小适中。音量过大,令人震耳欲聋;音量过小,则令人听起来费劲。二者均为不妥。

四是语速要适度。语速即讲话的速度。在交谈时,应令其快慢适中,基本上保持匀速。若是语速过快、过慢,或者忽快、忽慢,都会破坏交谈的效果。

五是口气要谦和。与别人交谈时,口气一定要平易近人,亲切而谦和,不要拿腔拿调、装腔作势、盛气凌人。

要做到语言标准,主要应当避免两种常见的错误倾向。一是滥用外语。讲外语主要适用于同外国人打交道的场合,反之则有卖弄之嫌。二是只讲方言。方言、土语这一类"家乡话",仅适用于"老乡见老乡"。跟人交谈时一律采用方言、土语,不但有可能难为对方,而且往往会让对方觉得你保守而排外。

(二)用词准确

任何语言,都是由一系列具体词汇所进行的排列组合。因此,要保证语言准确,就首先要做到用词准确。否则,就谈不上语言准确。

用词准确,有三个方面的基本要求。一是要明辨词意。任何词汇都有其特定的具体含义,只有明确地理解了每个词汇的本意,才能做到用词正确无误。二是要少用生词。凡是不太熟悉的生词,尽量不要在交谈中使用。对其具体含义不甚了解之时,也以不使用为好。三是要防止滥用。在交谈时,语言与词汇的使用都以朴实无华为佳,切勿

滥用词汇,甚至故弄玄虚地堆砌一连串的词汇,否则很容易被人误解。

(三)内容简明

言语简单明了,是谈话时必须认真恪守的基本规则之一。大学生在一般的交谈中,都要力求言简意赅、节省时间、不讲废话,唯有如此,才有助于保证内容简明。具体而言,应注意下述两点。

一是不要在交谈之中长篇大论。长篇大论不仅会令人感到厌烦,而且还会让人听起来不明不白、不着边际,在某些特殊情况下,甚至还会导致曲解。

二是不要在交谈中短话长说。与人交谈,要善于三言两语便讲到重点,千万不要任意发挥、节外生枝、没话找话、废话连篇。不适当的短话长说,通常会导致毫无实际意义的长篇大论。

第二节　倾听的艺术

有句老话说:"人长着两只耳朵,却只有一张嘴巴,就是为了少说多听。""会说的,不如会听的。"口头交际,说和听相辅相成,互相促进。口头交际既要有口才,也要有耳才,能说会听,才会取得好效果。

一、倾听的重要性及其作用

有的人在交际中为了吸引别人,总是喜欢滔滔不绝、口若悬河,不停地谈论着他自己的话题、自己的事情,占用了大部分交谈的时间。殊不知,一个不懂得倾听礼节和倾听重要性的人,是不会收到良好的交际效果的。

(一)听和说同样重要

口头交际是交往的双方以口头语为工具,面对面地进行信息、思想、感情交流的言语活动,这种言语活动是表达者和接收者互动的过程,表达者说,接收者听,双方相互配合,交际才得以进行,才可能取得预期的效果。在交际中,双方地位是平等的,都有表达和接受的需要,所以双方诉说和聆听同等重要,任何一方都不能孤立地存在,没有表达,无所谓接受,没有听,说也就失去了意义。表达和接收,说和听既互相对立,又彼此关联、互相依存、互相影响,共同构成一个交际整体。二者在口语交际中的地位,忽视任何一方都可能导致交际的中断或失败。

1. 倾听会给予说话者以自信

社交中要多给对方说话的机会,这是对对方的尊重。有人说,专心听别人讲话是我们所能给予别人最大的赞美。不管对方是谁,是上司、下属、亲人或朋友,倾听有同样的功效。一般情况下,人们总是更关注自己的问题和兴趣,如果有人愿意听你谈论自己,马上会有被重视的感觉。

2. 倾听可以缓解紧张的气氛

倾听可以增进人与人之间的相互理解,缓解紧张气氛,化解矛盾。在日常工作或生活中,我们经常可以看到某甲与某乙面红耳赤相互争执、吵闹致使气氛紧张的一幕。如果这种争执和吵闹是因乙方的误会引发的,甲方可对乙方说:"请你先别发火,听我跟你解释"或"请你消消气,听我把事情讲清楚"。这时乙方通过认真倾听甲方的解释,弄清事情的原委,消除误会,就可以平息"剑拔弩张"的紧张气氛。

3. 倾听可以解除他人的压力

心理学研究证明,向人诉说心中烦恼之事能减缓心理压力。因此,当你有了心理负担和心理疾病时,找一个友善的、具有同情心的倾听者是很好的解脱办法。

(二)倾听有助于成功

倾听可以让我们学到更多的东西,更好地了解人和事,使自己变得聪明起来。对一个成功的推销员来说,有效的推销方法是自己只说 1/3 的话,把 2/3 的话留给对方去说。而在应聘面试中,只有那些认真倾听考官说话和提问的人,才可能获得求职成功。

善于倾听,可广开言路,集思广益,使人耳聪目明。美国一位汽车设计师说:"为了在汽车制造业中取得成功,必须把手指按在公众的脉搏上,必须尽可能广泛而专注地洗耳恭听他们的要求。"他还说:"实际上并不是我们设计的,而是由公众设计出来的,我们所能做到的只有一件事,广泛听取公众的意见,我们便全力以赴地来提供这种东西。"可见,倾听意见有助于创造,有助于事业成功。

(三)倾听中获取信息

收集信息的渠道很多,获得信息的手段也多种多样,倾听正是口语交往中获取信息的重要手段。俗话说:"听君一席话,胜读十年书。"这话是对倾听的褒扬,也说明了倾听对于获取信息的作用。倾听的渠道很多,只有广开"耳路",做有心人,才能时时处处听到很多有用的信息。"处处无心处处空,处处有意处处灵。"即使在茶馆、街头或者与朋友闲聊都可能有意外收获。香港《文汇报》一篇短文有这样一条消息:一天在意大利某地一间咖啡店里,一位太太嚷着要丈夫给她买一个假发,丈夫说托几个朋友到外地都买不到,太太很不高兴。这时有位中年人听到他们的对话后大有所悟——可经营假发!于是,经过调查筹划,他创办了一家假发公司,专营各式各样的假发,生意兴旺,赚了大钱。

二、倾听的技巧

口语交际属于口耳之事,说和听都是借助有声语言作为传递信息和接受信息的主要手段,这种语言手段声过即逝,在倾听时,稍一走神,就会间断听觉和思维序列,影响倾听效果。因此,大学生应掌握以下几点倾听技巧。

(一)专心致志倾听

1. 全神贯注

专心静听,不仅仅是用耳朵,而且要用整个身心;不仅仅是声音的吸收,而且要理解。所以,倾听必须时刻保持认真的态度。专注精神,把全部心神完全贯注在对方身上,像雷达跟踪目标一样紧紧捕捉着对方的话题,直至完全了解对方话语的全部意思。如果交谈时,一方三心二意、心猿意马、想东想西,就不能准确获取对方的话语信息。

2. 积极参与

专心静听,不但指全神贯注,而且包括积极主动地参与,这种参与表现在以下几个方面。

（1）对对方讲话作出积极反应。例如,当对方讲到要点时要积极给出反应,可以点头表示赞同、肯定,也可伴以"嗯、对"声,但这要配合对方讲话的内容,而不是应付对方。

（2）适当插话。例如,听到对方讲得有道理时,可说:"对,你这样讲有道理。"在对方讲到你不理解的地方时,你可插话:"对不起,这里我没听明白,您是否可给我解释一下?"这些动作行为既是听讲艺术,也是给对方带来愉快心情,使对方认真继续讲下去。

（3）边听边想边筛选。一边聚精会神地倾听,一边积极思考对方讲话的目的、意图和要点,一边做去粗取精的筛选、提炼和归纳,并作相关性联想,预测还会说些什么内容。这样,既有助于准确理解对方的话意,又可以发现问题,做有的放矢的提问,使交谈深入。

3. 排除干扰

在倾听的时候,必须自觉排除影响精神集中的一切扰乱,这些扰乱包括以下几方面。

（1）听者自身精神烦恼,心绪不宁,或者情绪激动。

（2）说者的服饰奇异、音调特别、字音刺耳、态度不恭、举止粗野。

（3）周围环境嘈杂。

这些干扰因素都会扰乱听者的正常思维,导致注意力分散,影响听的效果,谙熟于聆听技巧的人都善于排除干扰专心静听。

(二) 揣摩言外之意

言语交际是一种复杂的社会现象,言语行为有显性和隐性之分。显性言语行为,直言不讳,言明意显,叫人一听就懂,用不着揣摩意会,给人以明快率直的感觉。隐性言语行为,不把本意从辞面上直接表露出来,而是将本意隐含在言辞深处,话中有话,意在言外,让人靠经验和背景知识去揣摩推测。

话语的言外之意可分层次,有的只是隐藏一个深意,有的隐藏几个深意,有的蕴意程度很深,有的程度较浅。但无论彼或此,都是由一定的言语形式来体现的。

言外之意,最常见的是通过双关、反语、讽喻等修辞方式来表现。倾听时要运用有关修辞知识去分析、揣摩其含义。例如,有一天小王穿了一件妻子为其买的高档衬衣上班,一不小心,洒上了一些墨水,这时同办公室的老刘笑着对小王说:"这一次,你家的搓衣板又派上用场了。"这是一句双关语,它既指用搓衣板洗衣服,又含有开玩笑的意思:小王弄脏了夫人买的高档衬衣,他夫人会让他"跪搓衣板"。

又如电影《平原游击队》中的日军问那位老大爷:"皇军好不好?"老人回答说:"皇军好!不拉夫,不抢粮。"这句回答就是反语,言外之意是日本兵坏,又拉夫,又抢粮,无

恶不作。

言外之意也常常蕴含在委婉曲折或反面烘托的话语中。例如，老张问："小李，你的女儿已经有四岁了吧？"

"是啊！"

"打算领独生子女证吗？"

"是啊，我身体不好，经济也不宽裕，孩子也大了，可是我爱人是独生子啊！"

小李的话没有直接表示要再生一个孩子，而老张却从"我爱人是独生子"这一委婉语中，听出了弦外之音："我还要再生一个孩子，不领独生子女证。"

（三）释读体态语言

体态语言在口语交往，特别是在情感的表达，态度、意向和风度的表现方面很能显示出它独有的特性和作用。由于种种原因，人们说话有真有假，不易鉴别。而体态语言是人体大脑活动的外露和显示，有时，某些体态语言甚至是无意发出来的人体信号，所以它不但能传递出一般的信息，还常常会显露出作者内心真实的情感。心理学研究表明，一些人出于别有目的而口是心非，是可以从体态语言中看出来的。比如，有的人接待客人，一边说"时间这么晚了，吃了饭再走吧"，一边却起身做出送客的手势；又比如，当别人递过礼物时，口说拒绝，却伸手去接……诸多事实表明，体态语言发出的真实信号往往很自然地会否定口语的信息，因为人的身体是不会撒谎的。

心理学家弗洛伊德说："凡人皆无法隐藏私情，他的嘴可以保持缄默，他的手却会'多嘴多舌'。"狄德罗也说过："一个人的心灵的每一个活动都表现在他的脸上，刻画得很清晰，很明显。"体态语言是承载和传递情感、态度和意向的最佳媒介，它不但有传递信息的功用，而且有让人借以把握信息的价值。因此，人们常借释读体态语言来验证言辞信息的真伪。韩信原是项羽手下的一个小官，在萧何的推介下，被刘邦提拔为将军。他在未成为将军之前曾借着第一次与刘邦交谈的机会仔细观察了刘邦的为人，他一见到刘邦就说："目前群雄四起，个个打算平定天下，成为帝王。大王的竞争对手虽然很多，但足以跟大王匹敌的，大概只有项羽。他勇猛果断、贤德仁慈，大王您看哪一个能占上风？"刘邦心想，这新上任的将军怎么这么怪？但他想归想，还是把自己的看法说了出来："我不如项羽。"韩信听到刘邦如此回答，心中不禁产生了敬意，因为他觉得刘邦有自知之明。但听其言还是不够的，韩信还要进一步观其色。于是他老老实实地把自己的看法说了出来："臣也觉得自己大王不及项羽。"说完，他就十分注意观察刘邦脸上的表情。心想，如果刘邦勃然大怒，那就表示修养不够，我就只有脚下抹油溜之大吉了。但刘邦听了韩信的话，似乎认为理所当然，脸上没有一丝愠色。经过听言观色，韩信认为刘邦贵有自知之明，定能平定天下。因此，他决定投靠刘邦。在这个故事中，韩信运用的听言结合观色的方式，对于言语听解很有启迪：要准确领会说话人的真实意向，不仅要全神贯注地恭听对方说话和认真揣摩话语的言外之意，而且还要洞察讲话人的体态语言和信号所传达出的意思。

那么，大学生在日常生活和交际活动中，如何听解言语和释读体态语言，以正确捕捉其所蕴含的信息呢？下面介绍几种基本技巧。

一是结合言辞去释读。体态语言虽然有时也被单独用来传递信息,但通常是伴随自然语言出现的。它伴随自然语言出现时,既有相辅相成的现象,如前面说的韩信考察刘邦的例子;也有相逆相忤的现象,如前面谈口是心非的用例。因此,聆听时如果光听自然语言,而不注意体态语言,有时就无法准确把握对方说话的内涵;相反,如果撇开自然语言,只从体态语言本身着眼,也不能理解对方传递的全部信息内容。因此,聆听中释读体态语言必须结合自然语言进行。下面以一篇小说中摘录的关于借老虎一段对话为例加以说明:

黄主任:"关键的问题是,老虎突然改变生活环境,再加上春节围观的人过多,距离又近,万一受了惊吓……"

张佩玉:"老虎还这么胆小?我不相信!动物园不也天天有人围着吗?"

黄主任望了她一眼:"这是不同的。对不起,你们的要求我们实在无法满足!"站了起来,以示送客。

周颖也笑吟吟地:"黄主任,打搅了,再见。"

周颖看到黄主任"站了起来,以示送客"的动作神态,结合他"对不起,你们的要求我们实在是无法满足"的话意,意识到再谈下去也达不到借老虎的目的,于是自觉告辞,显得识趣得体。

二是综合释读。在口头交际中,有时自然语言只是配合单一的体态语言,便可表达一个完整的意义,更多的时候是自然语言同时结合多种体态语言来传递一个共同的信息。例如,人们在大会发言中表示决心时,常常会配合这样一个动作:右手紧握拳头,举起与肩相平并持续短时间,眼睛注视整个会场,向听众投以热情与信任的微笑。发言者通过声音、手势、眼神、面部表情等,向听众显示了为成功而奋斗的决心和力量。

心理学家珍·登布列顿在《推销员如何了解顾客的心理》一文中说:

假如一个顾客的眼睛向下看,而脸转向旁边,表示你被拒绝了;如果他的嘴是放松的,没有机械的微笑,下颌向前,他可能会考虑你的提议;假如他注视达几秒钟,嘴角乃至鼻子部位都带着浅浅的笑意,笑容放松,而且看起来很热心,这个买卖便做成了。

这段话表明,在交谈中要注意"洞察"对象,更要把握各个部分体态动作融合在一起构成一个群体所传递出来的信息。只有这样,才能准确全面地捕捉到体态语言所提供的信息,了解对方的深层心理。

三是结合民族习惯、社会文化和具体语境来释读。体态语言具有民族性特点,不同国家、不同民族有各自不同的体态语言和交际习惯。这表现在两个方面,一方面是同一个意思不同的民族不同的国家用以表达的体态语言形式往往不同,例如,召唤人过来,中国汉族人一般用右手前伸,掌心向外,由上而下向被召唤人招手。英国人、美国人招手唤人则是掌心向里或者向里勾动十指,别的国家也有许多人是用右手手指向里勾动的手势唤人过来的。而在某些国家如斯里兰卡,十指勾动的速度是具有感情色彩的,慢慢勾动是不大客气的表示,甚至有可能要对对方动武,勾动得快则表示友好。而在日本一般不能用这种手势唤人,因为日本人是以此唤狗的。另一方面是同一体态语言不同的民族又往往有不同的理解,例如跺脚,在中国人看来是生气的表示,法国人则表示

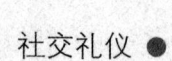

叫好。

体态语言作为一种交际手段也与社会文化有关。例如,第二次世界大战期间,英国首相丘吉尔在结束演讲时,举起握拳的右手,然后伸出食指和中指构成"V"字形,以象征胜利,立即引起了举国的欢呼,这与英文"Victory"(胜利)一词的第一个字母"V"有关。见面时握手为礼或表示友好,几乎已普遍通行于现代社会了。

体态语言所表示的意义还常常因具体语境而异。例如笑语,在推销活动中,推销者在滔滔不绝地介绍自己的商品时,如果顾客故作笑容满面,那么这次推销八成就不会成功,因为推销的言语并未在顾客心中引起共鸣,他不过是用笑语表示礼貌而已;而在交际或协商中,如果对方听话后的反应是边微笑边摇头,则意味着对话语的信息无法接受,以笑语来表示委婉的谢绝,不让说者感到难堪。又如掌声的一般语义为高兴、赞成或欢迎,但也可表达礼貌地否定、拒绝。

体态语言的形式和意义与民族习惯、社会文化有密切的关系,而且又常常因具体的语境特点而有所变化,因此,在交际聆听中释读体态语言的时候,不能把任何的动作表情、姿势看得太绝对,必须结合具体的人、具体的情境、具体的文化背景去观察、去理解、去判断,否则,就会产生信息误差。

第三节 应答的语言艺术

应答是构成交谈的一个重要方面,在各种交际过程和语言环境中,如何应答,这是一门语言艺术和语言技巧,他能体现一个人的机敏、睿智。对于大学生来说,掌握一些有关应答的基本知识和技巧,对于提高自己应对各种交际场合的能力是大有裨益的。

一、应答的含义和要求

应答是一种对提问作出的回应,以解释、说明、告知为目的的口语表达方式。应答强调的是"答",即回答对方的询问、质问、访问、追问、讯问等。

谈话中的应答有相当的难度,因为猝然而发,不容过多思考,更无从准备。一般说来,应答应当做到:回答准确,不能答非所问。准确的前提是必须能够听出话中话、弦外音,回答正确和严谨,没有谬误,不留空子,要做到这一点必须知识广博、逻辑性强。要做到应答得体,有理、有礼、有节,照顾到方方面面,就要加强平时的训练,不断提高自己的文化修养和语言表达能力。

二、应答的特点

(一)广泛性

在所有的口语表达形式中,应答是最具有广泛性的,这可以从两个方面来加以说明。

1. 内容的广泛性

答与问相比,问是主动的、引导的、制约的一方,答则是被动的、受制的一方。问者可以海阔天空,尽兴而发,这就决定了答问的内容几乎无所不包,问者的话题大至轰动全球的大事,小到个人私生活的隐秘,时间跨度可以涉及远至多少年以前的事,近至几分钟之前,甚至将要到来而尚未发生的事,不管你有无准备,你都得作出适当的回答或相机的反应。

2. 应用的广泛性

应答既是一种独立的口语交际形式,又是一种可以包容在各种口语形式中的表达方式,交谈中有应答,论辩中有应答,谈判中有应答,演讲中也难免有应答。

(二)随机性

随机性是指应答要相机而行,对各种问题作出灵活、恰当的口语回答。随机性是为适应以下三种情况造成的。

1. 为了适应提问内容的广泛性

对方可以天南海北、古往今来地随便发问,答问者绝不可能事前都料到或有所准备,这就需要根据提问的情况灵活应答。

2. 为了适应提问的突发性

提问的突发性,包括提问者突然改变话题与思路,使你对作出的应答措手不及;提问的突发性,还包括众人轮番发问,比如大学毕业生在求职应聘时,就常常要应答主考官们的轮流提问。

3. 为了适应问答的临场性

不管是何种问答方式,问与答都是面对面的,而且往往有许多听众在场(如毕业答辩时,听众有老师、同学;应聘面试时,现场有主考官和员工等),从时间上来说,不容你多思考;从受制约方面说,不容你不反应,不能老是说"无可奉告",更不能瞠目结舌;从效果上说,现场应答对与错、是与非,立刻分明,反应马上可见,不容更改。

(三)严肃性

答问的严肃性,既指态度的严肃性,又指内容的严肃性。答问不同于一般性交谈,答的一方对自己的话语要负责任。特别是正式的答辩或领导人、发言人、外交官的答问,其政策性很强,影响也很大,所以要特别把握严肃性这一特点,慎重应答,做到滴水不漏、万无一失。

三、应答的语言形式及技巧

应答的语言形式多种多样,应答的技巧就体现在各种形式中,我们下面结合应答的技巧和形式,谈谈应答在实用场合需要注意的事项。

(一)直答

直答就是根据对方的提问,直接正面作出回答,如:

同学甲问:今天考试考得怎么样?

 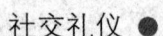

同学乙答：感觉还可以，及格应该没问题。

这种答问，是友好、坦诚、直率的，没有支支吾吾、遮遮掩掩、曲里拐弯。这种应答方式通常在上下级之间、同志之间、顾客与服务员之间、老师与同学、同学与同学之间使用最多。

（二）分答

所谓分答，是指提问者不怀好意，或又有包容性的提问，不宜作"是"与"否"的笼统回答，而是要听清话意，分解一问为几问，分别给予正确的回答。比如：

有一个旨在分裂中国的外国记者向我外交部人员发问："中国政府对在印度政治避难的达赖回到自己的国家——西藏持何态度？"我外交人员义正词严地回答："首先，我国政府从没有对达赖实行过政治迫害，不存在什么政治避难的问题。西藏是中国不可分割的一部分。我们始终希望达赖回到祖国来，他愿意的话，也可以在西藏自治区工作。"

我国外交官的这一回答，是对不怀好意的西方记者提问本身的否定，先回答：达赖没有受到政治迫害；再回答："西藏"是中国领土的一部分，只是我国的自治区之一。这是分解一问为两问，再一一给予回答。

分答这种口语技巧要运用好，首先要会听，听清对方话语的阴谋，警惕自己不可落入陷阱；其次，要分解对方的问题，有陷阱的问题一般都有两层以上的含义，分解好了，即可以逐一应答。

（三）变答

变答，就是变通回答。《孙子兵法》说："兵无常术，水无常形，能因敌变化而取胜者，谓之神。"变答，正是变被动为主动，变守势为攻势，变妨害为有利的一种巧妙应答方式。变答技巧的特点是"反"答，即在简答了对方的问话之后，采用对方的内容来作答。如美国前总统卡特竞选时，有位女记者找到了卡特的母亲，下面是女记者和卡特母亲之间的问答。

女记者："您的儿子向选民们说，他如果说谎话，大家就不要投他的票，您敢说卡特从来没说过谎吗？"

卡特母亲："也许我儿子说过谎，但都是善意的。"

女记者："什么是善意的谎言？"

卡特母亲："你不记得几分钟前，当你跨进我的门槛时，我对你说你非常漂亮，我见到你非常高兴。"

卡特母亲的变答可谓针锋相对，使得问话者非常尴尬。但这不能责怪卡特母亲不友善、不礼貌、不厚道，它的应答是对方不友好挑起的，并且步步"逼问"出来的。就应答的内容来说，其恰当、巧妙、简洁，无懈可击。

变答只作为问话者含有敌意或咄咄逼人时才能运用，非此情况不可滥用，因为它有伤和气，其结果可能会出现僵局、冷场和不快。变答，只是一种非通常式应答的总称，变答的具体表现也是多样的。变答，要求极高的思维能力和机敏性的口语表达能力。

（四）牵答

有时面对故意刁难甚至侮辱性的提问，如果从正面回答，显得无力，即使答得再好，也会被认为是为自己开脱、辩解的防卫语言，这时，就可以采用牵答的技巧，即抓住事物之间的对应、连带关系，提一个关涉答者问者的命题，造成一荣俱荣、一损俱损的态势，以抵消对方的攻势，使自己立于不败之地。

晏子出使楚国时，楚王向晏子提出了一个侮辱性的问题："齐国为什么派你这么一个矮小无德的人做使臣呢？"晏子说："齐国派使臣有一个规定，不同的人朝见不同的国王。贤德的人朝见贤德的国王，不贤德的人朝见不贤德的国王。我最不贤德，就派来朝见您楚王。"楚王本想侮辱晏子，没想到反而受到了晏子的侮辱。晏子的回答，把自己的荣辱与楚王连在一起，使得楚王无法反驳，自找没趣。

牵答的表达奥妙就是用话将自己与问话者牵在一起，不可分开，使对方不能处于优势的攻击地位。牵答要注意分寸，因为"利害相连，荣辱与共"，所以对自己和对方都不要过分贬损。

（五）错答

错答也是一种机警的口语表达技巧，既可用于严肃的口语交际场合，也可以用于风趣的日常口语交际场合。它的主要特点是不正面回答问话，也不反唇相讥，而是岔开所问，作出与问话意思错位的回答。请看下面的例子：

一个美丽的姑娘独自坐在酒吧间里。

一位青年男子走过来献殷勤："这儿还有人坐吗？"他低声问。

"到阿芙达旅馆去？"她大声说。

"不，不。你弄错了。我只是问这儿有其他人坐吗？"

"您说今夜就去？"她尖声叫，比刚才更激动。

这位男青年被她弄得狼狈极了，红着脸到另一张桌子上去。

以上例子是很典型的错答，是用来排斥对方和躲闪真实意思的交际手段，用得是很成功的。

运用错答的语言技巧，一是要注意对象和场合；二是使对方明白既是回答又不是回答，潜在语是不欢迎对方的问话；三是有时要利用问话和含混意思，答话虽模棱两可，似是而非，但对方也无法责怪。

（六）征答

征答，就是引用名人名言、俗语、谚语等来作答，以表明自己的意思，或佐证自己的观点。这种应答，好处是很明显的，既增加了说话的权威性与可信度，又省去了许多解释和说明，还能增添口语的生动性与感染力。

例如，有人问一位家长："听说你孩子寄养在刘教授家以后，纪律也能遵守了，成绩也上升了，是真的吗？"

家长答："有人说，'近朱者赤'，一点儿也不错。"

"近朱者赤"四个字是成语，引用在这里作答，非常准确、简练、生动。

社交礼仪

征答需注意:一是征用的语言要有一定的权威性,又要为听话人所理解;二是征答要简短,不必在答完后又啰啰唆唆解释一番,那样反而会减弱引语的表现力。

(七)拈答

拈答是紧承问话中的词句,利用拈连手法,在原话的基础上稍作变动,作出准确、鲜明、生动回答的一种口语表达技巧。这种答问如果运用得好,可以取得很好的效果。

如:王蒙20世纪50年代曾因写了《组织部新来的年轻人》出了大名,后来被错误地打成右派。复出后,读者问王蒙:"你能不能继续保持《组织部新来的年轻人》的创作风格?"王蒙回答:"不论有多少好心的读者希望我保持'组织部'的'年轻人'的风格,但是,这是不可能也是不必要的。20年来,我当然早就被迫离开了'组织部',也再不是'年轻人'。"

这段话运用了拈连的手法,"被迫离开了'组织部'",说明自己蒙受冤屈,"再不是'年轻人'",表明生活、创作风格变化的必然性,答得很艺术、很巧妙。如果直接摆出几条理由,讲些生活与创作的大道理,反而显得生硬、老套,这样一拈连,作者和读者之间巧接词意,收到了很有韵味的效果。

拈答在日常生活中也常用,如孩子考试回家,妈妈问:"这次考得怎么样?"孩子回答:"烤煳了!"将"考"试的"考"拈连成烧"烤"的烤,以"煳"来比喻考坏了,答问很风趣。

拈答技巧,是拈连修辞格在答话中的运用,首先要懂得拈连的知识和用法,拈答才能用得好。其次,这种答问离不开上下文语境和语言条件,不能勉强凑合,要在条件允许的情况下才运用,要用得贴切、自然。

(八)喻答

喻答,就是对某些棘手的问题,采用比喻的方式来回答,既形象生动,说理又明白透彻。

比如:楚宣王重用大将昭奚恤。昭后来大权在握、拥兵自重,邻国畏惧,同僚侧目,宣王也感到了他对自己的威胁,但是又想通过仁义手段使他对自己尽忠。朝廷有士,心明而不敢言。

一日,宣王在朝,突然问群臣道:"吾闻北方之畏昭奚恤也,果诚何如?"群臣一听宣王问及此事,个个战战兢兢,良久,无人敢言语。宣王看看群臣这副模样,心中也明白了一半。宣王要罢朝离去时,客楚为官的魏国人江乙出班奏曰:"虎求百兽而食之,得狐。狐曰:'子无敢食我也!天帝使我长百兽,今子食我,是逆天帝命也。予以我为不信,吾为子先行,子随我后,观百兽之见我而敢不走乎?'虎以然,故遂与之行,兽见之皆走。虎不知兽畏己而走也,以为畏狐也。"

说到这里,江乙看看宣王,又瞧瞧众位同僚,只见他们都现出一副莫名其妙的神情,于是江乙接着说:"今大王之地方五千里,带甲百万,而专属之昭奚恤。故北方之畏奚恤也,其实畏王之甲兵也,犹百兽之畏虎。"至此,宣王方明白江乙谏说这番话的前半部分的用意,群臣这也才如梦初醒,原来江乙巧妙地说出了他们想说而不敢说的话,想进谏而无妙法进的谏言。从此以后,楚宣王便逐渐削弱了昭奚恤的兵权,楚国避免了可能出现的武装政变。宣王执政期间,国家一直太平。

要用好喻答,就要精选作为喻体的事例,特别注意喻体与本体之间的契合点;要用好喻答,还要注意答话的内容,一般用在解说、论证事理等方面,不宜滥用。

(九)断答

断答,就是截断对方的问话,在他还没有说出,或者还没有说完某个意思时,即作出错答的口语交际技巧。它与错答的相同之点是答与问都存在人为的错位,即答非所问;它们的不同点是错答是在听完问话之后作答,断答是没有听完话就抢着进行回答。为什么不等对方问清楚,就要抢先回答呢?可能有以下两种原因:一是等对方把问话全说出,就会泄露出某种秘密,难以收拾;二是待听全问话再回答,比较被动,不好应付。因此,考虑到对方要问什么,在他的问话未说完时,就迅速按另外的方向思路作回答,一可以迁移其他听众的注意力,二可以使问者领悟,改换话题,免于因说破而造成尴尬局面和其他不良后果。

比如:一对男女青年在一起工作,男方对女方产生了爱慕之情,男方急于要表白心愿,女方虽心领神会,但是,却不愿将友情向爱情方面发展,女方认为还是不戳破,保持一种纯真的朋友情谊为好。于是,出现了下面的断答。

男青年:"我想问问你,你是不是喜欢……"

女青年:"我喜欢你给我借的那本公关书,我都看了两遍了。"

男青年:"你看不出来我喜欢……"

女青年:"我知道你也喜欢公共关系学,以后咱们一起交换学习心得吧!"

断答要求才思敏捷,口语技巧娴熟。

(1)断答前要摸准对方的心理,"你一张口我就知道你要问什么""未闻全言而尽知其意",这比错答的要求要高。

(2)要抢得自然而恰当,比如上例中从"喜欢"人而引论到"喜欢"书。

(3)断答往往需要几个回合才奏效,因为抢一两次,对方还不能领悟答话者的真意,或者略略知道而不甘心,继续发问,这就要求"连抢"多次,才能不漏破绽,达到目的。所以断答难度大、技巧性强,但运用得当,效果很好。

(十)谬答

回答本应正确,但有时迫于情势,也不得不用荒谬的回答搪塞无法回答或不便回答的问题。

如:在20世纪60年代,我国击落了几架美国的高空无人驾驶侦察机,在记者招待会上,有外国记者问当时的外交部部长陈毅,是用什么先进武器将飞机击落的。这一问题涉及我国的国防机密,自然不便正面回答。于是,陈外长诙谐地回答说:"是用竹竿捅下来的。"

这一听似荒谬的回答,令在场记者都会心地笑了。

(十一)自我解嘲

对于诘难、嘲笑等,若非恶意,不妨自我解嘲,这样不但使应答睿智幽默,而且显得

情趣高尚、富于修养。

例如在一次宴会上,鲁迅的侄子问鲁迅的鼻子为什么那么瘪,鲁迅随即答道:"在外面经常碰壁碰的。"

这句自嘲,既解了宴会上的尴尬气氛的围,又深含哲理,透出智慧的光芒。

(十二)反问作答

对于一些刁难的问话,可以不从正面回答,而以反问作答,让对方自己去尝尝刁难别人的滋味,变自己下不来台为对方下不了台。

在某年度的"香港小姐"评选活动中,司仪和一位小姐有这样一段对话。

司仪:"小姐,你很迷人。请问,如果此刻大厅里的灯突然熄灭,你想我会干什么?"

小姐:"先生,你怎么只问你会干什么,而不问我会干什么呢?"

这位小姐的反问代答含而不露,既以牙还牙、针锋相对,又非常得体,不使对方过于难堪。

(十三)诡答

诡答,是同诡辩连在一起的。诡答即一种很奇怪的回答。在特殊的情况下,如不能、不宜或不必照直回答时,运用诡答技巧,就能急中生智,应付难题,或者别出心裁,作出反常的回答,增添谈话的情趣。请看下面的例子:

据传,清朝乾隆进士纪晓岚在宫中当侍读学士时,要伴皇帝读书。一天,天色已亮,而乾隆皇帝还没来,纪晓岚就对同僚说:"老头子怎么还没来?"恰巧乾隆皇帝跨门而入,听到他的话,就愠愠地责问:"老头子三个字作何解释?"纪晓岚急中生智,跪下道:"皇上万寿无疆叫作'老',皇上乃国家元首,顶天立地叫作'头',皇上系真龙天子,叫作'子'。"于是,乾隆皇帝龙颜大悦。

"老头子"本是对老年人一种不尊敬的称呼。面对乾隆的责难,为了开脱自己的罪责,纪晓岚采用文字拆合法来偷换概念,居然把"老头子"变成了对皇帝的敬称。试想,如果纪晓岚不是采用"诡辩"来应付这样的难题,怎么能避免一场杀身之祸呢?

据说,关汉卿因编写《窦娥冤》触怒了当朝权贵,官府悬赏捉拿他治罪。关汉卿在出逃的路上,夜间遇到了几名巡夜的捕快,拦住他盘问。

班头:"你是干什么的?"

关汉卿:"三五人走遍天下,六七人统率千军。"

班头:"你是个唱戏人吧?"

关汉卿:"或为君子小人,或为才子佳人,登台便见;有时欢天喜地,有时惊天动地,转眼皆空。"

班头:"莫非是关……"

关汉卿:"看我非我,我看我,我亦非我;谁装像谁,谁装谁,谁就像谁。"

接着又吟出一副对联:

"班头莫逞强,纵得到高官厚禄,得意无非俄顷事;眼下何足算,到头来抛盔卸甲,下场还是普通人。"

关汉卿的诡答,尤其是最后那副辛辣的讽刺对联,使班头有所醒悟,不忍心昧着良心抓关汉卿去领赏,便对手下士兵说:"放他走吧,这是个书呆子。"

以上两个诡答的例子,都是随机应变,或不正面回答对方的问话,或曲意将问话应答的意思加以另外的解说,目的都是为了摆脱险境,使自己逢凶化吉、遇难呈祥。

诡答与错答有相似之处,实质上都是一种答非所问的"错答"。不过,诡答带有诡辩之意,错答则是明答实不答。

诡答技巧要运用得当,一是要有曲为之辩、能具备自圆其说的本领,虽然是诡答,但也别有一番道理和意趣;二是要求口语交际者知识丰富、联想能力强。

1. 有声语言和无声语言之间有什么关系?
2. 倾听的重要性及其作用是什么?
3. 答问的含义和要求是什么?

习礼篇　随时随地学礼仪

第四章　公共礼仪

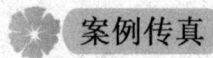

失礼惹的祸

小云在一家房地产公司实习,有一天公司临时派她去车站接几个远道而来的客户。小云是个非常热情好客的女孩,在接到客人时她首先拉开了她认为最舒服的副驾驶座的车门,热情地招呼道:"王总,您请!"可那位王总脸色一下沉了下来。事后,经理把小云叫去训了一通,小云才知道自己错在了哪里:让对方的老总坐副驾驶座。

第一节　公德礼仪

所谓公德,就是人们在社会生活中共同遵守的行为准则。公德与礼仪有什么关系呢?公德是礼仪的基础,礼仪是公德的外在表现。没有公德的人不会懂礼节,不懂礼节的人肯定不讲公德。"人无德不立,国无德不兴。"公民道德的好坏,体现着一个民族的精神状态,影响着一个民族事业的兴衰。看一个大学生的言行,就可以看出他素质的高低,进而影响整个大学生群体的总体素质状况。可见礼仪与公德关系之重要。我国颁布的《新时代公民道德建设实施纲要》这样描述社会公德:"文明礼貌、助人为乐、爱护公物、保护环境、遵纪守法。"今天,中国对国际的影响与日俱增,在国际事务中的地位与作用也有大幅度的提高。"见贤思齐,见不贤而自省",身处于伟大时代的大学生,更应提高文明素质和修养。

一、守秩序

所谓守秩序,就是要自觉遵守和维护社会秩序。在日常生活中我们应该怎么遵守公共秩序呢?

(一)遵纪守法

遵纪守法,大学生要做好下面几点。

1.遵守国家法律

大学生要做遵守国家法律法规的好公民。遵守社会主义法律,具体地讲,就是要遵守社会主义国家的宪法与其他基本法律。在我国,宪法与其他基本法律都是党的政策的体现,反映着工人阶级与广大人民的整体利益与要求,所以必须严格遵守。

2.遵守国家机关所制定的其他法规

大学生不仅要遵守国家基本法,还要遵守国家机关所制定的其他法规。因为这些法规是依据宪法和基本法律制定的,是在全国范围内,或者在一个地区、一个部门具体贯彻国家的法律和党的政策的文件,因而也是必须严格遵守的。具体到学校来说,就是要遵守校规校纪。

3.遵守一定的劳动纪律和技术规范

遵守一定的劳动纪律和技术规范,也往往是法律明文规定的义务,所以,守法也包括必须遵守一定的劳动纪律和一定的技术规范。

(二)遵守秩序

大学生在公共场所,一定要养成排队、不大声喧哗、不随地吐痰的良好习惯。对不遵守公共秩序的行为要批评、劝阻,这样我们才能生活在一个安全、整洁、有秩序的环境里。

(三)爱护公物

大学生是否爱护公共设施,从小处讲是我们的道德素质的高低问题,是一个学校校风的好坏问题;从大处讲是国家文明程度及民族素质的高低问题。在大学校园,只要细心观察就会发现:有的同学为求近路而不惜践踏草坪;户外运动弄坏了校园里的公共桌椅、栏杆和垃圾桶;教室里的课桌椅和墙上经常会有各式各样的涂鸦……这些行为无论是有意还是无意,都对公物造成损坏,不仅给其他同学的学习和生活带来了不便,而且还会增加学校对公物的维修费用。古人云:"勿以善小而不为,勿以恶小而为之。"其实爱护公物做起来也很简单,只要有一颗公德之心,处处遵守学校的各项规章制度,就能保证公共设施的完好无损与正常使用。大学生要自觉维护和爱惜公物,对所有的公用物品都要像爱护自己的东西那样去爱护。一是不将公物据为己有;二是不对公共场所的公物乱刻、乱画、乱涂、乱抹等;三是不随便攀缘树木,或采树枝、花卉、果实。

(四)无碍他人

在人际交往中,每个人都要多为他人着想。公共场所不要高声喧哗,不要打打闹闹;不要对人指指点点,随便议论他人,特别是对异性、少数民族、外国朋友或有残疾的人,更要尊重;适当保持彼此之间相处的距离也很重要,正常情况下,双方距离最好保持在0.5~1.5米之间。特别是在公共场所(若非环境十分拥挤)与陌生人之间更要注意保持距离,否则可能引起误会或不愉快。

二、具有爱心

大学生关心爱护他人,就是要发自内心地关心和帮助他人。就像一首歌里唱的那样:只要人人都献出一点爱,世界将变成美好的人间。人与人之间需要相互关心,相互友爱。具体说,爱心主要表现在下面几个方面。

(一)尊敬老人

大学生不仅要尊敬自己家里的老人,还要敬重其他的老人与长辈,对老人不敬是很没教养的表现。

大学生尊敬老人要做到:在老人面前要毕恭毕敬;在公共汽车和火车上要给老人让座;遇上需要帮助的老人,要主动给予帮助;在拥挤的公共场所行走要主动为老人让路;不要与老人发生争执,更不能动手打骂老人。

(二)尊重妇女

女性由于生理的原因,在工作和生活中会遇到许多困难。男性大学生要有一种绅士风度,在学校要关心帮助女同学;进入社会要保护妇女的正当权利和利益,对妇女要平等相待;不搞大男子主义;不歧视妇女。

评价一位男士是否具有男子汉气质和绅士风度,其首要标准是是否礼让妇女,是否遵循"女士优先原则"。这一原则,可以体现在男女交往的每一处场合。如走路时,同行男士应走靠外一侧,女士则走贴近建筑物的一侧;上楼梯时,女士走在前面,男士走在后面,下楼梯时,则相反;男士和女士一同上车时,男士应向前几步,为女士打开车门;下车时,男士应先下来,为女士拉开车门。

(三)爱护儿童

儿童代表着祖国的未来,从这个意义上说,关爱儿童就是关爱祖国的未来。联合国把未满18周岁的人都划归为儿童,这一年龄段是人生观、世界观形成的最重要时期。大学生爱护儿童,一是要在日常生活中关心爱护他们,给他们力所能及的帮助;二是要为他们做出榜样,儿童有很强的模仿能力,在儿童面前大学生对自己的言行举止要处处注意,不要给他们造成误导。

(四)扶弱助残

扶弱助残是我国的传统美德,残疾人属于社会的弱势群体,大学生应多给予他们一些尊重和关爱。关爱残疾人,不仅体现在行动上,还体现在精神上,不仅仅是不歧视他们,更重要的是在人格上尊重他们。虽然他们在社会生活中是弱者,但他们在人格上与我们是平等的。谁都无权歧视他们、伤害他们。我们不要在公共场所对他们指指点点、议论不休;生活中要主动为他们提供方便;不要为他们担忧、遗憾和不平,与他们相处,要尽量避免使用"残疾人"这样一种称呼。要让他们真正感受到,自己与正常人是一样的,也是一个正常人。只要他尽心尽力,他就可以做到正常人所能做到的一切。

让我们从现在做起、从点滴做起,用真诚捧出心中的挚爱,让扶弱助残真情永驻。

三、爱护环境

环境是人类生存的外部条件，也是社会赖以生存和发展的基础。爱护自然、保护环境，不是口号，而要付诸行动。爱护环境，也是人类生活的基本要求。破坏环境等于自掘坟墓，爱护环境就是珍爱生命。大学生有义务对自己生存的环境自觉地加以保护和爱惜。

爱护环境从大的方面说，一不可毁损自然环境，二不可虐待动物，三不可损坏公物，四不可乱堆乱挂私人物品，五不可乱扔乱丢废弃物品，六不可随地吐痰，七不可到处随意吸烟，八不可任意制造噪声。在学校时，大学生除了做好上述几点外，还要做到：不在教室和图书馆吃东西；不在课桌与墙上乱画、乱刻；下雨或下雪天进入公共场所，要自觉地将雨具放在室外或自带塑料袋装好，鞋应在门外的擦鞋垫上擦干净再进入室内。

四、讲究卫生

讲卫生是一种基本的社会公德。健康的卫生习惯是对自己负责，也是对他人负责。讲卫生，可以为我们提供一个良好的生活环境；讲卫生，可以减少疾病的传播；讲卫生，可以为大学生树立良好形象。大学生要注意的个人卫生有：勤洗澡、洗头；勤洗衣服；勤洗、晒床上用品；勤洗手；寝室要常打扫；常给房间通风换气，保持空气新鲜；注意饮食卫生；注意忌烟忌酒。大学生要养成不洗手吃东西难受、随地吐痰恶心、乱倒垃圾难为情的好习惯。

第二节　交　通　礼　仪

交通礼仪是对与交通相关的各种具体的礼仪规范的一种泛称。对大学生而言，其所应认真掌握并遵守的基本交通礼仪主要集中在徒步行走，乘坐汽车、火车、轮船和飞机五个具体方面。

一、徒步行走

（一）注意安全

遵守交通规则是关系着千家万户平安幸福的大事。公安交管部门统计的数字表明，道路交通事故 80% 是人们不遵守交通规则所致。遵守交通规则是步行安全的重要保障。城市的交通法规对行人和各种车辆的行驶均有严格的规定，人人都应自觉遵守。穿越马路时，一定要从人行横线处走过去，并注意红绿灯，不可随意穿越，不可低头猛跑，更不可翻越栏杆，要注意避让来往车辆，确保安全。在有信号指示或交通警察指挥的地方，一定要遵守信号和听从指挥。

67

(二)行路文明

在行走之时,走路的姿势要端庄,不要弓腰、低头,不要东张西望,不要摇头晃膀,也不要哼着小调或吹着口哨。两人走路时,不要勾肩搭背。多人走路时,不要依仗人多而无所顾忌,高声说笑或横占半个马路而影响他人行走,应自觉排成单队或双队。男女同行时,通常男子应走在女子的左侧,需要调换位置时,男子应从女士背后绕过,不要胳膊相挽而行,不要亲热得拥在一起行走。当一个男子与两个以上的女子结伴而行时,男子不应走在女士的中间,而应走在女士们的外侧。在街上遇到熟人不可话说个没完,交谈时不要站在马路中央,影响他人通行。如果遇到的是异性,更不要长时间交谈,确需长谈,应另约地点。在拥挤狭窄的路上行走,应自觉礼让,特别对年长者、妇女、患病体弱者一定要主动让路。

行走时以中速为宜,正常情况下不要猛跑。如果不小心碰到别人或踩了别人的脚,要主动向对方道歉,即使对方态度不好,也不要与其发生口角。别人撞了自己或踩了自己的脚,应大度宽容,对主动道歉者说声"没关系",不可以口出怨言、斥责对方。如果遇到残疾人不仅要主动让路,必要时还要主动上前搀扶一把,绝不可与其抢道,更不能以强欺弱、无视公德。行路时要维护马路卫生,不要边走边吃东西,更不要把瓜果皮核往马路上扔,应自觉地将垃圾扔到马路边上的果皮箱里。

二、乘车礼仪

以车代步讲究效率,是现代社会的一个显著特点。乘坐车辆的类型不同,其注意事项也有差异。

(一)乘坐公共汽车礼仪

公共汽车是城乡主要的交通工具。大多数市民,尤其是朝九晚五的上班族及学生,几乎天天都需要搭乘公共汽车等大众运输工具。别小看这小小的车厢,方寸之间应对进退的礼貌却大有学问。

1. 按顺序上下车

车到站时,要先下后上,自觉排队,不要拥挤。一般情况下,"男女有别,长幼有序"应是一种公众准则。遇有残疾及行动不便者,应主动给予帮助。绝不可凭借自己身强力壮,车尚未停稳便推开众人往上挤,这样不仅显得十分野蛮,而且极不道德。

2. 注意文明细节

上车后应主动买票、打卡、投币或出示月票。上车后应尽量往里走,不要堵在车门口。一般情况下,一上公共汽车,如果车上仍有很多座位,应该避免坐老弱妇孺专座;如果大家都就座,只剩下老弱妇孺专座,那么暂且坐下也无妨,但在下一站若有老弱妇孺上车,必须起立让座。搭乘公共汽车几乎是大部分市民生活的一部分,因而即使是小小的礼貌细节,都可能会影响他人,引起不悦。诸如,在车上大声聊天、谈论别人的隐私;放任幼儿在车上啼哭、嬉戏,均会妨碍同车者的情绪,甚至影响司机开车的注意力;也不可在车厢内吸烟、随地吐痰、乱扔废弃物等,人人都应该争做净化乘车环境的使者。

3. 提前作下车准备

车到站以前,应提前作下车准备。如果自己不靠近车门,应先礼貌地询问前面的乘客是否下车,如前面的乘客不下车,要设法与其调换一下位置。

(二)乘坐火车礼仪

火车是重要的交通工具之一,良好的乘车环境需要大家共同努力,因此在乘车过程中,要讲文明、懂礼貌,多一分宽容、多一分礼让。这样,不仅能减少许多不必要的麻烦,还能保持良好的心情,减轻旅途疲劳。

1. 讲究候车规则

乘客在候车时,要爱护候车室的公共设施,不大声喧哗,携带的物品要放在座位下方或前部,不抢占座位或多占座位,更不要躺在座位上使别人无法休息。要保持候车室的卫生,瓜果皮核等废弃物要主动扔到果皮箱里,不要随手乱扔,不随地吐痰。检票时自觉排队,不乱拥乱挤,有秩序地上下车。

2. 维护车厢秩序

要有秩序地进入车厢并按要求放好行李,行李应放在行李架上,不应放在过道上或小桌子上。放、取行李时应先脱掉鞋子后站到座位上,以免踩脏别人的座位。自己的行李要摆放整齐,尽量不要压在别人的行李上。不在车厢内吸烟,不随地吐痰,乱扔废物。不在车厢内大声说话。到达目的地后,拿好自己的物品,有礼貌地与邻座旅客道别,有序下车,不要抢道拥挤。

3. 注意礼貌交谈

长途旅行,与邻座的旅客有较长的时间相处,有兴趣时可以共同探讨一些彼此都乐于交谈的话题。但应注意交谈礼貌:交谈前应看清对象,与不喜欢交谈的人谈话是不明智的,和正在思考问题的人谈话也是失礼的。即使与旅伴谈得很投机,也不要没完没了,看到对方有倦意就应立刻停止谈话。注意谈话中不要问对方的姓名、住址及家庭情况,这些不是火车上好的交谈话题。

(三)乘坐轿车礼仪

在交际中,乘坐轿车已成为大家日常生活的一个组成部分。在乘坐轿车时应注意如下礼仪。

1. 讲究上下车顺序

同女士、长者、上司或嘉宾乘双排座轿车时,应先主动打开车后排的右侧车门,请女士、长者、上司或嘉宾在右座上就座,然后把车门关上,自己再从车后绕到左侧打开车门,在左座坐下。到达目的地后,若无专人负责开启车门,则自己应先从左侧门下车后绕到右侧门,把车门打开,请女士、长者、上司或嘉宾下车。

2. 注意车上谈吐举止

在轿车行驶过程中,乘车人之间可以适当交谈,但不宜过多地与司机交谈,以免司机分神。话题一般不要谈及车祸、劫车、凶杀、死亡等使人晦气的事情,也不要谈论隐私性内容以及一些敏感且有争议的话题,可以讲一些沿途景观、风土人情或畅叙友情等能够使大家高兴的事,使大家的旅行轻松愉快。

举止要文明,不要在车内吸烟,因为车内相对封闭,容易使空气浑浊。不要在车内脱鞋赤脚,女士不要在车内化妆。不要在车内乱吃东西、喝饮料,不要在车内吐痰或向车外吐痰,更不要通过车窗向车外扔东西,这是有损形象和社会公德的行为。

三、坐飞机的礼节

乘国内航班应提前半小时到达机场,乘国际航班则需提前一小时到达机场,以便有足够的时间取登机卡,办理行李托运手续等。

上下飞机时,都有空中小姐站在机舱上迎送乘客。乘客进出舱门时,应向热情迎送的机组人员表示感谢或点头。

上机后不要抢占座位,应对号入座。为安全起见,乘客看见头顶上方"系好安全带"的信号灯亮时,应迅速系好安全带。

在机上要注意坐卧姿势。放下座椅靠背休息时,先要查看乘客是否正在饮食,最好等他(她)用毕座椅后面的隔板,再缓缓放下自己的座椅靠背。

若在机舱内感到闷热,可以打开座位上方的通风阀。

乘客之间的交谈可以广泛进行,但要避开那些有关劫机、坠机等灾难事件,因为这可能吓着别人,在机舱内谈话声音不要太高,尤其当别人休息时。

在飞机上要遵守"请勿吸烟"的信号,同时禁止使用移动电话、AM/FM 收音机、便携式电脑、游戏机等。

不要在供应饮食时到厕所去,因为有餐车放在通道中,其他人无法穿过。如果晕机,可想办法分散注意力,如若呕吐,要吐在清洁袋内,如有问题,可打开头顶上的呼叫信号,求得乘务员的帮助。

停机后,乘客要带好随身携带的物品,按次序下飞机,不要抢先出门。国际航班上下飞机要办理入境手续,通过海关便可凭行李卡认领托运的行李。许多国际机场都有传送带设备,也有手推车以方便乘客搬运行李,还有机场行李搬运员可协助乘客。在机场除了机场行李搬运员要给小费外,其他人不给小费。下飞机后,如一时找不到自己的行李,可通过机场行李管理人员查寻,并可填写申报单交航空公司。如果行李确实丢失,航空公司会照章赔偿的。

四、乘电梯

首先是注意安全。进入电梯后,主动告诉服务人员自己要到达的楼层;如果是自动电梯,应在入电梯时按一下到达楼层的按钮,较为拥挤时,可请人帮忙按一下。当电梯关门时,不要扒门或强行挤入。当电梯人数超载时,不要心存侥幸,非进去不可。当电梯在升降途中因故障暂停时,要耐心等候,不要冒险攀缘而出。

其次要讲究出门次序。等候电梯时,应该站在电梯门两侧,不要妨碍电梯内的人出来。电梯门打开时,应先等里面的人出来后再依次进入。如果是自动电梯,则要让老人、小孩及女士进入,年轻人及男士应站在电梯按钮旁服务。

在自己的目的楼层快要到时,应尽早等候在电梯门旁,不要等电梯门打开时才匆匆忙忙出来。一般说来,与不相识者同乘电梯,出来应由外而里依次而出。

最后电梯内要保持安静、清洁,不能在电梯内吸烟、随地吐痰等。同时,站立时应面向电梯门,避免和陌生人尤其是异性面对面站立。

第三节　公共场所礼仪

公共场所,就是属于社会的、共有的、公用的场所。公共场所的每一善举都是你高尚美丽心灵的真实写照,在公共场所的任何无礼之举都会暴露出你自身修养的不足。所以公共场所是测试心灵的"实验室",而规范行为的"金尺子"就是公德原则。

一、游公园和名胜古迹的礼仪

公园和名胜古迹是人们休息和娱乐的公共文化场所。作为游客,首先要保持公共卫生,不要随手乱扔果皮、纸屑、饮料瓶罐,要自觉遵守规章制度,爱护公园和名胜古迹的花草树木和娱乐设施,不能攀树折枝、掐花摘果、践踏草坪,也不要在古迹上刻刻画画。利用双休日在公园中游玩或野餐的家庭和年轻人,活动完后要自觉将废物收拾干净。

很多公园中配备有各种娱乐设施,如水滑梯、小转马、小秋千、小汽车等,这是专给小朋友们玩的。成年人可以在旁边看孩子们玩耍,但千万不要抢占为儿童专设的游乐设施。

二、参观博物馆和美术馆的礼仪

博物馆是收藏、展览珍贵文物的场所。博物馆多种多样,如军事博物馆、历史博物馆等。美术馆是高雅的艺术殿堂,以展出绘画、图片等美术精品为主。参观博物馆和美术馆应讲究如下礼仪。

(一)爱护展品

博物馆陈列的展品,大多数具有很高的价值,一些可能还是国宝。在美术馆展出的作品,多出自名家之手,极其珍贵。因此,参观时,不要吸烟,不随便触摸展品,不任意使用闪光灯拍照。

(二)文明参观

参观博物馆和美术馆时要保持安静,不要大声喧哗。有讲解员时,要给他留下一定空间,不要过于簇拥,听讲解时要专心,提问也要围绕展品展开,不要出言不逊、妄加评论。参观时,不要一边走一边吃零食。人多时,不要拥挤,应当按顺序边看边走。不宜在一件展品前停留时间过长,以免影响他人欣赏。

社交礼仪

三、图书馆的礼仪

图书馆是文化教育设施,是大学生学习和借阅图书的地方,大学生应当自觉遵守图书馆的各种规章制度,做一个文明读者。

(一)爱护书刊

图书馆的书刊是公共财产,因此大学生不能在书上乱写乱画,更不能撕页或"开天窗",如果需要借阅书刊,一定要办理借阅手续,不能偷偷将图书夹带回家。

(二)按时还书

为了加强图书的流通周转,满足更多读者的阅读需求,图书馆的图书都规定了借期,大学生应在规定的时间内将所借图书归还到图书馆,以免影响他人的借阅。

(三)注意形象和环境

图书馆是大学生求知学习的文化殿堂,因此要注意保持自己的良好形象和图书馆的良好学习环境。具体来说,天气炎热时,大学生不要穿背心裤衩和拖鞋进入图书馆;不在馆内吃东西,乱扔垃圾;不在馆内大声喧哗,不接打手机或旁若无人地朗读;不在馆内吸烟,以免污染空气和引发火灾;不为别人预占位置。

四、观看体育比赛的礼仪

观看比赛时,观众要互相尊重、谅解。为运动员加油助威的标语口号内容要健康文明。作为东道主观众,要显示出东道主的热情好客和宽容大度,对远方来的客人以礼相待。赛前的运动员介绍,无论是主队还是客队队员,观众都应鼓掌欢迎。比赛之中,对对方的精彩表演也应以掌声鼓励。对对方运动员和啦啦队使用不文明的语言和手势,甚至向运动员投掷物品或呼喊起哄,都是不礼貌的。

第四节 通 信 礼 仪

通信即人们利用一定的电信设备来进行信息的交流与传递。在现代生活中,通信工具已十分普及,在公共场所、街道两旁随处可见电话设备;移动通信工具的问世,使人们在任何场所接打电话成为现实。通信礼仪,通常指的就是人们在使用各种通信工具时所应当自觉遵守的礼仪规范。

一、接打电话

当前,在各种通信手段之中,电话的普及程度高居排行榜之首。不论是在学习中还是在生活中,大学生都早已同电话难舍难分。大学生在拨打或接听电话时还需遵循一定的礼仪规范。

（一）拨打电话

使用电话时,如果主动把电话打给别人,则称作拨打电话。作为先发制人的一方,在通话过程里,拨打电话者始终处于主动、支配的地位,因此,在礼仪方面的运用更需多加留意。

1. 通话时间

拨打电话一定要选好通话时间,不能想打就打。一般不宜在人家休息时、吃饭时打电话,特别是夜深人静时,没有十万火急的事,不要贸然打电话。具体来说早上七点之前(节假日还要晚点)、晚上十点半之后,都不宜打电话;如果是公事一定要将电话打到办公室,不要打到家里,以免影响人家休息。

拨打电话的时间不宜过长,电话礼仪里有一条"三分钟原则",即通话时间尽量限制在三分钟之内。

2. 通话内容

在通话时,拨打电话者必须做到通话内容简洁明了。这既是电话礼仪的基本要求,同时也是控制电话长度的必要前提。要做到通话内容简练,需注意如下三点。

一是要事先准备。每次通话前,尤其是拨打重要电话前,拨打电话者都应当尽量提前作好准备。重要的通话内容,最好是事先动笔列出一份通话提纲。

二是要直言主题。拨打电话,一定要做到务实不务虚。要在通话之初便开宗明义,直接转入正题。长话应当短说,没话不要找话,废话一句别说。

三是要适可而止。拨打电话时,只要把正事讲完了,即可终止通话。根据电话礼仪,应当由拨打电话者终止通话,所以必须谨防"当断不断,自受其乱"。

3. 通话行为

在通话过程中,拨打电话一方都要始终如一地对自己的所作所为加以约束,并且力求使之文明大方,下述三点特别需要予以注意。

一是语言要文明。通话之时,不论对方与自己是否是至交,在语言上都应当注意文明礼貌,而不要滥用"脏、乱、差"的语言。以下三句是电话基本文明用语。

第一句话,是要在电话接通后,首先问候对方"您好"或者"你好",随后方可转入正题。不允许以"喂"代之,更不可以对对方连一声招呼都不打。

第二句话,是要向接听电话者酌情进行自我介绍,以便令对方迅速了解"来者何人"。拨打电话时所进行的自我介绍,至少是本人的全名,有时还可将自己的身份包括在内,不可以使其过于简略,更不可以将此项内容完全省掉。

第三句话,是要在终止通话、预备放下话筒时,先对接听者道上一声"再见"。

二是态度要文明。拨打电话者在通话时,除了要注意语言文明之外,还必须对自己的态度加以约束。

需要总机接转电话时,勿忘首先向总机的话务员问好。在得到对方服务之后,应当主动向对方道谢。

假如自己要找的人不在现场,而需要别人代为寻找、代为转告时,除了"请""劳驾""拜托""谢谢"等礼貌用语不可少以外,在电话中还要态度谦和。要是自己拨错了电话

号码,一定要当即向接听者说明原因,并且表示歉意,不能直接挂断电话了事。

在通话过程中,假如电话突然中断,按照礼仪规范,应由拨打者主动负责再打,并向对方说明原因。

三是举止要文明。在通话时,拨打电话者最好是起身站立,双手握持话筒。最好不要故作潇洒地将话筒夹在脖子下面,抱着电话机随意走动,或者趴着、仰着、靠着、卧着与人通话。拨号时以笔代手,通话时一心二用,亦为失态。

通话时,嗓门不宜过高,口部与话筒之间保持3厘米左右的距离。

终止通话时,应以双手将话筒慢慢地、轻轻地放下。

(二)接听电话

在利用电话通话的过程里,接听电话者尽管处在被动的、受支配的位置上,但这并不意味着没有任何礼仪规范可循。具体来说,接听电话者在本人受话时和代接电话时,在礼仪规范上均有要求。

1. 本人受话

所谓本人受话,在此是指由接听电话者本人亲自接听别人打给自己的电话。在本人受话时,基本的礼仪规范有如下三条。

一是接听应当及时。电话铃声一旦响起,接听电话者应立即停止自己所做的事情,尽快赶去接听。

在电话礼仪里,有一条"铃响不过三声原则",即接电话时,不宜太快,也不宜太慢,铃响三声是最恰当的时候。

接听电话时,通常不宜请别人代劳。因特殊原因必须这么做,或是在电话铃声响过许久才迟迟去接电话,则勿忘在通话之初特意向拨打电话者作出解释,并致以歉意。

二是态度要谦和。在接听电话时,接听电话者不但要及时作出积极的反应,而且还应当在通话过程中体现出自己待人的亲切与友好。在拿起话筒之后,接听电话者首先应当向拨打电话者问好,并且随之自报家门。向拨打电话者问好,既是一种礼貌,也是为了说明有人正在接听电话。若是拨打电话者率先向自己致以问候,则还需立即回应对方。至于在接听电话之初自报家门,则主要是为了使拨打电话者验证一下,是否拨错了号码,或者找错了人。在一般情况下,自报家门时可以报出自己的姓名或者单位,也可以报出自己所使用的电话号码。倘若拨打电话者先行询问自己"怎么称呼"时,不可以不予作答。

在通话过程中,不管拨打电话者是何人,不论对方所言何事,都应当始终聚精会神地接听电话。在通话时,对于拨打电话所谈论的问题,不但要予以关注,而且还要积极进行参与,或不时地以"嗯""噢"作回应,使对方知道你一直在认真地听,千万不可一言不发,有意冷落对方。

当通话终止时,不要忘记认真地向拨打电话者道上一声"再见"。当通话因故暂时中断后,应耐心等候对方再把电话拨过来,不要立即离开,更不要为此而大发牢骚。

接听到不相识者误拨进来的电话时不要勃然大怒,出口伤人,合乎礼仪的做法是细心向对方说明。

在接听电话的整个过程中,不要与身边的其他人进行交谈、打闹,也不要同时读书报、看电视、听广播、吃东西。在一般情况下,尽量不要直截了当地对拨打电话者表示对方的电话"来得不是时候"。

如果有重要事情需要处理或接待重要客人期间有人打进来电话,而此刻不宜与对方深谈的话,可在接听电话时向其讲明原因并表示歉意,且另约一个具体时间,言明届时自己会主动打电话过去。约好下次通话时间后,即应认真遵守,并在下次通话之初,勿忘再次向对方致歉。

正在接听一个电话时,适逢另外一个电话打了进来,切忌对后者不理不睬。可以先对正在通话的对象略作说明,请其不要挂断电话小候片刻,然后立即去接听另外一个电话,并在接通之后,告诉对方现在不方便请对方稍候再打来,或者告知对方自己稍后会回拨过去,随后即应回头继续接听之前的电话。让前者或后者稍候的时间,通常不宜长于2分钟。

2. 代接电话

在代接、代转电话时,对于如下四条基本礼仪,务必要认真恪守。

一是要礼尚往来。假如拨打电话者要找的人不是自己,不要口出不快,或者马上将电话挂断。如果拨打电话者请求自己代为寻找某人接听电话时,应当热情帮助对方,不要对其予以回绝。

表示自己可以"代为转告"的意思时,应当含蓄一些。例如:"需要我为您效劳吗?",听上去就"可进可退"。不要一开口就说什么"你有什么事情,尽管告诉我,我一定不会'贪污'"云云。只有在比较熟的人之间,才可以直接询问:"您有留言吗?""要不要我告诉某某人,一回来就打电话给您?"

二是要尊重隐私。替人代接、代转电话时,不要充当"包打听",向其双方打探彼此之间是何种关系。当受到拨打电话者的委托,被要求向某人转达某事时,一定要保守秘密,切勿辜负对方的信任,随意将电话内容进行扩散。

当拨打电话者所找之人就在附近,而由自己代接电话时,切勿当即大喊大叫,闹得四邻不宁,人人皆知。当别人接打电话时,应主动避开。不要有意旁听,更不宜随便插嘴打岔。

三是要记录准确。对于拨打电话者要求转达的具体内容,最好当场作好笔录。待对方叙述完毕后,还应当复述一遍,以验证自己的记录是否正确无误。在一般情况下,记录他人的电话内容,至少需要包括拨打电话者的姓名、单位、通话时间、通话地点、是否需要回电话给对方、回复对方电话的号码、回复对方电话的时间等项内容。

四是要传达及时。替人代接、代传电话后,要及时将内容传达给对方。

不到万不得已,不要把自己替人转达的内容再去委托于人。那样一来,一则易于使内容走样,二则难保不会耽误时间。

二、手机的使用

在使用手机时,不仅应当掌握正确的方法,而且还应当同时掌握基本的礼仪规范。

（一）勿妨碍他人

大学生之所以使用手机，自然是为了方便自己与外界进行联络。然而在任何情况下，都不可以把这种方便建立在有碍于人的基础上。对于以下两点，尤其必须牢记不忘。

1. 上课要关机

所有的教学场所都要求保持绝对的肃静，这是维护正常教学秩序和教学纪律的需要。在这些场所里学习时，大学生们均应自觉地关闭手机。如果有特别重要的事情需要开机，要把手机铃声调成震动模式。课堂上不要接打电话。

2. 在公共场所不宜滥用手机

大学生置身于公共场所之内时，应当尽可能地不使用手机，自觉保持安静，免得侵犯他人的权利。一方面，需要与别人通话时，应当寻找无人之处，切勿当众高声喧哗。另一方面，应当自觉地令手机转入静音或震动状态。

（二）保证畅通

使用手机的主要目的之一是保证使用者与外界联络的通畅无阻。为此，使用者必须采取一些行之有效的措施。

一是将手机号码相告于人时应力求准确，否则，既有可能误事，又有蓄意骗人之嫌。将其书面告之于人时，必须书写清楚。如系口头相告的，则应当重复一至两遍，以便对方有机会进行核对验证。

二是手机号码变动之后应主动通报于人。由于某种内部或者外部的原因变更了自己的手机号码之后，应当尽早地向自己重要的交往对象进行通报，以防使双方的联系出现中断。

三是手机暂不使用时应加以说明，最好明确手机不使用的具体期限和其他有效的联络方式。有时，还可采用转移呼叫的方式同外界保持联络。

四是要在使用手机时养成良好的"机德"。接到他人打在手机上的电话后，一般均应当即与对方进行联络。没有特殊原因，回复他人不宜延后。拨打他人手机之后，应当保持耐心，至少应等5分钟左右。在此期间，不宜再与他人联络，以防电话频频占线。

（三）私密要尊重

在通信自由的同时，要尊重人家的个人隐私，不要随意向初次相识的人要电话号码；不要轻易将别人的电话号码转告外人。

出于自我保护和防止他人盗机、盗码及打骚扰电话，手机不要借给陌生人使用。

（四）安全最重要

使用手机要注意有些场地、环境是不宜打电话的，如驾驶车辆时、乘飞机时、探访病人时、在加油站时都不宜使用手机。

三、电子邮件

在所有通信手段里，电子邮件可谓是后起之秀。在其问世之后的短短几年里，就获得了突飞猛进的发展。对乐于接受一切新生事物的大学生来说,电子邮件也已成为一种越来越重要的对外联络方式。

电子邮件,又叫作电子信函或者电子函件。它是利用网络向交往对象发出的一种无纸化的电子信件。使用电子邮件同外界进行联络,不仅安全保密、节省时间、防止丢失、清晰度极高、不受篇幅限制,而且还可以使通信费用相对而言大大降低。在使用电子邮件时,大学生所遵循的礼仪规范主要集中体现在以下三个方面。

(一) 精心撰写

向他人发出的电子邮件,一定要缜密构思、精心撰写,认真遵守"用笔沟通"的常规。撰写电子邮件时自由放任,过于随便,是既不尊重收件人,也不尊重自己的表现。精心撰写电子邮件,大学生要注意以下三点。

1. 主题明确

每一封电子邮件,大都应当有一个主题,并且往往需要由发件人在它的前面加注明。发件人若是将其归纳得当,则收件人便可以一目了然。

2. 语言流畅

电子邮件要做到便于阅读,就必须以语言流畅为要。撰写时,尽量不要使用生僻字、异体字或者收件人不懂的语种。如果需要引用数据、资料,则最好注明其具体出处,以供收件人在必要时进行核对。

3. 内容简短

发件人在撰写电子邮件时,一定要注意删繁就简,抓住要点,去掉一切无用之语。

(二) 谨防滥用

在信息社会里,时间对于每一个人而言都无比珍贵。就大学生们而言,时间也绝对不是可以虚掷的。正因为如此,才有人会说:"在人际交往中要是真正懂得尊重一个人,首先就要懂得替对方节约时间。"鉴于此,大学生们平日不宜任意向别人滥发电子邮件,也不要随随便便地在网上滥交网友,即使是跟值得信赖的网友保持联络,也不一定非得频繁、过多地发给对方电子邮件。

在收发电子邮件的过程中,大学生始终都要讲究礼仪、运用礼仪,下列四点尤需重视。

1. 注重自爱

发出电子信件时,轻易不要匿名。一般而言,在每一封电子邮件的末尾不仅应当署名,而且还应当署上真名实姓。在网上交友或征友时,切忌男扮女、女扮男。在与他人进行电子邮件的往来时,不论双方是否相识,都不要口出轻狂、污秽、放肆之言,不允许不尊重异性。

2. 严禁盗取

在任何情况下,大学生都要讲究"网德",不要随意侵入别人的网站,擅自盗取别人的资料,偷窥别人的私人电子邮件。

3. 及时回复

大学生应当养成定期检查本人电子信箱的习惯,一经发现需要回复的电子邮件,通常均应尽快回复,万一无法立即回复的话,也要及时有所表示。例如,可告知对方,将在某个时间之前详细作答。

4. 适时留言

假如外出实习、出差或者探亲、度假,事先可商请某位至交代替自己核收电子信件,并且代为回复,或启动自动回答功能,在电子信箱里留言相告电子邮件发出者亦可。

(三)慎选功能

收发电子邮件,既要注意正确地利用它的各项功能,又要同时防止滥用功能、故弄玄虚。当前,市场上提供的各类先进的电子邮件软件,一般都有多种字体备用,甚至还有各式各样的信纸可供其使用者选择,利用这些功能,固然可以强化电子邮件的个人特色,但因此而过分地讲究形式也大可不必。

思考练习

1. 公德与礼仪有什么关系?
2. 乘坐飞机应注重的礼节是什么?

第五章 学校礼仪

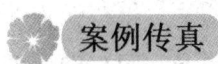 案例传真

程门立雪

故事发生在北宋时期。福建将东县有个叫杨时的进士,他刻苦钻研学问,到了痴迷的程度,更是为此到处寻师访友。杨时曾拜在洛阳著名学者程颢门下。程颢爱其才又将杨时推荐给了自己的弟弟程颐。当时的杨时已经小有名气,但是他不骄不躁、谦虚爱学,而且和同窗相处得很好,深得程颐喜爱,被程颐视为得意门生,得其真传。

一天,杨时和同窗游酢去向程颐请教学问,却不巧赶上程颐正在屋中打盹儿。杨时不想打扰老师休息,于是便和游酢静立门口等待。不巧的是,那天突然下起了大雪,而且越下越急,杨时立在雪中丝毫没有不耐,游酢实在冻得受不了,几次想叫醒程颐,都被杨时阻拦住了。

程颐一觉醒来后,赫然发现门外站着两个雪人,深受感动,于是更加尽心尽力教导杨时,杨时也不负众望,终于继承了老师的衣钵。之后,杨时回到南方传播程氏理学,且形成独家学派,世称"龟山先生"。

后来"程门立雪"这个典故,被后人用来赞扬那些求学师门、诚心专志、尊师重道的学子。

第一节 学校礼仪概述

"人无礼而不生,事无礼而不成,国无礼则不宁。"学校礼仪是指学校师生、员工之间在校相处时待人接物的礼貌行为。

一、学校礼仪的特点

校内礼仪有其特定的对象,主要是指同学之间、师生之间以及与学校工作人员间的礼仪。它有特定的应用范围,主要是学生在校内与教师相处、学生与学生之间日常交往时,个人仪容、仪表方面的规范要求。

大学生应当懂得掌握学校礼仪的重要性,同时应了解、掌握这些礼仪。这些礼仪要求不仅是一个学生应遵守的日常行为规范,而且是做人的基本要求。如同学之间要互

社交礼仪

相团结、友爱,学生对师长要有礼貌,衣着打扮要符合学生的身份,公共场所要注意社会公德,等等。

二、学校礼仪的作用

(一)学校礼仪有助于维护学生的形象

学生讲究礼貌,注意个人的仪表,有助于维护自身形象。学生平时衣着打扮得体、和谐,能够表现出朝气蓬勃、积极向上的气质,能够塑造出知书识礼的良好形象,会使学校这块教育圣地显得更加神圣。"一个人的礼貌是照出他的肖像的镜子。"学生在日常生活里注意学习礼仪、应用礼仪,使自己举止得体、表现不俗,自然会塑造出自己的完美形象。

(二)学校礼仪有助于学生提高自身综合素质

"教养体现于细节,细节展现素质。"日常生活中的一言一行、一举一动都会使人们将其与他的个人素质联系起来。如果在社会生活中表现得体,往往会获得积极肯定的评价。所以学生要学习礼仪,将其用之于生活、用之于社会,塑造完美的自我。

(三)学校礼仪使学生更善于正确处理人际关系

人人都有友爱和受人尊重的需要,无论是在家庭关系还是在社会关系中,都是如此。你要别人尊重你,你必须先尊重别人。人们希望自己受到公正、平等的对待,而这种公正、平等是建立在互相尊重的基础上的。通过学校礼仪教育能使学生学会尊重他人,完善自己,促进素质的全面提高,形成良好的学校风尚。礼仪是一种有效的沟通技巧,"礼仪是所有规范中最小但却是最稳定的规范"。学生在学习与应用礼仪的时候要以自律为主,以敬人为先。

三、学校礼仪教育的基本要求

第一,礼仪教育的基本内容应符合学生身份的要求。学生处在求学阶段,原则上仪表和服饰应以朴素大方、整洁为好,做到颈必净、衣必整、发必齐、纽必扣、头宜正、肩宜直。一个人的仪表打扮应与本人的年龄、身份相适应。

第二,礼仪教育不是一般的礼貌教育,而是一种道德修养教育、健全人格的教育,有助于身心健康成长。

第三,礼仪教育要遵循实效性的操作原则,做到教育与实际相结合,理论与实践相结合,要在丰富的社会实践中,体会文明礼仪带来的人际沟通的愉悦。

第二节 校园礼仪

校园生活丰富多彩,我们在参加升国旗仪式、开学典礼、毕业典礼、校庆、颁奖仪式、艺术节和体育节各种比赛时,在听讲座、观看电影、参观展览等集体活动中得到全面发展。在这些活动中我们都要做到自尊和尊敬他人,从而表现出自己的礼貌修养、集体观念、合作精神。

一、升旗仪式礼仪

(1)参加仪式的师生要提前到达升国旗的地方。

(2)参加的师生要衣着整洁,保持安静,态度严肃,队列整齐,切忌嬉谈和东张西望或走动。

(3)要用标准的姿势站立,面向旗杆的方向立正站好,表情庄重。

(4)当主持人宣布"升国旗、奏国歌"时,脱帽,行注目礼,高唱国歌,直到国旗升至杆顶,礼毕。

(5)唱国歌时要严肃,语调正确,歌词正确,声音洪亮。

注:负责升国旗的班级,要有专人负责每天早晨升旗,下午放学时降旗(降旗一般在每日傍晚时进行,由旗手和护旗手降旗,仪式不限),妥善存放国旗,保持国旗的清洁、鲜艳,切忌有污渍或破洞。

 相关链接

一定要升起中国国旗

这是一则真实的故事:一位女中学生因其出色的才华而被邀请去参加一次国际活动。与会者都是来自各国的少年儿童,她是唯一的来自中国的代表。

活动的开幕式立刻就要举行了,这位来自中国的女孩在旗杆林立的升旗场地竟然没有见到五星红旗!她又找了一遍,还是没有!主持人已经走上主席台。女孩坚决地举起右手,用流利的英语礼貌而庄严地说:"对不起!请等一下!我还没有找到中国国旗!您能告诉我它在哪里?"

活动主办者当然不能,因为他们根本就没有准备。他们说了一大堆的理由,说明他们无法找到中国国旗。女孩说,去我们中国大使馆。主办者说时间来不及了。女孩说:"那就请您立刻送我回中国。我因贵方邀请,代表中国的少年儿童来参加活动,这里必须同时升起我们中华人民共和国的国旗,五星红旗!否则,我只能拒绝邀请!"

主办者被这位年仅15岁的中国女孩震住了!活动开幕仪式推迟了!

当五星红旗和其他国家的国旗一起冉冉升起的时候,女孩的眼里噙满了庄严的泪水。因为这面五星红旗,所有的与会者都认识了这位中国女孩,所有的人都对她行注目礼。

毛泽东升起五星红旗

1949年10月1日的开国大典上,当毛主席庄严宣告:"中华人民共和国、中央人民政府今天成立了!"此刻,站在广场中心的联合军队总指挥罗浪将指挥旗一扬,军乐队奏响了威武雄壮的国歌。大会秘书长宣布:"请毛主席升旗!"此时,毛主席神情庄重,两眼闪烁出光芒。他用力按动了电钮……新华广播电台现场播音员丁一岚激动地解说:"中

社交礼仪

华人民共和国的国旗,现在正由毛主席亲手将它升起。参加大会的30万人都整齐肃立致敬,注视着人民祖国的庄严而美丽的五星红旗徐徐上升。"第一面五星红旗在天安门广场升起来了。

二、集会礼仪

参加开学、散学、毕业典礼、庆典仪式等集会活动,应提前5分钟整队按秩序入场,仪式进行过程中要坐正立直保持会场肃静,不随意说话走动,不可迟到或早退。

听报告、参加讲座应尊重发言人,按时到达会场,自觉遵守会场秩序;坐正,注意力集中,并积极参与提问发言;要养成随时记听讲笔记的学习习惯;适时报以掌声以示感谢;应善始善终,不随便出入会场。

上台发言、领奖、表演时,走路要稳重,仪表仪容整洁端庄,从指定的台口入台;站在台上要站姿标准,接受奖品奖状时要用双手,并行鞠躬礼致谢,然后转过身来,面向台下,将奖状高举过头向大家展示后,双手拿好,贴放胸前。参加表演时,对观众给以的掌声应行鞠躬礼,微笑谢幕,最后从指定的台口退场。

观看校园艺术表演、体育比赛或看电影时,一是应尊重表演者、参赛者和其他观众。请做到一要提前入场,万一迟到,应站在后边观看,等一个节目或一局结束后再进入座位,不能中途退场或随意走动;二是不能大声评议影响他人,也不能吃东西随地扔垃圾,室内不戴帽子;三是要热情而又文明地鼓掌,为演员喝彩,为运动员加油,但不要喝倒彩或吹口哨等;四是要尊重演员、裁判、教练、运动员、评委的劳动,不得妄加评论、起哄闹事。

三、校园中的迎宾和待客礼仪

礼仪的一个基本原则就是尊敬原则,我们对来学校参观、开会、办事的来宾、领导、老师的态度和一言一行,都要让对方体会到我们的尊敬。我们每一个同学都应当是接待员,在宾客眼中,你是学校的一分子,你的形象代表着学校的形象。

校园迎宾待客礼节提示:

(1)主动称呼、问候、微笑。

(2)主动带路引路、让座、端茶送水。

(3)见到客人要立正鞠躬,表示欢迎。

(4)主动为宾客让路,不与宾客抢道或碰撞客人。

(5)回答客人提问要起立,要礼貌回答,主动介绍学校。

(6)客人离去时要说"再见"并挥手致意。

四、亲切的相遇和告别礼仪

当你和老师、同学在校园里相遇时,要面带微笑,主动称呼问候,可说"您好"或"您早"。放学时,要和老师同学说"再见""明天见"并招手致意,分手时要和老师、同学说

"请您慢走,再见"。

第三节 课堂礼仪

一、学生课前的礼仪

学生应在上课的预备铃响之前进入教室,为上课作好准备,端坐恭候老师的到来,这是一种应有的礼貌,也是对老师的尊敬。教室里的肃静气氛,既能为老师取得良好的教学效果创造一个良好的环境,又能密切师生之间的关系。每位同学都作好上课准备,既是尊重别人,也是尊重集体的表现。如果预备铃已响,学生还是跑进跑出,教室里秩序杂乱,必然会影响老师的情绪,从而影响教学的效果。

二、学生上课时的礼仪

(一)迟到时的礼仪要求

学生如遇到特殊情况,不得已在老师开始上课后才进入教室,应做到以下几点。

(1)到教室门口应先停下脚步,如果教室门关着,那就应先轻轻敲门,在得到老师的允许之后,才能进入教室。

(2)在走向自己的座位时,速度要快,脚步要轻,动作幅度要小。走到座位前,在放书包和拿课本时,尽量不要发出太大的响声,更不能有任何滑稽可笑的举止。

(3)在坐下之后,应立即将注意力集中起来,端坐静听老师讲课。总之,迟到的学生要把由于自己迟到而对课堂秩序造成的影响减小到最低的限度。

(二)回答老师提问时的礼仪要求

老师在上课时间向学生提问,是老师检查教学效果的最迅速和最直接的方法。因此,每个学生都应懂得老师提问的积极意义,并要正确、礼貌地对待老师的提问。

(1)老师提问时,学生如果要回答问题,首先应该举手,当老师点自己名字时方可站起来答题,未点到自己名字时不要抢先回答。

(2)在起立回答问题时,态度应严肃认真,切不可搔首弄姿或故意做出滑稽的行为引人发笑,说话声音要清朗,音量不要过低,以免老师和同学听不清。

(3)对老师的提问自己回答不出来,但又被点到名,这时应该站起来,向老师实事求是地表明,这个问题自己回答不出来,或没有准备好。

(4)在别人回答老师提问时,不应随便插话。如别人回答错了,或者不能回答时,切不可在旁边讥笑嘲讽。当老师问"有哪个同学能回答这个问题"时,自己可以举手,在得到老师允许后,站起来回答。

社交礼仪

三、课堂其他礼仪

(1) 学生上课应关闭手机、不听 MP3 等。
(2) 学生着装应简朴、大方、得体。
(3) 在实验室或机房上课时学生要讲究卫生,听从指挥,爱护教学设备。
(4) 课堂不是餐厅,学生不要在课堂上吃东西。

第四节 师 生 礼 仪

一、老师——太阳底下最高尚的人

尊师是我国的传统美德。老师像辛勤的园丁一样为学生"传道、授业、解惑",被称为"人类灵魂的工程师"。尊重老师,就要尊重老师的劳动成果。
(1) 学生应以饱满的情绪,集中精神,积极思索,认真上课。
(2) 学生应按时、认真、独立地完成老师布置的各项作业。
(3) 学生对老师在作业本上的批改应认真领会。
(4) 老师在教学中出现口误或差错时,学生应当善意指出,但要注意方式。

二、进入老师办公室的礼貌

办公室是老师静心工作的地方,随便进出或打扰老师是不礼貌的行为。学生在进入教师办公室时,应有礼貌地在办公室门口先敲门三下,再轻声"报告",待老师允许后,用标准规范的行姿进入办公室,并向老师问好。将要交的作业本、笔记本整齐地堆放在老师的办公桌上,与老师说"再见"后离开办公室。

如老师不在办公室,不可乱翻老师的东西,包括作业本、教科书、备课本、考试卷纸、工作笔记及老师的私人物品。在老师的办公室也不宜逗留很久,以免影响老师的工作。

三、学生与老师谈话的礼仪

(1) 在和老师讲话时,学生应主动请老师坐。如老师不坐,学生应该和老师一起站着说话。若老师请学生坐,学生说"谢谢"后方可端坐。在和老师说话时,学生的姿态要端正,不可东张西望,要注意倾听老师的谈话。
(2) 如果老师说的话,学生感到不理解,或有不同看法时,学生不必隐瞒,应谦虚而诚恳地向老师请教,直到弄明白为止。
(3) 虚心接受老师的教导,诚恳地听取老师的批评,实事求是地表明自己的观点或说明事情的真相。切不可与老师直接顶撞,但可以对老师的工作提出善意的、具有建设性的意见和建议。

(4)谈话结束时,学生应向老师微微鞠躬和道声"谢谢老师""再见",然后离开。如谈话进行到一半,上课铃声已响,学生应与老师约定继续谈话的时间,并说"我可以走了吗?",在得到老师同意后方可离开并说"再见"。

第五节 同窗礼仪

同学,多么亲切的称呼,一群有共同的目标、共同的追求的人相聚、相识,一起学习、锻炼、劳动、活动,共同度过金色的年华。在学校,同学之间朝夕相处,情同手足。同学间的友情是人类的美好感情之一,学生时代建立的友谊是纯洁的、持久的。珍惜同学间的友情,处理好同学关系,在自己学习和成长过程中,甚至整个人生旅途中都会有很大益处。

一、与同学交往的法则

(一)互相尊重

"不尊重他人,就是一种对自己的不尊重。"同学间应互相尊重,不对同学的相貌、体态、衣着评头论足。尊重他人的人格和生活习惯,不要给同学起带侮辱性的绰号,不要讥笑他人的生活习惯,否则,就会伤害自己伙伴的自尊心,友谊也就会遭到破坏。

如果遇到下面的情况,你知道该怎么做吗?

(1)当同学遭遇不幸时,你会_____。

(2)当同学偶尔失败时,你会_____。

(3)当同学学习上暂时落后时,你不要_____。

(4)当同学有生理缺陷时,你不要_____。

(二)礼貌相待

有些学生认为:同学之间长期相处,友谊日深,亲密无间,不必以礼相待。这是一种错误的认识。在学校里,时时处处都应与同学礼貌相待。

每天同学相见时,应该互相致意、相互问候。

同学间可彼此直呼其名,但不能用"喂""哎"等不礼貌的用语称呼同学。

在有求于同学时,需用"请""谢谢""麻烦您"等礼貌用语。

借用学习用品时,应先征得同学的同意后再拿,用后及时归还,并要致谢。

(三)诚实守信

诚实是一种美德。有人说,诚实是人生的命脉,是个人价值的体现。与同学相处,更应守信,做人要诚实、不欺不诈、遵守诺言,才会取得他人的信任。与他人以诚相见,以诚相处,才能以心换心。

(四)谦虚随和

与同学相处,要谦虚随和。摆架子、自以为是、趾高气扬、卖弄自己,是无知、幼稚和

社交礼仪

肤浅的表现,也是同学交往中的一大禁忌。

(五)宽容理解

宽容是一种美德,一种力量,一点关照,一丝温暖。"人非圣贤,孰能无过。"与同学相处,要有一颗宽容的心,遇事多为别人着想,即使别人犯了错误,或冒犯了自己,也不要斤斤计较,以免因小失大。要明白"海纳百川,有容乃大"的道理,就是要学会宽容、善于原谅。

(六)团结友爱

在学校与同学要和睦相处,在思想上要互帮互助,共同进步。对有缺点的同学不应包庇袒护,也不要挖苦讽刺,应热情关怀、鼓励其上进;对取得了优异的成绩或进步明显的同学,应该虚心学习、衷心祝贺,不应嫉妒。

二、同学交往的禁忌

(一)人格不平等

同学之间在人格上是平等的,应该彼此尊重。自傲或自卑者都可能加大与其他同学的差距,影响同学关系的正常发展。

(二)不正当攀比

同学交往,免不了相互比较,关键看比什么,是比志气?比信心?还是比虚荣?如果是比思想进步、学习进步,这无可厚非,值得提倡;但如果是比物质、比表象,就不可取了。盲目攀比往往是虚荣、自卑,甚至是懦弱的表现。

(三)说长道短

同学间相处要光明磊落,谨言慎行。在背地里说长道短甚至挑拨是非,是同学间最忌讳的事情。

(四)恶语伤人

"良言一句三春暖,恶语伤人六月寒",要自觉培养尊重别人的能力,讲话应温文尔雅,不要自以为是、出言不逊、恶语伤人。

三、正确处理异性同学间的交往

男女同学间的友好相处是学校里一道美丽的风景线。

男女同学交往时,谈吐和举止应该注意分寸,尤其是男生应该对女生特别尊重,处处体现出男子汉的心胸坦荡、气度宽宏的风格。女同学应该大方而不轻浮,谈吐文雅端庄,以体现女性的阴柔秀雅之美。

男女同学间的交往和友谊是正常的,交往一定要适度,毕竟"男女有别",应把握双方关系的度,控制自己的感情,避免超越异性交往的界限,否则会让自己情绪不稳定和心态不平衡,影响学业和身心健康。

第五章　学校礼仪

第六节　恋爱礼仪

大学生由于所处的特定的年龄阶段，伴随心理和生理的成熟，选择恋爱应该说是一种正常的社会现象。所谓恋爱，是指婚前男女双方在培育爱情的过程中相互了解、相互爱慕、相互追求的情感和行为。

爱是人类所特有并经后天学习而获得的一种情感体验。爱情是其中最美好、最令人陶醉的一种。两个心灵在某个瞬间碰撞在一起，但这只是漫长历程中动人而又闪光的起点。在生活的激流中经历了种种考验之后，我们才能收获爱情的成熟果实。为了明天的收获，我们必须在今天学习和实践爱的知识。

一、恋爱伦理

学会爱的第一步就是学会爱自己。这是一种对自己由衷的喜爱、关怀和尊重。当一个人能够正确认识自己并真正欣赏自己时，他便有了一颗自爱心。一个自爱的人，必然会得到他人的爱。一个真正学会自爱的人，才会走出爱的第二步，珍爱他人。爱需要推己及人，如果你承认自我，欣赏自己的独特性，那么也应该让别人做到这一点；如果你能重视自我的探索，肯定它的价值，那么也要鼓励别人探索自己；当你体会到你是最好的自己，就要会接纳别人是他最好的自己；关心自己，也要懂得关心别人。因此，在恋爱时切忌抱有"改变对方来适应自己"的想法；一定要放弃自己"永远控制对方""占有""操纵""支配""责怪"和"我永远对"的心理。当你决定向某个人付出爱时，同时就应担负起爱的责任。

二、恋爱礼仪

恋爱的男女同学在校园内共同学习，朝夕相处，为了大家相处得更好，双方都应注意恋爱礼仪，主要包括下述几个方面。

（一）以爱情为基础

男女双方的恋爱关系应建立在志同道合的基础上，那种以恋爱为手段，骗取他人感情，以达到某种个人目的的行为，是社会道德所不容许的。当然，选择恋人不能完全不考虑双方的经济条件和家庭背景，但这绝不是建立爱情的前提。金钱买不来爱情，门第和容貌也换不到爱情，爱情只能是双方相互发自内心的真挚情感。附加的因素越多，爱情在双方感情上的比重就越轻。

（二）相互尊重各自选择的自由与权利

爱情是以所爱者的互爱为前提的。男女之间确定恋爱关系，必须是出自双方的共同意愿。在恋爱过程中，其中一方如果感到不合意，提出中断彼此的恋爱关系，重新选择恋爱对象，并非不道德。恋爱双方都有自愿选择和决定恋爱对象的自由与权利。即

社交礼仪

使自己的爱慕是纯洁的,也不能要求对方违心地接受自己的"爱情"。那种只考虑自己而不尊重别人的意愿,强迫或诱骗对方接受自己的"爱情",只能是一种虚幻的爱情,不仅是自私的,也是极为不道德的行为。

(三)真诚相待、忠贞专一

男女相爱之前,应相互坦诚说明自己的各方面情况,让对方对自己有个全面的认识和了解;一旦双方自愿确立了恋爱关系,就应以诚相待,专一地培养和珍惜双方之间的情感,而不应朝秦暮楚、见异思迁,更不应搞三角恋爱。即使双方的爱情关系已不适于再发展,也应在通过恰当的方式与对方中断恋爱关系之后,再考虑选择新的恋爱对象。忠贞专一是婚姻道德的重要内容,也是爱情的主要特征,它既与封建伦理道德的"从一而终"有着本质区别,又与那种视爱情为儿戏、对恋爱极不严肃的态度根本对立。此外,它与那种夸大爱情排他性,借口"爱情是自私的"而破坏他人婚姻幸福的行为,更是格格不入。

(四)高尚的情趣和健康的交往

爱情离不开共同的事业与理想。男女双方对事业与生活理想的追求和进取,会给爱情不断地注入新的活力,是情感不可缺少的精神力量。有些青年人坠入情网后便不能自拔,陷入彼此卿卿我我的狭小天地里,把时间和精力都用在谈情说爱上,荒废了学业,疏远、冷落了同学和朋友,情趣变得越来越贫乏、庸俗,这是不可取的。同时在恋爱交往和表达方式上,还要注意以理智控制自己的感情,用道德约束自己的行为举止。不同国家和民族都有自己的婚恋习俗与传统,我们中华民族在爱情的表达方式上,历来有含蓄、深沉和自尊的传统美德。现实生活中,个别人不分时间、地点,在众目睽睽之下随意轻浮放纵,不仅有损于社会公德,而且也是对纯洁爱情的亵渎。

(五)尊重对方人格、信守责任

恋爱双方既要相互尊重彼此的独立人格,又要承担与恋爱、爱情相联系的道德责任和义务。恋爱过程中,应该是既要尊重对方的人格,也要保持自己的人格。互尊互爱、自尊自爱,是爱情严肃性、高尚性的表现。特别是在婚前的交往中更应相互尊重,用理智驾驭感情,尊重对方的名誉和尊严。在恋爱过程中,双方都必须保持清醒的头脑,明确各自应当承担的责任和义务,切不可因一时的感情冲动或受自私心理的驱使而丧失理智,以至做出使自己追悔莫及、悔恨终身的事来。

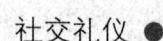
思考练习

1. 大学生为什么要学习校园礼仪?
2. 如何尊敬老师和与同学相处?
3. 在校园路遇来宾或师长应该如何做到礼貌?

第六章 家庭礼仪

家宴规矩

旧时四川人十分讲究宴席上的礼节,即使在家宴上也是如此。当家里来了亲戚时,餐桌应当放在堂屋正中,城乡多不兴圆桌,用的多是方桌。八人为一桌,每方坐两人。入席时,长辈应该坐上方(正对房门的一方),其余的人坐两边。与长辈对坐的一般应该是长辈的平辈人,如果没有平辈人应该让客人坐。如果只有六人入席,千万不能上坐一、下坐一、左右坐二;或者上下坐二,左右坐一,因为这样,就坐成了"乌龟"形。假如真的这样坐了,主人就会客气地说:"啊,坐活了。"如果客人还不懂,主人就会帮你调整,让你坐成左一、右二、上一、下二,总之不能两人或一人对坐。

客人坐好后,便可以上菜了。上菜的顺序应该是先上下酒菜,不外乎凉拌鸡、干盘(香肠、猪舌)之类,待酒吃完后再上下饭菜。汤应该上在最后,表示菜已上完。上菜时要特别小心,不能把汤洒在客人身上,同时还应该热情地介绍菜名,让客人便于品尝。酒具如果是杯子,则应该每人一个,先由主人斟满酒,说声"请喝",大家才能喝。如果酒具是一只碗,就应该让长辈先喝,从左至右依次传递,待都喝了一遍之后,主人拿起筷子,说声"请菜",大家才能动手。夹菜时千万不能在菜碗里乱翻,只夹靠自己一边的菜。第一次上门的新女婿,千万不能吃鸡头,因为鸡是凤,吃了凤头丈母娘会不高兴的。在给客人斟酒时,应该右手提酒壶,左手放在右手背上,表示是双手给客人斟酒。如果客人不会喝酒,应该站起来,用手按住酒杯,歉意地说:"不会!不会!"主人应该劝酒,但是不能强行让客人喝。为了表示对主人的敬意,客人一般应该多少喝一点。酒过三巡,客人都表示不能再喝酒时,便可以开始吃饭。主人要热情地为客人舀饭。饭不能舀得太多,应该用双手递给客人,客人也要用双手去接。如果互相间隔得较远,双手递接不方便,主人要说一声"给我一个手",客人则应该说"不讲意(意为没关系)"。饭舀齐后,主人对客人说"请饭",大家才能动手吃饭。夹菜时一般也要由主人说"请菜",大家才能去夹。有时为了让客人们随便一些,主人便说:"没啥菜,大家随便夹。"这样,夹菜便可以不必拘礼了。吃饭时是不兴倒菜汤的,四川民谚说:"贼怕拿赃,菜怕倒汤。"倒了汤菜就没有味道,同时说明主人的菜准备少了,有失体面,会使主人不高兴。想喝菜汤,也是可以的,不过要先说明喝汤的缘由。如果是长辈倒汤,先把筷子放在桌上,说:"筷子一拌,惊动团转,恭喜发财,倒汤泡饭。"说后便可以倒汤,众人无可非议。如果是晚辈倒

89

汤,筷子则放在碗上,站起来说:"筷子一响,惊动四方,得罪各位,我要倒汤。"说完便倒,众人无可非议,主人也绝不会说什么。吃饱下桌时,应该双手横拿筷子,对每个人分别说声"慢吃",如果每一个人都一一喊到不方便,也可以说"大家慢慢吃",还在吃饭的人则回答"我们吃得多"。这时主人便会来劝饭,说:"不要嫌弃,再吃点。"客人则说:"不,我吃得很快。"如果大家都下了桌,只剩一个人在吃,这个人就应该自我解嘲地说:"哎呀,我背桌子了!"主人要说:"哪里,还有我呢!"主人一定要吃得很慢,待所有的客人下桌后才能放筷散席。

第一节 家庭礼仪概述

家庭作为社会的一个基本单位,是在潜移默化中保存和传递社会文化的重要力量。社会的伦理道德、风俗习惯等,都是通过家庭才内化为社会成员的行为规范,从而发生社会效应。另外,家庭的形式本身,也发挥着维护社会秩序的重要功能。家庭通过其规范和内聚力的作用,有效地控制着家庭成员的行为。从历史上看,家庭如果大规模地分崩离析,必然引起社会的动乱。如农民家庭破产,被逼得卖儿卖女,妻离子散,往往会导致农民起义。因此,家庭自身的稳定是社会安定、发展的基础。现在,尽管国家和政府通过诸多的法律手段来对家庭进行协调和控制,但是,重视对家庭的建设与引导,保证其稳定、健康地发展,对维护社会秩序、促进精神文明建设仍有重要意义。《周易·家人》中说"正家而天下安矣",《礼记·大学》中也明确提出"齐家、治国、平天下"。由此可见,中华民族自古以来就十分重视家庭的教育。

一、家庭的实质、结构和类型,家庭礼仪的含义

(一)家庭的实质

家庭是以实体婚姻关系、血缘关系或收养关系为纽带而结成的有共同生活活动的社会基本单位。由于婚姻关系在某种意义上是作为家庭成立的前提存在的,而收养关系在家庭中是被当作血缘关系看待的,因此,家庭实际上是一种以血缘关系为纽带的初级社会群体形式。家庭的定义可以概括为实体婚姻+孩子+生活共同体。

(二)家庭的结构和类型

家庭结构是指家庭成员的构成以及由此而形成的不同类型和规模的家庭。

正常的家庭至少由两个人组成,一个人不能成为完整意义上的家庭。在家庭成员的构成中,首先有因婚姻行为而结合的夫妻双方,他们是现代家庭中最重要的成员;其次是通过生育或收养行为而结合的家庭成员,他们也是家庭中重要的成员;最后是作为赡养或抚养对象而存在的其他家庭成员,他们有的有直接血缘关系,有的则是血缘关系的合理延伸。因此,一个现实的家庭至少应由上述成员中任意两个人组成。家庭因其成员的构成不同而形成不同的类型和规模。

1. 核心家庭

即由父母双方或其中一方和他们的未婚子女所组成的家庭,以及只有夫妻双方的家庭。此外还包括由祖父母或其中一方同他们未婚的孙子女所组成的家庭类似的特殊情况。这种家庭的特点是只有一代或两代人,而且后代是未婚的,因而家庭的结构比较简单,一般只有一个中心。因为只有一对已婚夫妇,而作为未婚后代的家庭成员是服从他们的父母的,在没有了父母的情况下是服从祖父母的。

2. 主干家庭

即由父母双方或其中任何一方和他们的一对已婚子女所组成的家庭,有的还有其他未婚子女或已婚子女的下一代,以致更多代。这种家庭的主要特点是不止一代有已婚夫妇,但是每一代只有一对已婚夫妇,因而结构比核心家庭更复杂一些。因为每代人只有一对已婚夫妇或成年的成员,因此都有可能成为一个次中心,而使这类家庭有可能难以形成和服从统一的中心。

3. 联合家庭

即由父母双方或其中一方和多对已婚子女所组成的家庭,或者是兄弟姐妹婚后仍不分家的家庭,其家庭成员可能还有已婚子女或兄弟姐妹的后代,或其他未婚和未成年的成员。这种家庭的突出特点是一代甚至几代人中都有多对已婚夫妇存在,因而在一代人中就有可能形成多个次中心,这样的家庭结构自然是最复杂的。

4. 其他家庭

即除上述几种类型的家庭以外的其他各种情况的家庭,如未婚兄弟姐妹组成的家庭。

上述各类家庭中,核心家庭近几年在我国的发展比较快,特别是在城市,核心家庭已占家庭多数。这种核心家庭化的现象应引起人们的重视。考虑到我国目前家务劳动社会化还有待发展,儿童的抚养和老人的赡养都还基本上依靠家庭承担,中年人普遍负担较重,以及考虑到独生子女家庭越来越多,因而家庭人数并不多等条件,在我国还不宜提倡或不宜过早提倡核心家庭化或核心家庭过快的发展。实践证明,只要善于处理家庭成员之间的关系,主要是家庭成员同老年成员之间的关系,主干家庭更便于赡养老人、减轻中年人负担和抚养第三代。在我国现代社会里,长辈抚养晚辈所花费的劳动量一般都要大于甚至远远大于晚辈赡养长辈所花费的劳动力,作为家庭中的晚辈尤其要懂得报答长辈的抚养之恩。

(三)家庭礼仪的含义

所谓家庭礼仪,即人们在长期的家庭生活中,用以沟通思想、交流信息、联络感情而逐渐形成的约定俗成的行为准则和礼节、仪式的总称。"家和万事兴",可见"和"是关键,这个"和"用现代的话来解释,就是相互尊重、亲善、谦恭有礼的意思。家庭礼仪在现代社会生活中发挥着重要的作用。简单地说,家庭礼仪是维持家庭生存和实现幸福的基础,家庭礼仪能调节家庭成员之间达成和谐的关系,家庭礼仪也有助于社会的安定、国家的发展。

二、家庭礼仪的特点和内容

(一)家庭礼仪的特点

家庭礼仪的基本特点主要表现在以血缘关系为基础、以感情联络为目的、以相互关心为原则、以社会效益为标准四个方面。

1. 以血缘关系为基础

家庭礼仪主要体现在家庭成员之间,而家庭成员之间的关系是人类社会中最为普遍的关系,以血缘关系、感情关系为核心。因此,在家庭礼仪的形成、建立和运用过程中,必须从血缘关系这一基本点出发。

2. 以感情联络为目的

家庭礼仪的主要职能并非以个人形象的塑造为侧重点,而是通过种种习惯形成的礼节、仪式来进一步沟通感情,俗话说的"亲戚亲戚,不走不亲",就是强调亲友间的感情有了血缘关系为基础,还得需要通过一定的礼仪手段来维持、强化和巩固。婚嫁喜庆、乔迁新居、寿诞生日等种种快乐,通过礼仪的传播,可以使更多的人体会和享受,这一传播过程的最终目的就是加强感情联系。

3. 以相互关心为原则

要衡量一件事或某一行为是否符合家庭礼仪要求,只要分析一下双方之间是否存在相互关心的成分即可,现实中真诚地祝贺、耐心地劝导、热情地帮助本身就是合乎礼仪的。

4. 以社会效益为标准

因为礼仪受多种因素的影响,家庭活动中的许多礼节、仪式也是不断变化发展的,如封建社会的婚礼有拜堂入洞房等礼节,而当今出现了许多集体婚礼、旅游结婚等新的婚礼程序。但有一点却是可以肯定的,那就是要评判某一种家庭礼节、仪式是否是进步的、合乎礼仪规范的,只要看它是否能产生很好的社会效益。

(二)家庭礼仪的内容

根据家庭礼仪的特性,家庭礼仪的内容主要有以下几个方面。

1. 成员礼仪

家庭成员是家庭活动的主体,也是家庭礼仪的具体操作者,可以说,家庭礼仪在某种程度上即是成员礼仪。成员礼仪主要指成员之间的礼仪规范,如夫妻之间的礼仪、父母子女之间的礼仪、兄弟姐妹之间的礼仪等。

2. 称谓礼仪

一个人的姓名称谓其实是一种约定俗成、并得到大家公认的符号,所以称谓存在着很强的适应性和广泛性,它紧紧伴随着家庭成员之间的人际交往。对于称谓礼仪主要着重研究两点:一是礼貌性,二是规范性。

3. 仪式礼仪

家庭活动中离不开某些仪式,如婚礼、葬礼等,这些仪式都有各自不同的一套行为准则与活动规范,举办者与参加者由于所处的地位、立场不同,其行为都应遵从或符合一定的礼仪规范和要求,如庆贺和祝贺礼仪、馈赠礼仪等。

4.待客与应酬礼仪

礼仪作为一种行为准则,不仅制约行动者一方,同时也要求另一方遵守规则和规范。在家庭礼仪中就涉及主人的待客与客人的应酬问题,这一问题从其内容来说,因为涉及的大多是家庭生活,故属于家庭礼仪的研究范畴;从其形式来看,它也是与个人礼仪、社交礼节密切相关的。

第二节　家庭称谓礼仪

一、一般称谓语

(一)尊称语

古代常以"尊、贵、大、台"等词构成尊称语,如"恭候尊驾光临""恭候大驾光临""贵体、贵府""台驾、台鉴"等。现在对长辈老者,以"老"字构成尊称语较多,如"老人家、老先生"等。又如对德高望重的前辈,常于"老"前冠其姓氏以表敬重,如"钱老、赵老、吴老"等。

"同志、师傅"是我国除了亲属外的一种常用敬语,使用上不受年龄、地位、性别限制。但海外人士间宜以"先生、女士、小姐、夫人"相称。目前,在年轻人群及东南沿海发达地区,该称谓也广为使用。

(二)自谦语

使用自谦语是我国一种良好的交际传统,其目的也是对他人的尊重,就连古代帝王也用"孤、寡"自谦称呼。不过,大多自谦语还是以"愚、愚下、敝、敝人、不才、卑人、鄙夫、区区"等词构成。而古代以"奴、妾、老朽"等词构成的自谦语现已成为一种历史陈迹了。

(三)家庭成员的介绍

在向别人介绍自己的亲属时,应谦恭地先说对方的姓名,如:"老李,这是家母。"客人有优先知情权,"大卫先生,我想请你认识一下我的妻子安娜"。

当然,在非正式场合,平辈之间或介绍晚辈时可直呼其名。不过,无论什么场合,都得注意采用适当的语调来介绍,因为不同的语调可以反映出不同的情感,或钟爱或冷漠。

在介绍丈夫或妻子的父母时,仅用"父亲、母亲"的形式易使对方混淆误会,不如用"小梁,这是我婆婆"或"黄磊,这是孙丽的母亲"来得简单准确。

在具体的交际活动中,人们为使自己的礼节更显庄重优雅,往往使用敬称、美称、自谦语,如"令、尊、贤、家、舍、敝"等词。因为像"令、尊、贤"这些敬称在语气上已包含了第二人称的意义,而"家、敝"这些自谦语在语气上已包含了第一人称的意义,所以在使

社交礼仪

用这些词的过程中不必在前冠人称代词,如"您令尊、我舍弟"的称谓可是要闹笑话的。

(四)职衔称谓

用职衔称呼对方为古今常见,这也是一种对对方表示尊敬的用语,但无亲切意味,同事亲友或关系密切的上下级之间往往很少采用。但有时在庄重场合,还得以职衔相称,如在某次董事大会上,作为总经理的儿子当着众多董事的面称呼作为董事长的父亲,用职衔而非用家庭关系来称呼为宜。

二、对父系亲属的称谓

对父系亲属的称谓见表 6-1。

表 6-1 对父系亲属的称谓

称呼对象	称呼	自称
父亲的祖父、祖母	曾祖父、曾祖母	曾孙/曾孙女
父亲的父亲、母亲	祖父、祖母(爷爷、奶奶)	孙子/孙女
父亲的姑父、姑母	姑爷爷、姑奶奶	内侄/内侄孙女
父亲的舅父、舅母	舅爷爷、舅奶奶	外孙/外孙女
父亲的姨父、姨母	姨爷爷、姨奶奶	姨外孙/姨外孙女
父亲	父亲(爸爸)	儿子/女儿
父亲的后妻	继母(妈妈)	继子/继女
父亲的兄长及其妻子	伯父、伯母	侄子/侄女
父亲的弟弟及其妻子	叔父、婶母	侄子/侄女
父亲的姐妹及其丈夫	姑父、姑妈	内侄/侄女
父亲的侄儿、侄媳	堂兄、堂嫂、堂弟、堂弟媳	堂弟/堂妹、堂兄/堂姐
父亲的侄女、侄女婿	堂姐、堂姐夫、堂妹、堂妹夫	堂弟/堂妹、堂兄/堂姐

注:同宗而非嫡亲者称"堂",母亲之后为表亲关系,称"表"。

三、对母系亲属的称谓

对母系亲属的称谓见表 6-2。

表 6-2 对母系亲属的称谓

称呼对象	称呼	自称
母亲的祖父、祖母	外曾祖父、外曾祖母	外曾孙/外曾孙女
母亲的父亲、母亲	外祖父、外祖母	外孙/外孙女
母亲的后夫	继父(爸爸)	继子/继女
母亲的兄弟及其妻子	舅舅、舅妈	外甥/外甥女
母亲的姐妹及其丈夫	姨妈、姨夫(姨丈)	外甥/外甥女
母亲的表兄弟、姐妹	表舅父、表姨妈	表外甥/表外甥女

四、对兄弟姐妹亲属的称谓

对兄弟姐妹亲属的称谓见表6-3。

表6-3 对兄弟姐妹亲属的称谓

称呼对象	称呼	自称
兄及其妻	哥哥、嫂嫂	弟/妹（夫弟）
弟及其妻	弟弟、弟媳	兄/姐（夫兄）
姐及其夫	姐姐、姐夫	弟/妹（内弟）
妹及其夫	妹妹、妹夫	兄/姐（内兄）
叔伯之子及其妻	堂兄、堂嫂、堂弟、堂弟媳	堂妹/堂弟、堂姐/堂兄
叔伯之女及其夫	堂姐、堂姐夫、堂妹、堂妹夫	堂妹/堂弟、堂姐/堂兄
姑父、舅父、姨父之子及其妻	表兄、表嫂、表弟、表弟媳	表妹/表弟、表姐/表兄
姑父、舅父、姨父之女及其夫	表姐、表姐夫、表妹、表妹夫	表妹/表弟、表姐/表兄
嫂嫂、弟媳、姐夫、妹夫之父母	姻家父、姻家母	
嫂嫂、弟媳、姐夫、妹夫之兄弟及妻	姻兄（姻嫂）、姻弟（姻弟媳）	

五、对夫家家属的称谓

对夫家家属的称谓见表6-4。

表6-4 对夫家家属的称谓

称呼对象	称呼	自称
丈夫	夫（爱人）	妻
丈夫的祖父、祖母	爷爷、奶奶	孙媳
丈夫的父亲、母亲	公公、婆婆（爸爸、妈妈）	儿媳
丈夫的兄弟及其妻	大伯、嫂嫂、阿叔、阿姑	弟媳/嫂
丈夫的姐妹及其夫	姑爷、姑姑	内弟媳/内兄嫂
丈夫的姑母、姑父	姑母、姑父	内侄媳
丈夫的舅父、舅母	舅父、舅母	甥媳

六、对妻家亲属的称谓

对妻家亲属的称谓见表6-5。

表6-5 对妻家亲属的称谓

称呼对象	称呼	自称
妻子	妻（爱人）	夫
妻子的祖父、祖母	岳祖父、岳祖母	孙婿
妻子的父亲、母亲	岳父、岳母	婿
妻子的兄弟及其妻	内兄、内弟、内嫂、内弟媳	妹夫/姐夫
妻子的姐妹及其夫	姨姐、姨妹、姨父（襟兄、襟弟）	姨妹夫/姨姐夫
妻子的姑母、姑父	内姑母、内姑父	内侄婿
妻子的舅母、舅父	内舅母、内舅父	内甥婿

注：因泰山有丈人峰，故岳父又称泰山，岳母又称泰水。

七、常见亲属合称称谓

常见的亲属合称称谓有：公孙（祖父与孙子、孙女）、父母、父子、母女、叔伯（叔父与伯父）、叔侄（叔父、伯父与侄儿、侄女）、公婆、翁姑（对丈夫之父母的旧称）、翁媳（公公与媳妇）、婆媳（婆婆与儿媳）、翁婿（岳父与女婿）、舅甥（舅父、舅母与外甥）、兄弟、姐妹、夫妻、妯娌（兄妻与弟媳）、姑嫂、连襟、郎舅（姐妹之丈夫与其兄弟）等。

第三节 家庭祝贺礼仪

祝贺是加强人际联系、增进友谊的重要方式。每逢他人在生活、事业、爱情等方面取得成功，或者遇上喜庆节日、令人高兴的集会，对当事人说些赞美和祝贺的吉祥话语，可使这种喜悦更添色彩，被祝贺的人会感受到你的关注和支持，从而加深双方的友谊。在祝贺时，一般应遵循三条原则，即态度要诚挚，用语要准确，方式要恰当。以下着重介绍一些常用的祝贺礼仪。

一、出生庆贺

亲友生儿添孙，是人生家庭一大喜事，值得祝贺。一般来说，祝贺出生，要注意以下礼仪要求：第一，探望产妇和婴儿。如在外地，路途遥远，可写祝贺信，无论探望还是贺信，都应以关心产妇和婴儿健康为主要话题内容。第二，赠送礼物。礼物分给产妇和给婴儿的两类，给产妇的宜以适合产妇服用的滋补类食品或有关育儿的书籍，给婴儿的礼物可以是奶粉、衣服、鞋帽、尿布、玩具或具有永远性纪念意义的生育纪念章等。第三，

祝贺用语要文雅准确。宜说吉利话,可称得子为"麟儿""公子",得女为"千金""掌珠"等。

二、升学毕业庆贺

无论过去还是现在,亲友中有人升学深造或学成毕业都是一件令人高兴的大事,可喜可贺。一般来说,可采用适当的礼仪形式进行祝贺:第一,上门祝贺或写祝贺信;第二,赠送礼品。一件学习用品、一本心爱之书或一件生活必需品,都会令对方铭刻在心、时时相伴。第三,题写留言,互叙友情,互勉共进。第四,合拍纪念照或以照片相赠,并题写贺词。

三、获奖、提升祝贺

事业有成、竞赛获胜、评比得奖、职务升迁,都是个人成绩的标志,亲友、恋人、同学、同事等都应及时向他们表示祝贺,共享喜悦之情,这不仅能够增进友情,对受贺者也是一种鼓励和鞭策。

祝贺形式有:第一,贺信或贺电,主要内容应肯定其成绩,回顾其经历,畅谈内心感受并表祝愿,提出中肯的建议或希望;第二,提供有关喜讯的大众信息,如报道事迹的剪报、良好的社会舆论等;第三,设家宴,邀请获奖或提升的亲友来家欢庆同贺;第四,登门祝贺,口头祝贺并赠送具有长期纪念意义的礼品,如贺匾等。

四、生日寿辰祝贺

年少者的生日典礼叫"过生日",年长者的生日典礼叫"做寿"。

生日祝贺可随意些,一个电话、一封贺信、一张贺卡都能带去一番真诚的祝贺,一束鲜花、一件小礼物也能带来一片温馨的祝福。祝贺内容可以以"身体健康、学习进步、工作称心、爱情美满"为主题。

如果参加祝寿活动就要庄重一些,需作好充分的准备:第一,备好寿礼。寿礼一般可选包装精美、做工精细、含有祝贺健康长寿、吉祥如意意义的食品或物品,还应放上红纸或由红纸剪成的"寿"字、"福"字,或者寓意长寿和兴旺发达的饰花。第二,服饰宜选择色调明快,含有吉庆之意的红、黄等颜色,以表示整洁庄重,忌穿全黑、全白或黑白相间的服装。第三,语言要以祝贺、颂扬为主。常用祝寿语有:福如东海,寿比南山;寿星高照,松鹤遐龄;身心愉快,天地比寿;如松如柏,青春永驻;向××拜寿,祝福身体康泰,寿与天齐,大吉大昌等。第四,行礼要庄重。封建社会,祝寿要行稽首、磕头等跪拜大礼,这与现代风俗礼节要求有违,故现代以抱拳打揖、鞠躬或握手等平等的礼节为宜。

五、结婚祝贺

准备参加婚礼祝贺的宾客应注意以下几点礼仪规范:

第一,收到邀请的请柬后要马上回复。一是礼貌,二为主人安排婚礼提供方便。如果是有小孩的,一般还是不携带为宜;如请柬上书有"全家"字样,已结婚的子女就不在其列;如你已有恋人而主人未邀请,可向主人提出是否能带上自己恋人的要求。

第二,结婚礼物以钱或实物为主。有时由于路远、时间紧或意外情况不能参加婚礼,但祝贺礼品不能少,或事前或事后,或书信或电话向新人祝贺。

第三,婚礼上宾客礼仪。一是服饰要干净整洁庄重,颜色搭配除了黑白以外其他无妨。二是话题要紧紧围绕婚礼,不宜谈你自己,不宜谈你的感受怎样、昨天你干了些什么等。三是向新郎、新娘介绍自己时,不应计较新人与你相处、交谈时间的长短,因为在这兴奋的喜庆日子里,还有很多事情等着新郎、新娘。四是若你想在婚礼上告退,尽管随时离席,除非新人刚好在旁边而且空着无事,一般不必向新人面辞。

六、乔迁开张祝贺

祝贺新居落成或乔迁,有的地方较为讲究,通常的祝贺方式有:第一,写祝贺信。适用于路途遥远者。第二,馈赠礼物。以字画、镜屏或工艺品为多,也有送钱财的。第三,书写贺新居的幛句和联语。

小贴士:
常用幛句有:凤翔高冈 喜气满堂 安仁之宅
常用联语有:
○深苑春光媚 重门瑞气浓
○云间树色千重翠 门外山光万叠青
○门前绿水声声笑 屋后青山步步春

第四节 家庭应酬礼仪

日常生活中,人们都有邀请亲朋好友到家中做客的经历,还有被亲朋好友邀请做客的机会,因此,为了得体、礼貌地请客与应酬,应了解应酬的有关礼仪知识。

一、待客礼仪

(一)准备

当知道有客人来访时,应提前作好准备。主人的服饰要整洁大方,家庭布置要干净美观,孩子要妥善安排,水果、点心、饮料、烟酒、菜肴等要提前准备好。如果是正式宴请,如婚礼、寿诞等,还要预先分发请柬或电话邀请,确定宴请时间、场所,排好座次,遴选客人,落实宴请形式、规模、档次。

(二)迎接

客人在约定时间到达,应提前到门口迎接,不宜在房中静候,最好夫妇同往,女主人在前。如果有客人突然临门,要热情相待,若室内未清理,应致歉并适当收拾,但不宜立即打扫,因为打扫有逐客之意。

(三)问候寒暄

见到客人,应热情招呼,女主人应主动伸手相握。如果客人手提重物,应主动帮忙,对长者或体弱者可上前搀扶,进入室内应把最佳位置让给客人坐。如果客人是初次来访,应向其他家人或客人作介绍。主人的表情要面带微笑,步履轻松,不能有疲惫心烦之相。

(四)递茶招待

冲泡递茶时首先要清洁茶具,泡多杯茶时应一字儿排开来回冲,每杯茶应冲泡2/3为宜,"浅茶满酒",递茶应双手捧上放在客人的右手上方,尊长者先敬。

(五)陪客交谈

客人坐下,奉敬烟、茶、糖果之后,应及时与之交谈,话题内容可因实际而定,一般来说应谈一些客人熟悉的事情。若无法奉陪客人交谈,可安排身份相当者代陪或提供报纸杂志、打开电视供客人消遣,切不可出现主人只管自己忙,把客人晾在一旁的现象。

(六)宴请

家庭常见的请客有正式宴会、便宴、家宴三种,前两种一般选择在酒店、餐厅举行,后一种一般由女主人亲自下厨料理,家人共同招待,规模较小,自然、随便。下面主要介绍家宴的礼仪。

1. 时间选择

请客时间应当选择在大家休息的日子,在一日三餐中,我国一般以午餐为正餐,但随着我国经济生活的变化,以晚餐请客的也日益增多。选择时间,应同主要客人当面商定或电话商定,其他客人可以当面、电话、书面约会或邀请。隆重的家宴可用请柬邀请,以示郑重。

2. 菜肴准备

家宴不必太丰盛,但是品种上应尽量照顾到,冷菜、热菜、大菜、汤类都要准备,饭前用酒的,冷菜要多些,会饮酒的人少或不用酒的,冷菜可少些。菜的档次要适当,不要一味追求高档,过分铺张。烧饭做菜是件繁重复杂的劳动,主人只顾忙于烧菜反会怠慢客人,影响与客人交谈。

酒类及饮料是不可少的。饮酒的过程,是交谈、叙旧、增进感情的好时机,适时的敬酒,得体的酒令,会为家宴创造欢乐的气氛。所以,有句俗话叫"无酒不成席"。应根据客人的情况准备白酒、果酒、啤酒和饮料,以使客人尽兴。席间有男士不饮酒可以用饮料代替;有女性不饮酒,也可以用饮料代替。斟酒顺序一般按顺时针方向依次从右首斟酒,注意酒杯不能离席,若有尊长者或远客、贵宾可先斟,以示敬重,劝酒可由主人、陪客或主人委托的"代东""酒官"劝;祝酒时,主人先举杯,杯口应与双目齐平,微笑点头示意。

上菜应左首上右首下,上菜顺序一般为:冷盘—主菜—热菜—大菜—甜菜—点心—汤。上菜时机选择要恰当,防止空盘又不宜堆积过多;上最后一道菜应暗示酒宴已近尾声。上菜中,按我国传统习惯,应"鸡不献头,鸭不献尾,鱼不献脊",即不应把鸡头、鸭尾、鱼脊朝向主宾;每上一道菜,主人可适当介绍并邀主宾先动手品尝或给客人分菜。

(七)送客

当客人散席或准备告辞时,主人应婉言相留;客人要走,应等其起身后,主人再起身相送,家人也应微笑起立,亲切告别。若客人来时有带礼物,应再一次提及对礼物的感谢或回赠礼物,并不忘提醒客人是否有东西遗忘,或有什么事需要帮忙;送客应送到大门口或电梯口,切忌跨在门槛就向客人告别或客人前脚走就"啪"地把门关上。如果是初次来客应主动指路或安排车辆接送,远方来客则应送至车站、机场或码头,并说祝愿话语或发出再来的邀请。

(八)招待小住宾客

有时客人来访可能要小住几日,应注意如何使客人满意而来、高兴而归,要作好心理准备、物质准备,了解客人情况、陪同游览购物等,并注意客人小住期间的家庭小节,以免客人他想,尤其不能当着客人面谈论近期家庭开支等经济问题。

二、做客礼仪

(一)预约或应约

到别人家做客,一种是自己主动前往,另一种是受别人邀请。若是前者,应事先电话或书信约好时间,以防突然造访给别人带来麻烦;如果是后者,无论答应还是拒绝,都应及时告知对方,切忌答应某一邀请之后,又因参加别的约会而失约。

(二)服饰仪表

做客时着装要整洁大方,如果是赴中式宴会着装无明确规定,如果是赴西式宴会,请柬中往往写明"请穿礼服"。

(三)礼品

根据不同宴会要准备不同礼品,如生日寿诞、结婚喜庆可送耐用、易保留的礼品,探病丧礼则宜选较易损耗的礼品。

(四)到达的礼仪

赴宴一般应准时到达,或稍稍提早到达。到达主人门前,要先擦净脚上灰尘,叩门或按铃时切忌重手重脚或时间过长;进门后要将大衣、雨具交给主人放置,并向主人问候、寒暄,还要向在场的主人家属、其他客人打招呼,待主人安排或指定座位再坐下;主人端茶敬烟时要起身道谢,双手接过,如果主人亲自给你点烟时必须站起来,身体前倾并致敬意。

(五)进入餐厅

进入餐厅后要向主人打招呼,尤其要与女主人打招呼,并对主人的宴请说一些赞扬话,为主人创造融洽、热烈的气氛;入席时要按既定次序入座,不可贸然坐下;坐在餐桌前要注意体态礼仪,主人祝酒时要专注倾听,主人敬酒时要起立回敬,即使不会饮酒也应沾沾唇以示尊敬,待主人招呼后才动筷夹菜;进餐中要注意饮食礼仪,席间谈笑应多谈些愉快、健康、轻松的话题,中途要尽量避免离席,确实无奈应向主人说明歉意方可离去。

(六)退席告辞

作为客人,口头提出告别后应立即起身辞别,不能几次三番说要走,结果还坐着滔滔不绝。走之前不要忘记对主人的热情招待表示感谢,尤其要向女主人道别;当主人送你走到门口将分手时,应主动与主人握手道别,并说"请回""留步""再见"之类的客套话。

(七)客居小住

有时要在亲朋好友家中小聚几天,由于你的到来已给主人增添了许多麻烦,更应注意有关礼仪:第一,要了解主人的生活习惯,尽量遵从主人的这些习惯,自己住的房间要自己打扫;第二,主人陪你观光购物时费用尽量自己支付,时间尽量选择主人节假日时外出;第三,小住期间,未经主人准许不要进入主人书房或卧房,也不能随意翻看主人的书刊、信札等物品;第四,话题应避免涉及主人隐私或钱财的内容;第五,客居期间别忘为主人家做一些力所能及的事情。

思考练习

1. 家庭礼仪包括哪些主要内容?
2. 如何正确使用标准的家庭称谓?
3. 怎样向父母或长辈祝贺生日或寿辰?
4. 怎样写一份婚礼贺词?
5. 家宴接待礼仪有哪些?

第七章 社交礼仪

案例传真

失"礼"闹笑话

老张的儿子留学归国,还带了位洋媳妇回来。为了讨好未来的公公,这位洋媳妇一回国就诚惶诚恐地张罗着请老张一家到当地最好的四星级饭店吃西餐。用餐开始了。老张为在洋媳妇面前显示出自己也很讲究,就用桌上一块"很精致的布"仔细地擦了自己的刀、叉。吃的时候,学着他们的样子使用刀叉。既费劲又辛苦,但他觉得自己挺得体的,总算没丢脸。用餐快结束了,吃饭时喝惯了汤的老张盛了几勺精致小盆里的"汤"放到自己碗里,然后喝下。洋媳妇先一愣,紧跟着也盛着喝了,而他的儿子早已是满脸通红。老张闹了两个笑话,一个是他不应该用"很精致的布"(餐巾)擦餐具,那是用来擦嘴或手的;二是"精致小盆里的汤"是洗手的,而不是喝的。随着我们对外交往越来越频繁,西餐离我们也越来越近。只有掌握一些西餐礼仪,在必要的场合,才不至于"出意外"。

第一节 日常交往礼仪

一、介绍礼仪

介绍是社交活动最常见,也是最重要的礼节之一,它是初次见面的陌生双方开始交往的起点。

介绍,是人与人之间增进沟通、增进了解、建立联系的基本方式。介绍能够有效地缩短人与人之间的距离,还能帮助个人扩大社交圈子,结交新朋友以及加快彼此之间的了解。

按照不同分类标准,介绍有多种方式,具体而言有:按照社交场合不同,介绍分为正式介绍与非正式介绍;按照介绍主体来分,有自我介绍和他人介绍;按照被介绍的人数来分,有集体介绍和个别介绍;按照介绍者的地位层次来分,有重点介绍和一般介绍;此外,按照被介绍对象的性质和介绍人采取的形式来区分,有商业性介绍、社交性介绍和家庭成员介绍,等等。

下面以介绍主体不同为例,讲解介绍的礼仪。

(一)他人介绍

他人介绍,是经第三者为彼此不相识的双方引见、介绍的一种介绍方式。他人介绍通常是双向的,即将被介绍者双方各自均作一番介绍。

1. 他人介绍的时机

遇到下列情况,有必要进行他人介绍。

(1)与家人外出,路遇家人不相识的同事或朋友。

(2)本人的接待对象遇见了其不相识的人士,而对方又跟自己打了招呼。

(3)在家中或办公地点,接待彼此不相识的客人或来访者。

(4)打算推介某人加入某一交际圈。

(5)受到为他人作介绍的邀请。

(6)陪同上司、长者、来宾时,遇见了其不相识者,而对方又跟自己打了招呼。

(7)陪同亲友前去拜访亲友不相识者。

2. 介绍的原则

在正式场合,介绍的原则有两条:一是个人或少数人优先被介绍给多数人,二是位尊者优先了解对方情况。在介绍中,先称呼谁的名字,谁就是尊者。故而在遵循介绍的次序将男性介绍给同龄女性时,应该先称呼女性的名字,可以这样作介绍:"××女士,您好,请允许我为您介绍一下,这位是××先生。"

3. 介绍的次序

为宾、主充当介绍人,应按一定顺序进行介绍,介绍位低者给位尊者时,具体而言,可以分为以下六种情况。

第一,先把地位低者介绍给地位尊者,再把地位尊者介绍给地位低者。这种介绍顺序适用于正式的介绍场合,特别是职业相同的人士之间。

第二,介绍年长者与年幼者认识时,应先把年轻人介绍给年长者,再把年长者介绍给年轻人。这种介绍顺序适用于同性之间,或者年龄差别较大的人士之间。

第三,介绍女士给男士认识时,应先把男士介绍给女士,再把女士介绍给男士。这种介绍顺序通常适用于同年龄、同地位的人士之间。

第四,介绍来宾与主人认识时,先把客人介绍给主人,再把主人介绍给客人。这种介绍顺序适用于来宾众多的场合,尤其是主人与客人不一定都相识的情况。

第五,介绍未婚者给已婚者认识时,应先把未婚者介绍给已婚者,再把已婚者介绍给未婚者。值得注意的是,如果介绍人对双方的情况不够清楚,千万不要贸然行事,以免失礼。

第六,在进行集体介绍时,应先把个人介绍给集体。当有新人加入集体时,在初次见面的时候,负责人可以采取这种介绍方式。

特别提示:在社交场合结识朋友,可由第三者介绍,也可自我介绍相识。为他人介绍,要先了解双方是否有结识的愿望,不要贸然行事。无论自我介绍或为他人介绍,做法都要自然。例如,正在交谈的人中有你所熟识的,便可趋前打招呼,这位熟人顺便将

社交礼仪

你介绍给其他客人。在这些场合亦可主动自我介绍,讲清姓名、身份、单位,对方则会随后自行介绍。为他人介绍时还可说明与自己的关系,便于新结识的人相互了解与信任。

在非正式场合,自我介绍要注意一些细小的环节。比如,甲或乙正在交谈,你想加入,而你们彼此又不认识,你就应该选择甲乙谈话出现停顿的时候再去自我介绍,并说一些"对不起,打扰一下,我是×××""很抱歉,可以打扰一下吗?我是×××""你们好,请允许我自己介绍一下⋯⋯"之类的话。如果你参加一个集体性质的活动迟到了,你又想让大家对你有所了解,你就应当说:"女士们,先生们,你们好!对不起,我来晚了,我是×××,是×××公司销售部经理,很高兴和大家在此见面,请多关照。"

4. 介绍的身体语言

作为介绍人,介绍具体人时,要有礼貌地以手示意,而不要用手指指点点。正确的做法是保持身体正立,站在被介绍人之间,手心向上,五指并拢,胳膊向外微伸,斜向被介绍者,向谁介绍,眼睛就注视着谁。

5. 介绍的注意事项

第一,介绍者为被介绍者介绍之前,一定要征求一下被介绍双方的意见,以免让被介绍者感到措手不及。

第二,被介绍者在介绍者询问自己是否有意认识某人时,一般不应拒绝,而应欣然应允,如果实在不愿意时,则应说明理由。

第三,介绍人和被介绍人都应起立,以示尊重和礼貌;待介绍人介绍完毕后,被介绍双方应微笑点头示意或握手致意。

第四,在宴会、会议桌、谈判桌上,视情况,介绍人和被介绍人可不必起立,被介绍双方可点头微笑致意;如果被介绍双方相隔较远,中间又有障碍物,可举起右手致意,点头微笑致意。

第五,介绍完毕后,被介绍者双方应依照合乎礼仪的顺序握手,并且彼此问候对方。问候语有"你好""很高兴认识你""久仰大名""幸会幸会"等,必要时还可以进一步作自我介绍。

(二) 自我介绍

在社交活动中,如欲结识某些人或某个人,而又无人引见,如有可能,即可向对方自报家门,将自己介绍给对方。如果有介绍人在场,自我介绍则被视为不礼貌。

相关链接

自我介绍的六条准则

国外一位心理学家提出自我介绍的六条准则:

1. 必须镇定而充满自信。一般人对于具有自信心的人都会另眼相看,对方因此会对你产生结识的兴趣。

2. 在交际场合中,如果你想认识某一个人,最好预先获得一些有关他的资料,如个人兴趣、性格、特长等,有了这些资料,在自我介绍后,便容易交谈,使关系进一步融洽。

3. 表示自己渴望结识,是一种荣幸,如果你的态度热诚,同样会使对方也报以热诚。

4. 在作自我介绍时,应该用眼神去表达自己的友善、关怀及渴望沟通。

5. 在获知对方姓名后,不妨口头重复一次他的姓名,使他有自豪和满足感。

6. 清晰地报出自己的姓名和身份,一个含糊不清的自我介绍会使人感到你不能把握自己,对方会对你有所保留,彼此间的沟通便有阻隔。

1. 自我介绍的形式

自我介绍时应先向对方点头致意,得到回应后再向对方介绍自己的姓名、身份、单位等。具体而言,自我介绍有以下形式。

(1)应酬式,适用于某些公共场合和一般性的社交场合,这种自我介绍最为简洁,往往只包括姓名一项即可。

(2)工作式,适用于工作场合,包括本人姓名、供职单位及其部门、职务或从事的具体工作等。

(3)交流式,适用于社交活动中,希望与交往对象进一步交流与沟通。大体应包括介绍者的姓名、工作、籍贯、学历、兴趣及与交往对象的某些熟人的关系。

(4)礼仪式,适用于讲座、报告、演出、庆典、仪式等一些正规而隆重的场合。包括姓名、单位、职务等,同时还应加入一些适当的谦辞、敬辞。

(5)问答式,适用于应试、应聘和公务交往。问答式的自我介绍应该是有问必答,问什么就答什么。

2. 自我介绍的礼节要求

(1)自我介绍要注意把握好介绍的时机,同时控制好时间:要抓住时机,在适当的场合进行自我介绍,如对方有空闲,而且情绪较好,又有兴趣时,这样才不会打扰对方。

(2)自我介绍时还要简洁,尽可能地节省时间,以半分钟左右为佳。为了节省时间,作自我介绍时,还可利用名片、介绍信加以辅助。

(3)进行自我介绍时,态度一定要自然、友善、亲切、随和,应做到大方得体,彬彬有礼。语气要自然增长,语速要正常,语音要清晰。

(4)要善于利用好自己的身体语言。表情应自然、亲切,要善于用眼神、微笑和亲切的面部表情来表达渴望结识对方的热情。

(5)进行自我介绍要实事求是,真实可信,不可自吹自擂,夸大其词。

二、称呼语

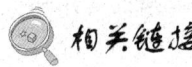

错误的称呼引发的不快

有一位先生为一位外国朋友定做生日蛋糕。他来到一家酒店的餐厅,对服务小姐说:"小姐,您好,我要为我的一个外国朋友订一份生日蛋糕,同时打一份贺卡,您看可以吗?"小姐接过订单一看,忙说:"对不起,请问先生,您的朋友是小姐还是太太?"这位先生也不清楚这位外国朋友结婚没有,从来没有打听过,他为难地抓了抓后脑勺想想说:"小姐?太太?一大把岁数了,太太。"生日蛋糕做好后,服务员小姐按地址到酒店客房

社交礼仪

送生日蛋糕,敲门,一女子开门,服务员小姐有礼貌地说:"请问,您是怀特太太吗?"女子愣了愣,不高兴地说:"错了!"服务员小姐丈二和尚摸不着头脑,抬头看看门牌号,再回去打个电话问那位先生,没错,房间号码没错。再敲一遍,开门,"没错,怀特太太,这是您的蛋糕"。那女子大声说:"告诉你错了,这里只有怀特小姐,没有怀特太太。"啪一声,门被大力关上,蛋糕掉地。

这个故事,就是因为错误的称呼所造成的。在西方,特别是女子很重视正确的称呼。如果搞错了,引起对方的不快,往往好事就变成了坏事。

在社会交往中,交际双方见面时,如何称呼对方,这直接关系到双方之间的亲疏、了解程度、尊重与否及个人修养等。一个得体的称呼,会令彼此如沐春风,为以后的交往打下良好的基础。否则,不恰当或错误的称呼,可能会令对方心里不悦,影响到彼此的关系乃至交际的成功。一个得体的称呼可谓交际的"敲门砖"!

(一) 什么是称呼

称呼指的是人们在日常交往应酬之中,所采用的彼此之间的称谓语。在人际交往中,选择正确、适当的称呼,反映了自身的教养、对对方尊敬的程度,甚至还体现了双方关系发展所达到的程度和社会风尚,因此不能随便乱用。

(二) 正确选用称呼语

1. 职务性称呼

以交往对象的职务相称,以示身份有别、敬意有加,这是一种最常见的称呼。它有三种情况:称职务,如经理,也可以在职务前加上姓氏,如王经理,或是在职务前加上姓名(适用于极其正式的场合),如×××书记。

2. 职称性称呼

对于具有职称者,尤其是具有高级、中级职称者,在工作中可以直接以其职称相称。称职称时可以只称职称,如教授,也可以在职称前加上姓氏,如王教授,或是在职称前加上姓名(适用于十分正式的场合),如王刚教授。

3. 行业性称呼

在工作中,有时可按行业进行称呼。对于从事某些特定行业的人,可直接称呼对方的职业,如老师、医生、会计、律师等,也可以在职业前加上姓氏、姓名,如王老师。

4. 性别性称呼

对于从事商界、服务性行业的人,一般约定俗成地按性别的不同分别称呼"小姐""女士"或"先生"。"小姐"称未婚女性,"女士"称已婚女性。

5. 姓名性称呼

在工作岗位上称呼姓名,一般限于同事、熟人之间。它包括三种情况:可以直呼其名;只呼其姓,要在姓前加上"老、大、小"等前缀,如老王、大李;只称其名,不呼其姓,如俊杰,通常限于同性之间,尤其是上司称呼下级、长辈称呼晚辈,在亲友、同学、邻里之间,也可使用这种称呼。

除了以上符合规定的称呼外,在称呼他人时,还要注意不要乱用可能引起误会的称

呼,不能使用低级庸俗的称呼,不能使用带有侮辱性质的称呼,不能随便使用别人的小名,不能使用绰号等。

三、名片递交

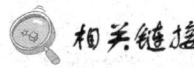

"不小心"的失误

某公司新建的办公大楼需要添置一系列的办公家具,价值数百万元。公司的总经理已作了决定,向A公司购买这批办公用具。

这天,A公司的销售部负责人打电话来,要上门拜访这位总经理。总经理打算等对方来了,就在订单上盖章,定下这笔生意。

不料对方比预定的时间提前了两个小时,原来对方听说这家公司的员工宿舍也要在近期内落成,希望员工宿舍需要的家具也能向A公司购买。为了谈这件事,销售负责人还带来了一大堆的资料,摆满了台面。总经理没料到对方会提前到访,刚好手边又有事,便请秘书让对方等一会儿。这位销售员等了不到半小时,就开始不耐烦了,一边收拾起资料一边说:"我还是改天再来拜访吧。"

这时,总经理发现对方在收拾资料准备离开时,将自己刚才递上的名片不小心掉在了地上,对方却并没发觉,走时还无意中从名片上踩了过去。但这个"不小心"的失误,却令总经理改变了初衷,A公司不仅没有机会与对方商谈员工宿舍的设备购买,连几乎到手的数百万元办公用具的生意也告吹了。

A公司销售部负责人的失误,看似很小,其实是巨大而不可原谅的失误。名片在商业交际中是一个人的化身,是名片主人"自我的延伸"。弄丢了对方的名片已经是对他人的不尊重,更何况还踩上一脚。再加上对方没有按预约的时间到访,不曾提前通知,又没有等待的耐心和诚意,丢失了这笔生意也就不是偶然的了。

在人际交往中,名片是必不可少的社交工具,使用名片有以下好处:一是方便自我介绍,这是名片的基本功能;二是便于结识新友,保持联系。名片的使用,可分为递交、接收和交换三个环节。

(一)名片递交的顺序

一般是地位低的人先向地位高者递交名片,年轻人先向长辈递交名片,男士先向女士递交名片,客人先向主人递交名片。

(二)交换名片的方法

交换名片,宜在与人初识之时进行。在交换名片时,应起身站立,双手递过去,以示尊重对方。递给对方时,应将名片放置手掌中,用大拇指和食指捏住名片下端,其余四指托住名片反面,注意文字的正面正对对方,以便对方观看。将名片递交与人时,还应客气地说:"请指教"或"多多关照"。若同时与多人交换名片要讲究顺序,或由近而远,或由尊而卑,不可跳跃进行。接过他人名片时,应毕恭毕敬,双手捧接,并马上说一声

"谢谢"。如有可能,接过名片后,首先要从头至尾将它通读一遍,以示敬重之心。

通常不宜向人索取名片。

(三)名片递交的注意事项

1. 递交名片

递交名片时要注意以下几点。

(1)在外出前将名片放在容易拿出的地方,以便需要时迅速掏出。一般男士可将名片放在西装上衣的口袋里或公文包里,女士可将名片置于手提包内。

(2)递交名片要讲究场合。一般而言,商业性质的横向联系和交际,社交中的礼节性拜访以及表达情感的场所可以递交名片。

(3)掌握递交名片的时机。如果是初次见面,相互介绍之后可递上名片;若是比较熟识的朋友,可在告辞时递交。

(4)为表达对对方的尊敬,一般应双手递上名片,特别是下级递给上级、晚辈递给长辈,更应如此。

(5)递名片时动作要洒脱大方,态度要从容自然,表情要亲切谦恭,要面带微笑,同时还要说些友好客气的话语。

2. 接受名片

接受名片者应双手接过名片,认真观看。如果是初识,不妨将名片上的重要内容读出,以表示对递交名片者的尊重,同时便于加深印象。看完名片后要郑重地将其放在名片夹里,并表示谢意。如果是暂放在桌子上,切忌在名片上放其他物品,也不可漫不经心地放置一旁,告别时千万不要忘记带走。

3. 交换名片

交换名片体现了双方感情的沟通,表达了愿意友好交往下去的意愿。交换名片的礼节,主要体现在交换名片的顺序上。一般是职位低者、晚辈或客人先向职位高者、长辈或主人递上名片,然后再由后者予以回赠。若上级或长辈先递上名片,下级或晚辈也不必谦让,礼貌地用双手接过,道声"谢谢",再予以回赠。

第二节　舞会、派对礼仪

一、舞会礼仪

(一)舞场礼仪

跳舞首先要衣着整洁大方,不要穿钉有铁掌的鞋,以免对地板造成破坏和发出不必要的声响。男士的头发要梳理整齐,不要满脸胡茬上舞场,也不要搞得油头粉面;女士不要浓妆艳抹。男女上舞场最好往身上洒点香水,但不要过多。参加舞会前不要吃生蒜、葱等带气味的食品,亦不要喝那些带有强烈刺激气味的酒水。

如遇身体不适,不要带着病倦的身体勉强参加舞会,特别是在你有传染病时更不可进舞场。

跳舞时男女双方比较熟悉,可以小声地交谈,声音小到不影响其他舞伴为好。对不熟悉的舞伴,不可问长问短。如果遇到一对密谈的舞伴,你们就应立即离开。舞伴之间有什么重要事最好在休息时找地方谈,不可在舞场上争论不休、大声喧哗、高谈阔论。

这时如果有事找人,不能单个人进入舞池,也不可高声叫喊,更不能在音乐进行中就把人从舞池中拉出来,这会使人尴尬。有事需要到舞池的对面,要顺边绕道而行,不可穿越舞场。

舞场有时会出现男士多、女士少的现象,在这种情况下不要争女舞伴,不能两人同时邀请一位女舞伴,这时应大度一些,相互谦让一下。当自己的女友被别人请走时,你应当表示高兴,不能与人争吵,更不能制止女友接受邀请,因为这些都是不文明的行为。

舞会应有张有弛,跳半小时至1个小时,不妨休息几分钟,放几支悠扬缓慢的曲子,给大家一个休息交谈的机会。

(二)邀舞及婉拒礼仪

交谊舞体现出人们的活力、青春和朝气,是一种很好的社交方式,有促进友谊和联络感情的积极作用。因此,对一个注意社交礼仪的人,交谊舞是一门不可缺少的"必修课"。

1. 邀舞的礼仪

男女即使彼此互不相识,但只要参加了舞会,都可以主动去邀请别人共舞,通常由男士主动去邀请女士共舞。

邀舞时男士应庄重地走到女士面前,弯腰鞠躬,同时微笑着轻声说:"想请您跳个舞,可以吗?"弯腰以15°左右为宜,不能过分,过分了,反而会有不雅之嫌。

当你邀请一位素不相识的女士跳舞时,必须先认真观察好是否已有男友伴舞。如有,一般不宜前去邀请,以免发生误解。

在正常情况下,两个女士可以同舞,但两个男士不能同舞,否则意味着他们不愿向在场的女伴邀舞,这是对女性的不尊重。

邀舞者应彬彬有礼,谦恭自然;受邀者则要大方自然,不紧张和做作。如果是女士邀请男士,男士一般不得拒绝。音乐结束后,男士应将女士送到其位,待到落座后,说一声"谢谢,再会",然后方可离去,切忌在跳舞后,对舞伴不予理睬。

2. 婉拒的礼仪

不论是男士或女士,一个人单独坐在远离人群的地方,别人就不要去打扰。但如果她是坐在一群人中间,就可以走过去邀请她跳舞。一般来讲,女士亦不应该随意拒绝邀请。如已有人邀请在先,则可婉言解释:"对不起,已经有人邀请我跳了,下一个曲子再和您跳吧!"

如表示谢绝,可以说"对不起,我累了,想休息一下",或者说"我不太会跳,真对不起",以此来求得对方的谅解。已经婉言谢绝别人的邀请后,在一曲未终时,女士应不再同别的男士共舞,否则,会被认为是对前一位的不敬和蔑视,这是很不礼貌的,应该避免。

如果同时有两位男士去邀请一位女士共舞，通常女士最好都礼貌地谢绝。如果已同意其中一方的邀请，对另一方则应表示歉意，礼貌地说"对不起，只能请您跳下一曲了"。

当女士拒绝一位男士的邀请后，如果这位男士再次前来邀请，在确无特殊情况下，女士应答应与之共舞。

男士与夫人或自带的舞伴跳过一曲之后，如果有人前来向其夫人或舞伴邀舞，应按礼节促请夫人接受，绝不能代夫人回绝对方的邀请，这也是有失礼仪的表现。

(三) 舞池风度

跳舞的风度，主要是指舞者在跳舞时的姿态和表情等方面所表现出来的美，这种美既是一种外在美，又是一种内心美的自然流露。

跳舞时，男女双方都应面带微笑，说话声音要轻细，不要旁若无人地大声谈笑。舞姿要端正、大方和活泼，整个身体应始终保持平、正、直、稳，无论是进是退，还是向前、后、左、右方向移动，都要掌握好重心。如果身体摇摇晃晃，肩膀一高一低，甚至踩到对方的脚，都是有失风度的。

在跳舞时，男女双方的神态要轻盈自若，给人以欢乐感；表情应谦和悦目，给人以优美感；动作要协调舒展，给人以和谐感。男士不要强拉硬拽，女士不可挂、扑在对方身上，这样让对方有不胜负担之苦，自己也有失雅观。女士跳舞时态度固然应和蔼可亲，但却不能乱送秋波，有失自己的稳重。即使是热恋中的一对，也不宜过分亲昵，因为这对周围的人来说是不礼貌的。

跳舞时，男士的右手扶着女士腰肢时，正确的手势是掌心向下向外，用右手大拇指的背面轻轻将女士挽住，而不是用右手手掌心紧贴女士腰部。男士的左手应让左臂以弧形向上与肩部呈水平线举起，掌心向上，拇指平展，只将女伴的右掌轻轻托住，而不是随意地捏紧或握住；女士的左手应轻轻放在男士的右肩上，而不应勾住男士的颈脖。跳舞中双方握得或搂得过紧，都是有失风度的。

跳舞时，双方的身体应保持一定的距离。跳四步舞（布鲁斯）时，舞步可稍微大些，表现出庄重、典雅和明快的姿态。跳三步舞（华尔兹）时，双方应保持一臂的距离，让身躯略微昂起向右，使旋转时重心适当，表现出热情、舒展、轻快和流畅的情绪与节奏。跳探戈舞时，随着乐曲中切分音所含节拍的弹性跳跃，因男女双方的步法与舞姿变化较多，舞步可稍大些，但男士应注意不可将脚介入女士的两脚间过远；回旋时，也不要把女士拉来拖去。跳伦巴舞时，男女双方可随着音乐节奏轻轻扭动腿部及脚踝，但臀部不应大幅度地摆动。

舞者肌肉应松弛，姿势要自然。脸部朝向正前方，用眼睛的余光留心周围，避免碰撞，不要转头去看四周，也不要低头看脚的动作，要身体凭自己的感觉来转换方向。相握的手，在舞蹈中切忌随着音乐节拍大幅度上下摆动，只要自然放松就行了。随着步法的变化，身体会产生高低起伏，应按音乐节奏，保持一种均匀协调的优美动态。站立或运步时，两脚要自然靠拢，膝部应放松伸直。

二、派对

派对,本来是英语中"Party"一词的音译。一般而言,它是指私人性聚会,尤其是小型的私人集会。

目前,派对在我国尤其是在商界中非常流行。商务人员看中派对这种社交的形式,主要是因为它形式自然、内容灵活、品位高雅,可以使渴望友谊、注重信息的人们正规而又轻松愉快地与其他人士进行交往。

(一)派对的分类

在我国以社交为目的的专门性的室内聚会,一般都被称为派对。按照人们在聚会中所讨论的中心话题或所从事的主要活动来区分,派对又有许多种类。具体来讲,内容丰富、包罗万象的聚会,叫作综合型派对;亲朋好友、同事、同学相互之间以保持联络为目的的聚会,叫作交际型派对;为了接待来访者,意在相互了解、加深认识的聚会,叫作联谊型派对;由文学艺术爱好者发起、参加的聚会,叫作文艺型派对;以休闲、娱乐为主要活动形式的聚会,则叫作休闲型派对。

(二)交际型派对的基本礼仪

当前,商务人员在实际生活中,尽管对各种形式的派对均有不同程度的接触,但时下最流行,同时也是对商务人员的实际工作最有影响、最有帮助的,则当数交际型派对、联谊型派对和休闲型派对。其中,交际型派对与联谊型派对的差别,主要在于参加者有所不同,前者是老友聚会,后者则是新朋聚会,除此之外,在具体活动的内容与活动形式方面二者大体相似。因此,下面将根据目前商务人员的实际需要,重点介绍有关交际型派对的基本礼仪。

一般而言,交际型派对是商界人士接触最多的一种派对。举办交际型派对的主要目的是使参加者之间保持接触,进行交流。因此,它的具体活动形式可以灵活多样。商务人员经常有机会参加的座谈会、校友会、聚餐会、庆祝会、联欢会、生日晚会、节日晚会、家庭舞会等,实际上大都属于交际型派对。

在交际型派对上有几条基本的礼仪规则,是参加者必须遵守的。

一是要恪守约定,所谓恪守约定,就是要求商务人员在参加派对时,遵守时间,按时赴约,不得无故迟到、早退或是失约。

二要尊重妇女,尊重长者。在一切的社交场所都要主动自觉地尊重、照顾、体谅、帮助、保护妇女和长者,并积极地为其排忧解难。所谓绅士风度和良好修养,在现实生活中是与尊重妇女和长者结合在一起的。

三是要体谅主人。这是要求参与者在参加活动时,应当设身处地多替主人着想,并尽可能地在其需要时施以援手,至少也要做到不为主人忙中添乱。

第三节 宴请礼仪

宴请礼仪,是中华饮食文化的重要组成部分。学习宴请礼仪,主要需要掌握宴请的不同方式、宴请的安排、宴会的座次安排、菜单的拟订和用酒等礼仪的规则和技巧。

一、宴请的不同方式

宴请是一种常见的礼仪社交活动。就宴请活动的性质而言,一般有三种:第一种是礼仪性的。例如,庆祝国庆日或其他重要节日,庆祝重大工程的竣工等礼仪活动。第二种是交谊性的,主要是为表示友好、发展友谊,例如,接风、送行、告别等。第三种是为解决特定的工作问题而举行宴请,以便宴会的各方在席间进行商谈。这三种情况,有时交相为用,兼而有之。

就宴请的形式而言,常见的有宴会、冷餐(或称自助餐)和酒会。宴会又有国宴、家宴、工作餐之分。自助餐和酒会有时统称为招待会。

国宴是最隆重、最正式的宴会,逢国家庆典或欢迎外国元首、政府首脑时举行,由国家元首或政府首脑出面主持,宴会厅内悬挂国旗,乐队奏国歌及席间乐,席间致辞或祝酒。一般的工作餐,多在午间举行。

冷餐招待会(或称自助餐)是一种比较方便灵活的宴请形式,现在比较流行,招待会设餐台,大型招待会还可设多处餐台,餐台上陈列各种食品菜肴,有的布置成各种图案,色彩缤纷,甚为好看,餐盘、刀、叉及餐巾、面巾纸等放置在桌上,客人可自取选用,也可由招待员端送。

二、宴请的安排

宴会的时间和地点,应当根据宴请的目的和主宾的情况而定。一般来说,宴会时间不应与宾客工作、生活安排发生冲突,通常安排在晚上6:00—8:00。同时,还应注意宴请时间上要尽量避开对方的禁忌日。例如,欧美人忌讳"十三",日本人忌讳"四""九",在宴请时,应避开以上数字的时日。宴请的地点,应依照交通、宴请规格和主宾喜好等情况而定。

宴请活动一般均先发请柬。这既是礼貌,亦对客人起提醒、备忘的作用。除了宴请临时来访人员、时间紧促的情况以外,宴会的请柬一般应在两三周前发出,至少亦应提前一周。已经口头邀约好的也以补送请柬备忘为好。可在请柬一角标注"备忘"字样。

三、宴会座次的安排

这里着重说一下中餐宴会的席位排列,这是关系到来宾的身份和主人给予对方的礼遇,所以是一项重要的内容。它可以分为桌次和席次排列两方面。

(一)桌次排列

在中餐宴请活动中,往往采用圆桌布置菜肴、酒水。排列圆桌位次的尊卑次序,有以下两种情况。

第一种情况,是由两桌组成的小型宴请。这种情况,又可以分为两桌横排和两桌竖排的形式。两桌横排,桌次以右为尊,以左为卑。这里说的左和右,是由面对正门的位置来确定的。两桌竖排,座次讲究以远为上,以近为下。这里说的远近,是以距离正门的远近而言。

第二种情况,是由三桌或三桌以上的桌数所组成的宴请。在安排多桌以上的桌次时,除了要注意"面门定位""以右为尊""以远为上"等规则外,还应兼顾其他各桌离主桌的远近。通常,距离主桌越近,桌次越高;距离主桌越远,桌次越低。

在安排桌次时,所用餐桌的大小、形状要基本一致,除主桌可以略大外,其他餐桌都不要过大或过小。

为了确保在宴请中使赴宴者及时、准确地找到自己所在的桌次,可以在请柬上注明对方所在的桌次,在宴会厅入口悬挂宴会桌次排列示意图,安排引位员引导来宾来桌就座,或者在每张餐桌上排放桌次牌(用阿拉伯字书写)。

(二)席位次排列

举办中餐宴会一般用圆桌。宴请时,每张餐桌上的具体位次也有主次尊卑的分别。排列位次的基本方法有四条,它们往往会同时发挥作用。

方法一:主人大都应面对正门而坐,并在主桌就座。

方法二:举行多桌宴请时,每桌都要有一位主桌主人的代表在座,位置一般和主桌主人同向,有时也可以面向主桌主人。

方法三:各桌位次的尊卑,应根据距离该桌主人的远近而定,以近为上,以远为下。

方法四:各桌距离该桌主人相同的位次,讲究以右为尊,即以该桌主人面向为准,右为尊,左为卑。

另外,每张餐桌上所安排的用餐人数应限制在10人以内,最好是双数,比如6人、8人、10人。人数如果过多,不仅不容易照顾,而且也可能坐不下。

根据上面四个位次的排列方法,圆桌位次的具体排列可以分为两种具体情况,它们都和主位有关。

第一种情况是在每张桌上有一个主位的排列方法。每张餐桌上只有一个主人,主宾在其右首就座,形成一个谈话中心(见图7-1)。

第二种情况是每张桌上有两个主位的排列方法,如主人夫妇就座于同一桌,以男主人为第一主人,女主人为第二主人,主宾和主宾夫人分别就座在男女主人右侧,形成两个谈话中心(见图7-2)。

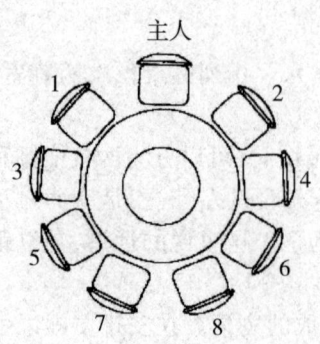

图7-1 中餐宴会次位排列(1)

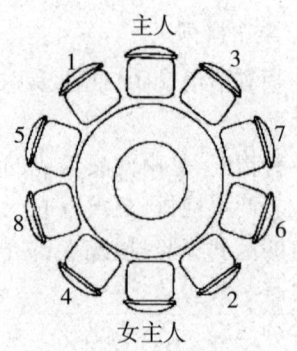

图7-2 中餐宴会次位排列(2)

如遇主宾的身份高于主人时,为表示对他的尊重,可安排主宾在主人位次上就座,而主人则坐在主宾位次上,第二主人坐在主宾的左侧。

如果是本单位出席人员中有身份高于主人者,可请其在主位就座,主人坐在身份高者的左侧。以上两种情况,也可以不作变动,按常规予以安排。

为便于宾客及时准确地找到自己的位次,除安排服务人员引导外,还要在桌子上事先放置座位卡。举办涉外宴会时,座位卡应以中外文两种文字书写,中文写在上面,外文写在下面,必要时,座位卡的正反面均应书写就餐者姓名。

排列便餐的席位时,位次的排列遵循以下四个原则:一是右高左低原则。两人一同并排就座,通常以右为上座,以左为下座。这是因为中餐上菜时多以顺时针方向为上菜方向,居右座的因此要比居左座的优先受到照顾。二是中座为尊原则。三人一同就座用餐,坐在中间的人在位次上高于两侧的人。三是面门为上原则。用餐的时候,按照礼仪惯例,面对正门者是上座,背对正门者是下座。四是特殊原则。高档餐厅里,室内外往往有优美的景致或高雅的演出,供用餐者欣赏,这时候,观赏角度最好的座位是上座;在某些中低档餐馆用餐时,通常以靠墙的位置为上座,靠过道的位置为下座。

四、菜单的拟订

宴会上的食品菜肴,要精致可口,适合来宾的口味,而且还要美观大方,让人看了赏心悦目,做到色香味俱全。客人往往会从主人准备的美味佳肴中,体会其热诚待客的心意。

拟订菜单时对于客人的宗教习惯一定要注意尊重。

五、宴会的程序

举行宴会,主人应站在大厅门口迎接客人。官方正式活动,还可以由少数主要官员、陪员陪同主人夫妇排列迎宾,通常称为迎宾线。与客人握手后,由工作人员引客人入休息厅,如无休息厅则直接进入宴会厅,但不入座。

主人陪同主宾进入宴会厅,全体客人就座,宴会即正式开始。如休息厅较小,或宴会规模大,也可请主桌以外的客人先入座,主宾席最后入座。

举行宴会时,如双方有讲话,一般安排在热菜之后、甜食之前,或入席先讲话,后用餐。

正式宴会,吃完水果,主人与主宾起立,宴会即告结束。主宾告辞时,主人送主宾到门口,原迎宾人员按顺序排列送客。

六、用餐礼仪

和西餐相比,中餐的一大特色就是就餐餐具有所不同,我们主要介绍一下平时经常出现问题的餐具使用。

(一) 筷子礼仪的"八不要"

1. 筷子的禁忌之一——三长两短

这意思就是说在用餐前或用餐过程当中,将筷子长短不齐地放在桌子上。这种做法是大不吉利的,通常我们管它叫"三长两短",其意思是代表"死亡"。因为中国人过去认为人死以后是要装进棺材的,在人装进去以后,还没有盖棺材盖的时候,棺材的组成部分是前后两块短木板,两旁加底部共三块长木板,五块木板合在一起做成的棺材正好是三长两短,所以说这是极为不吉利的事情。

2. 筷子的禁忌之二——仙人指路

这种做法也是极为不能被人接受的,这种拿筷子的方法是,用大拇指和中指、无名指、小指捏住筷子,而食指伸出。这在北京人眼里叫"骂大街"。因为在吃饭时食指伸出,总在不停地指别人,北京人一般伸出食指去指对方时,大都带有指责的意思。所以说,吃饭用筷子时用手指人,无异于指责别人,这同骂人是一样的,是不被允许的。还有一种情况也是这种意思,那就是吃饭时同别人交谈并用筷子指人。

3. 筷子的禁忌之三——品箸留声

这种做法也是不行的,其做法是把筷子的一端含在嘴里,用嘴来回去嘬,并不时地发出咝咝声响。这种行为被视为是一种不文明的做法。因为在吃饭时用嘴嘬筷子本身就是一种无礼的行为,再加上配以声音,更是令人生厌。所以一般出现这种做法都会被认为是缺少家教,同样不被允许。

4. 筷子的禁忌之四——执箸巡城、执箸刨坟

这种做法是手里拿着筷子,做旁若无人状,用筷子来回在桌子上的菜盘里寻找,不知从哪里下筷为好。此种行为是典型的缺乏修养的表现,且目中无人,极其令人反感。

5. 筷子的禁忌之五——泪箸遗珠

这种做法也是不行的,其做法是筷子上的食物汤汁滴洒得到处都是。这种行为被视为是一种不文明的做法。

6. 筷子的禁忌之六——当众上香

指往往是出于好心帮别人盛饭时,为了方便省事把一副筷子插在饭中递给对方。会被人视为大不敬,因为传统是为死人上香时才这样做,如果把一副筷子插入饭中,无异是被视同于给死人上香一样,所以说,把筷子插在碗里是绝不被接受的。

 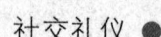

7. 筷子的禁忌之七——筷子打架
8. 筷子的禁忌之八——越界夹菜

(二)勺子

勺子的主要作用是舀取菜肴、食物。有时,用筷子取食时,也可以用勺子来辅助。尽量不要单用勺子去取菜。用勺子取食物时,不要过满,免得溢出来弄脏餐桌或自己的衣服。在舀取食物后,可以在原处"暂停"片刻,汤汁不会再往下流时,再移回来享用。

暂不用勺子时,应放在自己的碟子上,不要把它直接放在餐桌上,或是让它在食物中"立正"。用勺子取食物后,要立即食用或放在自己碟子里。如果取用的食物太烫,不可用勺子舀来舀去,也不要用嘴对着吹,可以先放到自己的碗里等凉了再吃。不要把勺子塞到嘴里,或者反复吮吸、舔食。

(三)碗

中餐中,碗主要是盛放主食、羹汤之用。使用碗的礼仪如下。

(1)应用筷子或勺子辅助食用碗内食物,不能直接用手或不用任何餐具而以嘴吸食。

(2)碗内若有食物剩余时,不可将其直接倒入口中,也不能把舌头伸进去乱舔。

(3)暂且不用的碗内不宜乱扔东西(如用作骨碟、烟缸等)。

(4)不能把碗倒扣过来放在餐桌上。

(四)盘子

盘子主要是用来盛食物的,在使用方面的讲究与碗略同。盘子在餐桌上一般应保持原位,不能被搬动,而且不宜多个摆放在一起。稍小一些的盘子,被称作碟子。食碟用来暂放从公用的菜盘里取来享用的菜肴。使用盘子应注意以下几个问题。

(1)不要一次取放过多菜肴。

(2)不要将多种菜肴堆放在一起。

(3)不宜入口的残渣、骨、刺等不要吐在地上、桌上,而应将其轻轻取放在食碟前端,必要时再由侍者取走、换新。

(五)水杯

水杯主要用来盛放矿泉水、汽水、果汁等软饮料。使用水杯应注意以下几个问题。

(1)不要以之盛酒。

(2)不要倒扣水杯。

(3)喝入口中的饮料不能再吐回杯中。

(六)湿巾(香巾)

使用湿巾的礼仪如下。

(1)用餐前的湿巾只能用来擦手,绝不可用来擦脸、擦嘴或擦汗。

(2)正式宴会结束前,会再上一块湿巾,只能用来擦嘴。

(七)水盂

进餐时,如果遇到需要手持食物进食时,餐桌上会摆一个水盂,即盛放清水的水盆,用来方便食客净手。

水盂的用法:两手轮流沾湿指尖,轻轻浸入水中,然后将手置于餐桌之下,用纸巾擦干。

(八)牙签

用中餐时,尽量不要当众剔牙,非剔不可时,应以另一只手掩住口部,剔出来的东西不要随手乱弹或乱吐。剔牙后不要叼着牙签,更不要用牙签来扎取食物。

七、用餐的得体表现

(一)吃鱼的礼仪

任何国家的餐饮,都有自己的传统习惯和寓意,中餐也不例外。比方说,过年少不了鱼,表示"年年有余";和渔家、海员吃鱼的时候,忌讳把鱼翻身,因为那有"翻船"的意思。

(二)用餐的礼仪

开始用餐,要讲究文明礼貌,要注意自己的"吃相"。养成良好的用餐习惯,一般应注意以下几点。

(1)让长辈先动碗筷用餐,或听到长辈说"大家一块吃吧",你再动筷,不能抢在长辈的前面。

(2)吃饭时,要端起碗,大拇指扣住碗口,食指、中指、无名指扣碗底,手心空着。不端碗伏在桌子上对着碗吃饭,这样不但吃相不雅,而且压迫胃部,影响消化。

(3)夹菜时,应从盘子靠近或面对自己的盘边夹起,不要从盘子中间或靠别人的一边夹起,更不能用筷子在菜盘子里翻来倒去地"寻寻觅觅",眼睛也不要老盯着菜盘子,一次夹菜也不宜太多。遇到自己爱吃的菜,不可如风卷残云一般猛吃一气,更不能干脆把盘子端到自己跟前,大吃特吃,要顾及同桌的其他人。如果盘中的菜已不多,你又想把它"打扫"干净,应征询一下同桌人的意见,别人都表示不吃了,你才可以把它吃光。

(4)要闭嘴咀嚼,细嚼慢咽,这不仅有利于消化,也是餐桌上的礼仪要求。绝不能张开大嘴,大块往嘴里塞,狼吞虎咽的,更不能在夹起饭菜时,伸长脖子、张开嘴、伸着舌头用嘴去接菜;一次不要放入太多的食物进口,不然会给人留下一副嘴馋和贪婪的印象。

(5)用餐的动作要文雅一些。夹菜时,不要碰到邻座,不要把盘里的菜拨到桌子上,不要把汤泼翻,不要将菜汤滴到桌子上。嘴角沾有饭粒,要用餐纸或餐巾轻轻抹去,不要用舌头去舔。咀嚼饭菜,嘴里不要发出声音。口含食物时,最好不要与别人交谈;开玩笑要有节制,以免口中食物喷出来,或者呛入气管,造成危险;确实需要与人谈话时,应轻声细语。

(6)吐出的骨头、鱼刺、菜渣,要用筷子或手取接出来,放在自己面前的桌子上,不能直接吐到桌面上或地面上。如果要咳嗽、打喷嚏,要用手或手帕捂住嘴,并把头向后方转。吃饭嚼到沙粒或嗓子里有痰时,要离开餐桌去吐掉。

(7)在吃饭过程中,要尽量自己添饭,并能主动给长辈添饭、夹菜。遇到长辈给自己

社交礼仪

添饭、夹菜时,要道谢。

(8)吃饭时要精神集中,有些人在吃饭时看电视或看书报,这是不良的习惯,既不卫生,又影响食物的消化吸收,还会损伤视力。

(9)可以劝别人多用一些,或是品尝某道菜肴,但不要主动为别人夹菜、添饭。

(10)多人一桌用餐,取菜要注意相互礼让,依次而行,取用适量。如果遇到自己喜欢的菜,但菜放得较远,可以请人帮助,但不要起身甚至离座去取。

(三)用餐礼仪的八个"不"

(1)不宜涂过浓的香水,以免香水味盖过菜肴味道。

(2)女士出席隆重晚宴时避免戴帽子及穿高筒靴。

(3)刀叉、餐巾掉在地上时不要趴到桌下捡回,应请服务员另外补给。

(4)食物屑塞进牙缝时,不应一股脑儿用牙签把它弄出,应喝点水,试试情况能否改善。如果不行,应该到洗手间处理一下。

(5)菜肴中有异物时,切勿大张旗鼓,以免影响别人的食欲。应保持镇定,用餐巾把它挑出来并丢掉。

(6)切忌在妙语连珠的时候不自觉地挥舞刀叉。

(7)不应在用餐时吐东西,如遇太辣或太烫的食物,可赶快喝下冰水作调适,实在吃不下时应到洗手间处理。

(8)女士用餐前应先将口红擦掉,以免在杯或餐具上留下唇印,予人不洁之感。

(四)斟酒的礼仪

斟酒一般由主人来做,也可以由年龄小的人给年长的人斟,或晚辈给长辈斟。斟酒的顺序应从主宾位开始顺时针进行,最后给自己。

第四节 娱乐礼仪

工作之余,许多商务人员会经常参加一些各种形式的娱乐活动。不少时候,商务人员参加娱乐活动并非出自其个人偏好,而往往是为了交际应酬的需要。

参加娱乐活动的主要目的有三个:自我放松,闲暇消费,交际应酬。以下介绍几种常见的娱乐场所礼仪。

一、公园礼仪

闲暇之时,人们大都喜欢前往公园休闲或小憩。有时,人们还会与亲朋好友前往公园进行集体娱乐。在公园里活动,俗称游园。商务人员游园时,应当遵守的礼仪规范主要有以下四条。

(一)轻装上阵

与上班赴宴有所不同,商务人员游园时的着装应以简单、轻便、舒适为基本特征。

若非集体活动的需要,通常不要选择过分正式的套装或过于招摇的礼服、时装。

(二)保护环境

公园乃公共场所,每一个人在其中活动时,都要有意识地保护环境。下述几点尤需注意:

(1)不要乱扔废物。凡废弃之物,应自觉投入垃圾桶,或者随身带走,而不应信手乱丢。

(2)不要损害公物。对于公园里的一山一水、一草一木,都应自觉爱护。

(3)不要盗窃公物。未经许可,公园之内的任何物品,都不得擅自取用或带走。

(三)自娱有法

一般来说,人们游园主要属于自娱活动。游园时的自我娱乐应注意下列两点。

(1)自得其乐。在游园时,人们不管是散步、健身、小憩、静坐、阅读,或是寻访名胜、观赏景致,都讲究自得其乐。

(2)切勿扰人。在自得其乐的同时,游园者还需注意不要因此而骚扰他人。诸如在公园里高声喧哗、载歌载舞、袒胸露腹或者大吃大喝,不但有损个人形象,而且有可能破坏别人游园的兴致。

(四)注意安全

在公园里活动,尤其是独自一人游园时,一定要注意"安全第一",下列四点,特别应予注意。

(1)切莫擅闯禁区。凡禁止游人前往的地区、水域,都不要冒险前去。

(2)切莫冒险运动。在游园时,不要擅自从事攀岩、滑翔、蹦极、跳水、跳岩等危险运动。

(3)切莫随便野炊。万一野炊时"星火燎原"便会铸成大错。

(4)切莫结交生人。在公园里,与陌生人随意往来,有时是极不安全的。

二、剧院礼仪

对许多人来说,自己一人或者偕家人、三五知己一同前往剧院观看电影、戏剧或其他演出,乃是人生一大乐趣。前往剧院观看电影、戏剧或其他演出时,以下五条基本的礼仪必须遵守。

(一)预先购票

正规的剧院,为了保证观众的观看效果与人身安全,均会以发售定额入场券的方式来控制观众入场的具体人数。因此,观看正式演出之前,一定要提前购票。请人观看演出,此点尤需注意。无票入场、混入剧院,或者制作、购买假票,都是不允许的。

(二)提前入场

许多剧院都规定开演之后,禁止观众入场;中场休息时,迟到者方可入内。为了不影响自己和别人观看演出,提前入场绝对是必要的。此处所说的提前入场,并非指正点

进入剧院,而是要求观众最好在演出正式开始前几分钟进场。

(三)对号入座

绝大多数演出,都要求观众完全对号入座,每一名观看演出者都要自觉遵守此项规定。与此同时还应注意,与别人一同观看演出,应将较好的位置让给对方。有人占据他人位置时,也不要与别人挤占同一个座位。

(四)保持安静

不论是观看电影、戏剧,还是欣赏歌曲、演出,在其进行过程中,每一名观众都要自觉地保持安静。不允许自言自语或者与身边之人交头接耳,不允许使用手机与外界进行联络,即使是自己悄悄地享用食物也是不允许的。

(五)遵守规定

前往正规的剧院观看演出,通常有一些比较特殊的规定必须遵守。它们主要包括下列内容。

(1)穿着正装。观赏歌舞剧、音乐会时,往往要求观众衣着正规,有时还会要求观众穿着礼服。

(2)禁止拍摄。出于版权等方面的考虑,一般的商业性演出,都不允许观众拍照、录像或录音。

(3)不准吸烟。为维护观众健康,净化现场环境,几乎所有的剧院都禁止在场内吸烟。

(4)限制走动。如果没有十分特殊的原因,观众在演出进行期间不准随意自由走动。

(5)保持克制。不论演出实际水准如何,观众都应保持克制。只有没有教养的人,才会随便起哄、闹事。

(6)最后退场。观看现场演出时,宜在演员谢幕后退场。陪同他人观看演出时,则不应独自退场或先行退场。

三、KTV礼仪

前往KTV一展歌喉,是许多人所热衷的一项娱乐活动。去KTV唱歌娱乐时,以下五条礼仪规范是参与人员必须认真遵守的。

(一)挑选正规KTV

前往KTV唱歌时,KTV的正规与否通常非常关键。大凡正规的KTV,不但设备完善、环境幽雅、服务到位,而且收费比较合理。

(二)点歌礼让有序

不论是在公共大厅里点歌,还是在单独的包间里点歌,都要遵守"先来后到"的顺序,并且注意礼让他人。在点歌时,一般应当请客人先点、女士先点、长辈先点或者上司先点,有时也可由大家依次点歌,或是点上一首人人皆会的歌曲进行合唱。点歌时争先恐后,或者争夺话筒,是失礼的。

(三)听歌聚精会神

当别人唱歌时,不管自己认识对方与否,都要洗耳恭听。当对方表现出色时,应以掌声进行鼓励。即使对方演唱并不在行,也不要发出嘘声嘲弄对方。在他人唱歌时,交头接耳、走来走去甚至公然退场,都是没有教养的表现。

(四)唱歌保持风度

当自己上台唱歌时,一定要注意保持风度。唱歌之前,要首先问候大家。得到了在场者的掌声鼓励,要在下台前表达谢意。每次限唱一首歌。在唱歌的过程中,切莫忘乎所以、手舞足蹈或者胡言乱语。

(五)交往尊重异性

在KTV进行娱乐活动时,必须自始至终对在场的异性表示尊重。与熟悉的异性相处时,不应当动手动脚,乱开过火的玩笑。对于现场不熟悉的异性,切莫上前打扰、纠缠。

四、游乐场礼仪

在现代的大型游乐场内,各类游乐项目让人应接不暇,能满足不同类型人们的娱乐需求。在游乐场内进行娱乐时,对以下五条礼仪规范需要认真遵守。

(一)排队活动

在游乐场里,凡新颖、刺激的项目,必定会有众多的爱好者。为了保证大家都有机会进行体验,自觉排队,依次而上,是完全必要的。在参加任何游乐项目时,不允许人员不排队或者乱插队。

(二)掌握规则

参加尚未尝试过的游乐项目之前,务必要耐心、认真地了解有关的活动规则。这样做既是为了更好地享受此项活动所能带来的乐趣,更是为了保证自己的人身安全。

(三)服从管理

在许多大型游乐场内,都有一些专业人士负责对游客进行管理、提供服务,或是给予技术指导。对于这些专业人士的工作,一定要予以应有的尊重和支持。

(四)爱惜设施

游乐场里不少的设施,不仅科技含量较高,而且价格昂贵。因此,在使用游乐设施时,一定要对它们加倍爱惜,切莫对它们乱摸、乱碰、乱动、乱用,更不应有意对其进行毁坏。

(五)与人合作

有一些游乐设施往往要求多人合作使用,碰到这种情况时,应表现得积极而主动。寻找合作对象时,既可以自行选择,也可以听从管理人员的分配。不过组合一旦形成,

社交礼仪

就不宜再去要求变动。与他人合作游乐时,态度上要热情、友善,行动上要彼此配合、协调。合作之初,应问候对方;合作结束时,则应向对方告别或致谢。

第五节 运动礼仪

一、健身礼仪

在日常生活中,许多商务人员都喜欢在自己方便的时刻前往健身房进行健身活动。到健身房健身时,主要应当遵守下列六条礼仪规则。

(一)有所约定

绝大多数正规的健身房,都设在高档的宾馆、俱乐部之内。前往这类健身房健身,可以购买会员证、年卡、月卡,也可以临时购票。无论如何,都必须缴付费用,凭证入内。为了确保自己有规律地定期健身,一定要提前约定,以便使自己的健身时间有所保证。

(二)注意衣着

在健身房里健身,通常都要求身着正式的健身服。穿着健身服不仅有利于健身运动,而且与周围的环境相协调。

(三)目标明确

在健身时,每一位健身者均应有一定的目标:要么是瘦身,要么是塑形,要么是美体,要么是放松。为实现既定的目标,往往要制订专门的方案,并且一定要在健身时循序渐进。要是目标不明确或者不按照预定的计划进行,面对五花八门的健身项目或健身器械眼花缭乱,不但起不到任何作用,而且还有可能伤害自己的身体。

(四)服从管理

一般的健身房,不仅场地开阔,器材繁多,而且健身者众多。因此,一般都实行严格的管理:进门时,健身者要出示凭证;活动时,要注意限时;运动前后,要更换服装;占用场地时,要预先约定;使用器械时,要讲究先来后到;集体锻炼时,要听从口令,统一行动。对于上述合乎情理的要求,健身者必须认真遵守,对有关方面的管理者亦应认真服从。

(五)自练为主

进行健身活动时,一般讲究自得其乐。因此,在具体锻炼时,应当以自练为主。若非集体活动或参加集体项目,通常不必在健身时与他人保持一致。按照常规,在健身房不宜洽谈有关公务或生意上的事情。在健身时,不要随意围观、评价别人,同时也不要任意打断别人的健身,或者动辄向别人讨教健身之道。

(六)尊重教练

一些高档健身房,往往会为初学者安排某一项目或全方位锻炼的教练。对健身者

而言,必须对教练加以尊重。在健身时尊重自己的教练,一是要虚心请教,不要不懂装懂;二是要保持耐心,不要指望一蹴而就;三是听从点拨,认真服从教练的合理化要求。不允许对教练不搭不理、吹毛求疵、呼来喝去,更不允许训斥、责骂、侮辱对方。

二、游泳礼仪

在各种运动项目中,游泳可以说是最普及、最受欢迎的项目之一,许多商务人士往往乐此不疲。在游泳时,下列六条礼仪规则是每一名游泳者皆应自觉遵守的。

(一)注意安全

外出游泳时,不论是在室内还是在室外,都要选择正规的游泳池或浴场。凡不熟悉具体情况的河流、湖泊、海域,尤其是明文禁止下水的地方,切勿擅自下水游泳。在游泳池或浴场游泳时,亦应量力而行,选择自己所适应的深度与长度。没有外人在场相助时,切勿冒险。

(二)讲究卫生

在公用的游泳池或浴场游泳时,务必要注意个人卫生与环境卫生。患有皮肤病、红眼病以及其他传染病时,不应外出游泳。在游泳时,不应在水中洗浴,不应向水中随口吐痰,更不能在水中大小便。游泳之后,更不应当再到水边洗手、洗脚,在水畔休息或者在更衣室、淋浴房活动时,不应乱扔废弃物,不应大吃大喝或者吸烟、酗酒。

(三)衣着得体

进入公用的游泳池或浴场之前,应换着较为正规的泳装。按规定,还必须要戴上游泳帽。不穿正规的泳装或者裸体游泳,通常都是不被接受的。应当强调的是,泳装一定要大小合身、松紧合理,面料色彩符合要求。

(四)活动适度

游泳既然是一种运动,就应当注意活动适度。在游泳时,不要离陌生人过近,不要随意追逐、赶超别人。在水中万一不小心碰到了别人,一定要立刻向对方道歉。在水边休息时,不要围观、盯视别人。在外人面前,不要跟自己的恋人表现得过分亲热。在游泳池或浴场之外,不要身穿"三点式"招摇过市。

(五)礼让他人

在游泳时,要始终坚持以礼待人。使用更衣室、淋浴房时,应自觉地排队,依次而行。下水之后,尽量不要进入他人活动的水域。当他人进入自己正在活动的水域时,通常应以点头或微笑对对方表示欢迎。在水畔小憩时,切莫占据过多的位置或过大的地盘。凡公用的设施或区域,都应欢迎别人与自己一同使用。

(六)尊重异性

在游泳时,一定要有意识地尊重异性。对于陌生的异性,更是要表现得尊重有加。入水之后,与异性务必要保持距离。对于任何异性尤其是陌生的异性,不要主动上前攀谈,不要尾随其后。未经要求,切勿对异性施以援手。万一异性要求自己提供正当的帮

助,可尽力相助。得到异性的帮助之后,应主动向对方道谢。在异性面前,不论与对方是否相识,都切不可以语言调戏对方,或者对对方动手动脚。

三、网球礼仪

与保龄球、高尔夫球一道并称为"绅士运动三大球"之一的网球,近年来已在中国十分普及。人们发现,打网球不仅可以适度地运动健身,而且也可以借机开展适当的社交活动。

作为一项绅士运动,打网球时的礼仪规则要求甚多。以下五条,都是网球运动爱好者在打网球时必须自觉遵守的。

(一)预定场地

通常到正规的网球场打球前,都需要预定场地。在预定场地时,往往需要说明自己打球的具体时间。按预定时间到达场地后,若前面打球的人尚未结束,应当稍等片刻,不要催促对方或者出言不逊,应该让对方打完手头这一局。若自己预定的时间已用完,后边打球的人已到,则应尽快退场,不宜拖延。

(二)着装正规

打网球时,对着装要求很高,大都要求打球者穿着专门的网球装、网球鞋。此外,有人还喜欢使用特制的护腕与发箍。一些专门的网球俱乐部,通常还要求会员前往俱乐部打球时身着统一的俱乐部网球装。男式的网球装多为白色的T恤、短裤,女式的网球装则一般都是白色的连衣裙。打网球时身着正规的网球装,是一种网球场上最基本的礼仪。在网球场上还有一些有关着装的禁忌,赤膊、赤足打网球都是不允许的。

(三)场上谦恭

在网球场上运动时,一定要保持自身的风度。首先,要认真遵守比赛规则,不能为一个球的得失而与比赛对手起争执。其次,不要任意自取或借用他人的球拍。再次,如果在比赛时条件于己有利,比如风向或者阳光"照顾"自己,等等,那么遇上奇数的赛局就要主动与对手交换场地。最后,当比赛开始与结束时,要以微笑或握手等方式向比赛对手致意,但是,没有必要在场上四处奔走、欢呼雀跃、脱衣乱舞,甚至跨越球网。

(四)以礼待人

在打网球的整个过程中,都要自始至终地以礼待人。由裁判裁定比赛时,不允许对裁判的裁决当众质疑。请教练或陪练帮助自己打球时,一定要尊重对方的劳动。如果有专门的工作人员在场上替自己捡球,不要忘记向对方道谢。打球时,如果不小心使球滚到别人的场地之内,一定要等对方打完一分时自己再去捡球。不管是自己要求对方帮自己捡球或者对方主动帮忙,都要当即感谢对方。别人的球滚到自己场地之内,切莫责备对方,方便的话,要尽快将球投回去。请别人与自己一起打网球,务必要提前几天预约,并且不要勉强对方。在网球场上,最好不要请陌生人帮助自己或与自己赛球。

(五)观看比赛

观看正规的网球比赛是不少商务人士的个人爱好。网球比赛既热烈又刺激,观赏

比赛是一种很好的业余消遣方式。大凡正规的网球比赛,都要求观赛者身着正式的礼服,不允许其衣着过于随便。在观赛时,观赛者必须提前购票,凭票入场,并于指定的座位上就座。比赛进行期间,不允许观赛者乱动乱走。只有当一局结束或一场比赛告终时,观赛者方可鼓掌。观赛者需要暂时离座,一定要等到比赛者交换场地之时。随意离座、随便鼓掌,往往会有碍比赛者的情绪,并打扰比赛的连贯性。此外,在看台上大吃大喝、高谈阔论,都是不许可的。

四、保龄球礼仪

作为一项老少皆宜的运动项目,打保龄球已经成为商务人士时下社交、休闲的时髦选择之一。人们普遍青睐打保龄球的主要原因,不仅在于其形式文明高雅,而且还在于打保龄球时能够自主控制消费额度。此外,其对体能的要求也不是很高。

打保龄球时,一般有如下四条礼仪规则必须认真遵守。

(一) 先来后到

任何一家保龄球馆都有固定数量的球道。自己准备前去打球时,尤其是当自己邀请别人一道前去打球时,最好先向球馆预定好球道,这样就可以避免在现场排队等候之苦。自己按规定时间到达预定的球道后,倘若前面打球的人尚未结束,千万不要打断、驱赶对方,而是应当适当地宽让对方一会儿。不过当自己后面有人等候球道时,打球者最好适可而止,尽早相让,而不要指望对方在时间上宽让自己。在任何时候,抢占别人的球道或打完球后赖着不走,都是不礼貌的。

(二) 更换鞋袜

打保龄球时,必须提前更换自己的鞋袜。打球者要事先换上一双干净整洁、无异味、无污迹、无残破的袜子。上场打球前,为了维护球道寿命,球馆按常规均会要求打球者换上专用的保龄球鞋,以其他类型的运动鞋充当代用品是不允许的。一般而言,打保龄球时除了鞋袜,在其他方面对打球者的衣着并无任何要求,不过打球者一定要穿得整齐、端庄、利索。不论是所带的衣物还是其他随身之物,切勿过多。打球前,最好将大衣、外套、雨伞、提包、笔记本电脑等物品存入衣帽间或更衣柜。切勿在现场随处乱放私人物品,那样既容易丢失,又可能妨碍别人。打完球后,应将租用的球鞋与球具交回原处。

(三) 保持安静

作为一项室内运动项目,在保龄球馆里每一个人都有义务自觉地保持绝对安静。在球馆之内,手机最好调成振动模式。最好不要在别人打球时与其搭话,或者在一旁高谈阔论。需要与别人交流技艺或相互鼓励时一定要压低讲话的音量。为他人的优异成绩欢呼鼓掌时,亦应点到为止,不要高声喧哗。

(四) 强调技巧

打保龄球时,非常讲究具体技巧,在这方面也要遵守一些基本的礼节。在每次掷球时,应使用自己选定的同一个球,不要错拿错用别人所选定的球。掷球前,要拿好拿稳,

以免失手伤人。在任何时候,都不应在助走道之外掷球,更不允许故意摔球或胡乱掷球。掷球时,切莫超过犯规线。当自己的右侧已有他人准备掷球或自己前面已有先上球道者,应当礼让别人。切莫在左右两侧球道上的人士掷球的同时,自己也去掷球,那样大家都可能会走神。在任何情况下,都不要侵入别人正在使用的球道。掷球之后,即应转身返回球员席,不要在球道或助走道上停留过长时间,也不要倒行。

第六节 婚丧礼仪

一、结婚礼仪

结婚礼仪即婚礼。所谓婚礼,就是人们在结婚的时候按照一定的程式所举行的喜庆仪式,也称结婚仪式。结婚是人生的一件大喜事,虽然领了结婚证得到了法律的认可,但作为一种习俗,中国人都喜欢举办一个盛大的婚礼以示纪念。

(一)婚礼的形式

现代的婚礼形式五花八门、别出心裁,充分体现了现代青年人富于创新的精神。较为传统和常见的婚礼有以下几种。

(1)家宴婚礼:以宴请双方亲友为主。

(2)集体婚礼:集体婚礼作为一种新式婚礼,是与中国的传统旧式婚礼相对而言,是西风东渐的舶来品。集体婚礼可以节省时间和精力,不落俗套移风易俗,轰动又不失浪漫,有纪念意义,省钱省事不用操心,避免传统婚礼的尴尬和冷场,符合父母的要求又不落俗套,还能在众人的目光下和祝福声中一起走入婚姻的殿堂。集体婚礼是个性化婚礼的一种,它涵盖了婚礼和新人喜爱的蜜月游,全程都是新人在一起,这就是亮点,全程都有摄像和摄影。越来越多的新人喜爱集体婚礼,越来越多的新人加入集体婚礼的行业里。

(3)旅游婚礼:新郎新娘相偕外出旅游度"蜜月",一般在出发前,男女两家会聚在一起,举行简单的结婚仪式;旅游结束后回到新郎家,再进行一次迎接,就算完成了整个婚礼程序。

(4)简易茶话会婚礼:置办烟、茶、糖、水果等招待亲友和同事。

(5)植树婚礼:结成伉俪的新人植下"幸福树",既为国家绿色工程作贡献,又为新婚留下有意义的纪念。

(6)广告婚礼:在大众传播媒体上登一则广告,向社会公开宣布,他们已经履行结婚手续,正式结为合法夫妻了。

(7)宗教婚礼:随着我国对外开放的深入,涉外婚姻增多,两方宗教式婚礼也随之出现。世界普遍的宗教婚礼,仪式是在教堂里面举行婚礼,现在在中国也相当普遍。当中于教堂举行的基督教及天主教婚礼在香港较为常见,但原来在香港拥有不少教徒的道教及佛教,也早已取得特区政府的认可,可于指定庙宇举行婚礼。

准新人们除了要符合教徒身份外,这些宗教婚礼都有本身的规条守则,在举行婚礼之前,谨记要熟读各项细节,好让婚礼能圆满进行,留下永志难忘的回忆。

(二)婚礼的程序

要根据自己的经济实力量力去操办,应当将节约放在首位。下面主要介绍国内较为常见的家庭婚礼和集体婚礼的程序。

1. 家庭婚礼

即一对新婚夫妇在自己家中或其他场所举办的约请双方亲朋好友参加的小型婚礼,主要程序有七项。

(1)接新娘:男方到女方家接新娘,然后一起到婚宴场地,下车后一起步入现场,在来宾的掌声和欢呼声中,金童玉女们向新郎新娘洒一些代表喜庆而吉利的彩花和彩条,这时可演奏或播放《婚礼进行曲》。

(2)婚礼开始:新郎新娘入座后,由司仪宣布婚礼开始。

(3)行鞠躬礼:在司仪的主持下,新人首先向双方的父母或其他尊长鞠躬,其次向全体来宾鞠躬,最后还要双方相互鞠躬。

(4)证婚人讲话:主要内容是扼要介绍新人双方恋爱的经过,并向双方预祝婚后幸福、美满。有时也可代为宣读结婚证书,宣布新婚夫妇婚姻合法。

(5)新人讲话:应当请新郎、新娘依次致谢,向全体来宾致以感谢。有时,也可以由新婚夫妇一同表演文娱节目。

(6)蛋糕:一般会准备一个大蛋糕,由新郎、新娘先许个愿,然后一起切蛋糕,也代表甜蜜婚姻生活的开始。

(7)婚宴开始:新郎、新娘从主桌开始,逐席向来宾敬酒一轮,婚礼至此告一段落。

宴会之后,如有条件,也可以举办小型的舞会。

2. 集体婚礼

即数对新人在公共场所有组织地进行的大型婚礼,基本程序有十项。

(1)宣布婚礼开始,鸣鞭炮或奏乐。

(2)全体新人入场,入场时应一对夫妻一排,男左女右,相互牵手,在乐曲、掌声和花海中列队缓步入场,并在台上就位。

(3)证婚人和有关领导上主席台就座。

(4)新人向家长、亲友行鞠躬礼。在集体婚礼中,新人的家长一般在会场的前排就座,这时,应起立接受新人的敬礼,并略微躬身答礼。

(5)新郎、新娘互致鞠躬礼。

(6)新人向证婚人、出席婚礼的有关领导和来宾行鞠躬礼。

(7)证婚人或领导讲话。一般情况下,证婚人皆由地方或单位领导担任,他们在讲话中首先要宣布新人结婚合法有效,并向新婚夫妇表示祝贺,最后提出一些希望。讲话要简明扼要、热情洋溢。

(8)家长代表讲话。可以事先在参加集体婚礼的家长中推出代表,在讲话中,既要表达对下一代的祝愿和期望,也要对有关领导出席集体婚礼表示感谢。

(9)新婚夫妇代表讲话。内容主要是感谢领导和亲友出席婚礼,并表示婚后夫妻恩爱、相伴终身的决心。

(10)向新人赠礼。由主办集体婚礼的单位向新婚夫妇赠送纪念品,通常是书籍、镜框等有纪念意义的物品。

(三)婚礼请柬与赠礼

1. 婚礼请柬

婚礼请柬又叫"请帖""邀请书"。婚礼请柬是举办婚礼的当事人邀请亲友参加婚礼或婚宴的专用书信。婚礼的请帖分男方和女方家长发出的请帖,也有新婚当事人共同发出的请帖。一般可由新郎新娘共同署名,也可以分别署名,或由其家长署名。

(1)新郎新娘共同署名。

请柬

我俩谨订于×××年××月××日×午××时,假座××饭店××厅举行婚宴,谨请光临。

×××谨订×××

(2)家长署名。

请柬

谨订于××月××日×午××时,假座××饭店××厅为儿×××(女×××)举行婚宴,谨请光临 ×××。

家长谨订×××

写邀请信应注意:

①被邀请者的姓名应写全,不应写绰号或别名。

②在两个姓名之间应该写上"暨"或"和",不用顿号或逗号。

③应写明举行婚礼的具体日期与时间(几月几日几时,星期几)。

④写明举行婚礼的地点。

2. 赠礼

接到出席婚礼的邀请,如果是参加婚宴,可准备礼金;如果对方只是举行茶话会婚礼等要考虑向新郎、新娘赠送结婚礼品。送给新婚夫妇礼品的品种和档次,应视自己的经济情况,与新婚夫妇之间的关系及其寓意而定。一般来说,可以送一些有纪念意义的工艺品、书画作品,也可以送婚后所需的用品,如茶具、餐具、厨具、床具、装饰用具、衣料织物、妇女饰物等,或送礼金。礼金袋上要写上一些祝贺语,如天作之合,心心相印;永结同心,百年好合;永沐爱河,佳偶天成;百年偕老,花好月圆;珠联璧合,天缘之合;同心同德,情投意合,等等。出席喜宴要提前半小时到达,而且要整理自己的仪容。

二、丧葬礼仪

婚礼、寿礼是古代"五礼"中的嘉礼,是与亲友共享快乐、幸福的喜庆活动;而丧礼则是凶礼,是为生者分担痛苦,表达对逝者的敬意和哀思的活动。丧葬礼仪实际上是对

"孝"的最后延续和具体展示。但丧贵哀敬,不宜"费时于无用之地"。据分析,丧葬有两种功能:一是理性地处理逝者遗体;二是宣泄生者的情感。随着朝代的发展,烦琐的、带有迷信色彩的丧葬旧俗已泯灭,代之以文明、节俭、郑重的丧葬礼仪。一个人去世了,可由亲属或组织在报上发讣告,或用口头和书信形式向亲友报丧。对那些为社会作出过重要贡献的人去世,要组织治丧委员会负责治丧工作。

(一)追悼逝者

现在一般都采用举行遗体告别仪式的形式。遗体告别仪式的一般程序如下。

(1)会场布置:会场要庄严肃穆,一般在会场中央放遗体和遗像,旁边安放亲属送的花圈,会场中央上方悬挂白纸黑字的"××遗体告别仪式"横幅。

(2)由事先委托的逝者亲友,在会场门口代表家属迎候别的亲友和来宾,发放白花。

(3)宣布遗体告别仪式开始,奏哀乐、默哀。

(4)由治丧委员会代表或单位主要领导(无单位领导参加则是逝者家属的代表)宣读悼词。

(5)众人绕遗体一周向遗体告别。

(6)在哀乐中将遗体送去火化,遗体告别仪式结束。

(二)追悼会中的礼节要求

参加追悼会,要穿朴实素雅的衣服(白色或黑色),感情要沉痛,态度要严肃,以便与追悼会的气氛相协调。在参加追悼会的过程中,无论迎来送往都不宜与死者家属过多交谈,只需握一下手或低声说上一两句安慰的话就够了,如"请接受我深切的哀悼""请节哀""多保重"等,不宜三五成群地谈笑风生。参加追悼会时,作为至亲好友还可以给死者送上一个花圈或若干数额的奠仪,以资助丧家办丧事的费用。

(三)吊丧和讣告

1.吊丧

吊丧,也是交际中常见的一种礼节性活动,有给死者亲属发唁电、唁函和亲自参加吊唁(追悼会)几种形式。唁电、唁函要写得深沉、庄重,既要高度概括逝者品德、功绩,又要表达自己缅怀和沉痛哀悼的心意。如:

> 南开大学:
> 　　惊悉师长杨老逝世,无限悲痛。他的逝世是我国教育界科技界的巨大损失,杨老的学问道德和功绩将永垂青史,为后人学习的榜样。
> 　　　　　　　　　　　　　　　　　　　　×××
> 　　　　　　　　　　　　　　　　　　1985年2月21日

2.讣告

讣告,在遗体送往殡仪馆时,一应安排亲友陪送,二是拟讣告。讣告的内容一般包括:标题一行写"讣告"或"×××讣告";正文写明死者的姓名、身份、逝世时间、地点、逝世原因、终年岁数,以及追悼会的时间、地点及乘车安排;最后署名发讣告的个人或单位及制发日期。有的随讣告附死者生平,简要介绍其生前业绩。如:

社交礼仪

讣告

先父×××于×月×日因病去世,终年××岁。兹定于×月×日×时在×殡仪馆举行遗体告别仪式。谨此讣闻。

×××泣告

××××年×月×日

思考练习

1. 正式宴会应遵守哪些礼仪规范?
2. 在舞会中怎样维持你的风度?
3. 在运动中我们在着装上和参加正式礼仪活动有何区别?

守礼篇　在工作和生活中遵守礼仪

第八章　职场礼仪

石油大王洛克菲勒写给儿子的一封信

（本文是美国的石油大王洛克菲勒写给儿子的一封信，在信中他告诫儿子："如果你视工作为一种乐趣，人生就是天堂；如果你视工作为一种义务，人生就是地狱。"这是积极的人生观，相信每个人看完这封信后都会从中受益。）

亲爱的约翰：

我可以很自豪地说，我从未尝过失业的滋味。这并非我运气好，而是我从不把工作视为毫无乐趣的苦役，从而能从工作中找到无限的快乐。

我认为，工作是一项特权，它能为我们带来比维持生活更多的事物。工作是所有生意的基础，所有繁荣的来源，也是天才的塑造者。工作使年轻人奋发有为，比他的父母做得更多，不管他们多么有钱。工作以最卑微的储蓄表示出来，并奠定幸福的基础。工作是增添生命味道的食盐。但人们必须先爱它，工作才能给予人们最大的恩惠，从而使人们获得最好的结果。

我初进商界时，时常听说一个人想爬到高峰需要作出很多牺牲。然而，岁月流逝，我开始了解到很多正爬向高峰的人，并不是在"付出代价"。他们努力工作是因为他们真正地喜爱工作。任何行业中努力进取的人都是全身心投入正在做的事业。如果一个人衷心喜爱他所从事的工作，那么他自然也就成功了。

热爱工作是一种信念。怀着这个信念，我们能把绝望的大山凿成一块希望的磐石。一位伟大的画家说得好："痛苦终将过去，但是美丽永存。"

但有些人显然不够聪明，他们有野心，却对工作过分挑剔，一直在寻找"完美的"雇主或工作。事实是，雇主需要准时工作、诚实而努力的雇员，他只将加薪与升迁的机会留给那些格外努力、格外忠心、格外热心、花更多的时间做事的雇员，因为他在经营生意，而不是在做慈善事业，他需要的是那些更有价值的人。

不管一个人的野心有多么大，他至少要先起步，才能到达高峰。一旦起步，继续前

社交礼仪

进就不会太困难了。工作越是困难或让人不愉快,越要立刻去做。因为等的时间越久,就变得越困难、越可怕,这有点像打枪一样,瞄准的时间越长,射击的机会就越渺茫。

我永远也忘不了第一份工作的经历,那时我虽然每天天刚亮就得去上班,而办公室里的油灯又很昏暗,但那份工作从未让我感到枯燥乏味,反而很令我着迷和喜悦,连办公室里一切的繁文缛节都不能让我对它失去热心。这种积极的心态所带来的结果是雇主总在不断地为我加薪。

收入只是你工作的副产品,出色地完成你该做的事,必然会挣得理想的薪金。而更为重要的是,我们劳苦的最高报酬不在于我们所获得的,而在于我们会因此成为什么。那些头脑活跃的人拼命劳作绝对不只是为了赚钱,使他们的工作热情得以持续的东西要比只知敛财的欲望更为高尚——他们在从事一项迷人的事业。

老实说,我是一个野心家,从小我就想成为富人。对我来说,我受雇的休伊特·塔特尔公司是一个锻炼我的能力、让我一试身手的好地方。它代理各种商品销售,拥有一座铁矿,还经营着两项让它赖以生存的技术——给美国经济带来革命性变化的铁路与电报。它把我带进了妙趣横生、广阔绚丽的商业世界,让我学会了尊重数字与事实,让我看到了运输业的威力,更培养了我作为商人应具备的能力与素养。所有的这些都在我以后的经商中发挥了极大的作用。可以说,没有在休伊特·塔特尔公司的磨炼,在事业上我或许要走很多弯路。

现在,每当想起休伊特·塔特尔公司,想起我当年的老雇主休伊特和塔特尔两位先生时,我的内心就不禁涌起感恩之情。那段工作生涯是我一生奋斗的开端,为我打下了奋起的基础,我永远对那三年半的经历感激不尽。

所以,我从未像有些人那样抱怨他的雇主:"我们只不过是奴隶,我们被雇主踩在脚下,他们却高高在上,在他们美丽的别墅里享乐,他们的保险柜里装满了黄金,他们所拥有的每一块钱,都是压榨我们得来的。"我不知道这些抱怨的人是否想过,是谁给了你就业的机会?是谁给了你建设家庭的可能?是谁让你得到了发展自己的可能?如果你已经意识到了别人对你的压榨,那你为什么不结束压榨,一走了之?

工作是一种态度,它决定了我们快乐与否。同样都是石匠,同样都在雕塑石像,如果你问他们:"你在这里做什么?"他们中的一个人可能就会说:"你看到了嘛,我正在凿石头,凿完这个我就可以回家了。"这种人永远视工作为惩罚,在他嘴里最常吐出的一个字就是"累"。

另一个人可能会说:"你看到了嘛,我正在做雕像。这是一份很辛苦的工作,但是酬劳很高。毕竟我有太太和四个孩子,他们需要温饱。"这种人永远视工作为负担,在他嘴里经常吐出的一句话就是"养家糊口"。

第三个人可能会放下锤子,骄傲地指着石雕说:"你看到了嘛,我正在做一件艺术品。"这种人永远以工作为荣,以工作为乐,在他嘴里最常吐出的一句话是"这个工作很有意义"。

天堂与地狱都是由自己建造的。如果你赋予工作意义,不论工作如何,你都会感到快乐。自我设定的成绩不论高低,都会使人对工作产生乐趣。如果你不喜欢做的话,任

第八章 职场礼仪

何简单的事都会变得困难、无趣,当你叫喊着这个工作很累人时,即使你不卖力气,你也会感到精疲力竭,反之就大不相同。事情就是这样。

约翰,如果你视工作为一种乐趣,人生就是天堂;如果你视工作为一种义务,人生就是地狱。检视一下你的工作态度,那会让我们都感到愉快。

爱你的父亲

第一节 求职礼仪

一、求职面试的含义

所谓求职是指寻找工作岗位和就业的过程。所谓面试,指的是招聘单位对求职者的职业技能和综合素质进行当面的考核和测试,是求职者走上工作岗位的必经关卡和一道门槛。在市场经济中就业谋职,求职面试是每一个有工作能力和工作要求的人都必须面临和经过的。面试时,除了努力展现自身的能力、素质之外,得体的穿着、流利的谈吐、大方的举止,也能提高招聘单位对求职者的良好印象,增加面试分数和考核、测试成绩。得体的穿着、流利的谈吐和大方的举止,就属于面试礼仪的范畴。

面试作为一种特殊的社交活动,在礼仪上特别讲究。在激烈竞争的市场中,面试礼仪对求职者,有近乎苛刻的要求,但这些都是必需的。因为礼仪是个人素质的一种外在表现形式,一个人在礼仪上的上佳表现,会反映出其内在的良好素质,使其表现为一个有自尊心的、自信心强的、吸引人的、令人喜欢的人,让人产生好感,并受到尊重和重视,从而增强竞争力。求职者一般都会意识到这个问题,但是,很多求职者往往因为礼仪细节上的某些疏忽和不经意而被淘汰出局,导致面试失败。

二、求职信的礼仪要求

(一)称呼要得体

称呼得体,就是称呼要准确,要有礼貌。一般来说,求职信的收信人是所求职单位中有录用实权的人,如公司的总裁、总经理、人力资源部(组织人事处、人事科)的负责人。要特别留意有决策权人员的姓名和职务,书写要准确,称呼要恰当,因为录用单位从信件中第一眼接触到的就是称呼。最初的印象如何,对于求职信件的最终效果有着直接影响,因而要慎重为之。

求职信一般是在初次交往中使用,对用人单位有关人员的姓名未必熟悉,在求职信件中可以直接称职务或头衔,如"某某公司负责人""某某公司经理""某某厂长""某某人力资源部经理"等。求职信的目的在于求职,带有"私"事公办的意味,因而称呼要求严肃谨慎,不可过分亲近。

称呼之后最好加上提称语,即用来提高称谓的词语,如对尊长用"尊鉴""赐鉴""钧

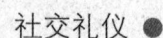

鉴""崇鉴";对平辈用"台鉴""大鉴""惠鉴";对女士用"芳鉴""淑鉴""懿鉴";对方是夫妇用"俪鉴""同鉴""均鉴"等。提称语要注意与称呼相配合。

(二) 问候要真诚

抬头之后的应酬语(承启语)起着开场白的作用。在书信中，无论是经常通信还是初次通信，开头应有问候语，这是必不可少的礼仪。问候语可长可短，要切合双方关系，交往浅时不宜言深，求职信以简洁、自然为宜。

(三) 内容要清楚、准确

求职信的正文内容要以叙事清楚、材料准确、文辞通畅、字迹工整为原则，格调要谦恭，要根据收信人的特点及写信人与收信人的特定关系组织措辞(包括敬语谦辞的选择、语调的掌握等)。

(四) 祝颂要热忱

正文后的问候祝颂语虽然只有几个字，但表示写信人对受信人的祝愿、钦敬，也有不可忽视的礼仪作用。祝颂语有格式上的规范要求，一般分两行书写，上一行前空两格，下一行顶格。祝颂语可以套用约定俗成的句式，如"此致""敬礼""祝您健康"之类，也可以另辟蹊径，即景生情，这往往更能表达出对收信人的良好祝愿。如对尊长，可写"敬请福安""敬请金安""敬请大安""恭请平安"；对平辈，则用"顺颂时祺"；春天可写"敬颂春安"，逢年可写"即请年安""此请岁安"，平时用"敬颂时绥"之类。依据对方职业可选用不同的祝颂语，对学术界可用"敬请学安""撰安""编安""文祺""教安""诲安"，对政界可用"恭请钧安""勋安"，对商界可用"敬请筹安""筹绥""商安""财祺"等。

笺文的最后，要有落款和写信日期。为表示礼貌，在姓名之前可加上"受业者"，给用人单位领导写信，可写"求职者"或"您未来的部下"等。姓名之后，还可选用适当的礼告敬辞。如对尊长，应加"叩上""敬亲""叩禀""拜上""敬启""肃上"，对平辈可加"敬白""谨启""敬上""拜启"等。

(五) 信封称呼要用尊称

信封(信皮)的主要内容除了要清楚、准确地写明收信人的地址及邮政编码、收信人姓名、发信人地址及姓名以外，还要恰当地选用对收信人的礼貌语词。首先要注意收信人的称呼，信封是写给邮递员看的，应根据收信人的职衔、年龄等，写上"经理(或总经理)""厂长""人力资源部部长""人事经理"或"先生""同志""女士"等；其次，要讲究"启封辞""缄封辞"的选择。"启封辞"是请收信人拆封的礼貌语词，它能表达发信人对收信人的感情和态度。一般对高龄长者用"安启""福启"，对其余长辈用"钧启""赐启"，对平辈，可依照受信人的身份、性别，分别用"力启"(对军人)、"文启"(对教师)、"芳启"(对女士)。"缄"字的用法也有讲究，给长辈的信宜用"谨缄"，对平辈用"缄"。

三、面试的礼仪要求

(一) 准时入场

面试都有约定的时间，风雨无阻地准时踏入面试试场，意味着求职者是一个有诚意的、讲究信用的、可靠的人,同时还是一个讲求效率的人,更是一个懂礼貌的人。

守时是一种礼貌,是尊重对方的一种表现。准时还会使主考人员不会因为等待而烦躁,而应聘者也消除了由于迟到而引起的不安。准时入场意味着面试有一个好开头。

应聘者参加面试时最好是提前一些时间到达面试地点。这样可以稍有时间稳定情绪、调整心态、整理思路并熟悉环境,以适应气氛。迟到是大忌,如迫不得已迟到了,必须诚恳致歉,略作解释,以求得谅解,但不必就此反复提及,也不必为此惴惴不安,影响求职形象和临场发挥。

(二)面试服饰仪容礼仪要求

应聘者的外在形象,是给主考官的第一印象。外在形象的好坏在一定程度上会影响到应聘者能否被录用。面试时,一定要注意,恰当的着装能够弥补自身条件的某些不足,树立起自己的独特气质,使你脱颖而出。

1. 着装得体

一般公司对应聘者的着装没有要求,应聘者可以根据季节和穿衣习惯进行选择。不过,一般来讲,应聘者宜穿着正装。请注意,一般不要穿着全新的衣服去面试,这样可能会因不习惯而变得不自信、不大方。

对于女士来说,以西装套裙为佳,在款式上尽量选择线条简单的(参照第二章的第三节中的"仪表"礼仪)。特别要注意,面试时穿的鞋子要舒适,另外检查一下鞋跟会不会在行走时发出响声。女士面试时应尽量少佩戴饰品,除非面试岗位有特殊要求。

比较妥当的做法是,在面试前尽量多了解该公司的经营范围、业务特点、企业文化,以确定面试时着装的风格,避免出现因面试时着装太正式或者太随意而与公司的氛围格格不入的尴尬场面。

2. 妆容自然

男士在面试前应提前理发,发型要清爽自然,除了演艺界等特殊领域的工作,一般不宜留太过标新立异、前卫时尚的发型。男士还应在面试前修剪鼻毛、胡须和指甲。

女士面试适宜化清爽自然、明快轻松的淡妆,因为淡妆会使面色看起来红润、朝气蓬勃,显得更有亲和力,切勿浓妆艳抹;发型要中规中矩,如果是长头发,最好束起来,如果散开则一定要干净,如果是烫发,则造型不要太夸张,如果染过发色,应该与妆容整体协调,不能太突兀;不宜擦拭香水;指甲要保持整洁,可提前修甲,如果要美甲,要选择透明、接近健康甲色的指甲油,注意不要用复杂、夸张且与职业形象不匹配的美甲造型。

3. 注意细节

面试前仔细检查鞋袜、衣服扣子、拉链、衣领、袖口等处是否完好和整洁。无特殊情况不要在面试前去空气污浊、油腻或过于拥挤的地方,以免影响衣着、妆容的整洁干净。面试前要注意合理饮食,避开容易引起自己不适反应的食物,不能喝酒或吃有浓烈异味的食物或作料,避免出现腹泻、口臭等状况,以免影响面试的效果。

面试前尽量通过各种渠道了解应聘单位的信息,作好面试问题的应答准备。最好实地勘察一次,熟悉从住处到面试单位的交通路线,不管是搭乘公共交通还是自驾都能心中有数,把握好所需时间,避免出现因迟到而失去工作机会的遗憾。

社交礼仪

准备好个人简历、证书复印件等有可能用到的材料,出发前仔细清点,按顺序放好。最好预备一个文件夹或档案袋,以免弄皱纸张。不管是男士还是女士,随身携带的包,大小以能放下一般规格(A4纸)的文件材料的尺寸为宜,而且包的款式不可过于复杂,包内物品不宜太多、过于零碎,文件材料要"易拿易放"。

(三)面试中的举止礼仪要求

1. 就座前的举止礼仪要求

要主动向面试主持人(主考人员)打招呼。从进入面试场所到就座,这段时间求职者创造出来的形象会给主考人员留下深刻印象,这就是"第一印象",它对面试成功与否影响极大。其实,从进入面试场所开始,主考人员就在留意着求职者走路的姿态、目光和表情等的状态。该时段的礼仪要求有如下几点。

(1)步态要稳健。从容而坚定的步态能体现一个人的信心和勇气。步幅不宜过大,身体不可过度摇摆,步速可慢一点。这时应神情自然,保持微笑,看着主持人的眼睛,不可东张西望或面露怯意,甚至不敢抬头。要以友好谦和的表情迎向主考人员。

(2)招呼要热情。必须热情地向在座的主考人员打招呼,切不可一声不吭或只是点头致意就忙着找座位坐下。这只能说明你是个缺乏热情和礼貌的人,甚至会给人留下冷傲的印象。打招呼时一定要称呼主考人员的姓,要是不知道,可以请主考人员重复介绍他们的姓名。正确的打招呼是"您好,×××先生,我叫×××,一直希望与您见面。"

(3)握手要专业。握手作为最重要的一种身体语言,在面试中非常关键。专业化的握手是创造好的第一印象的最佳途径。不少企业把握手作为考查一个应聘者是否专业、自信的依据。

最好让主持人先伸出手。握手时伸出的手不能太高,整个手臂呈L形(90度)。手心略朝上,以示谦恭,双眼正视对方,握手时的力度适中,所用的力度应与对方一致并传递出坚定的信息。

握手应该能够传递出热情友好的信息,要有"感染力"。这期间,必须保持微笑,保持目光接触。

握手时还应注意时间,握手时间太长,说明过于紧张,而面试时太紧张会给面试人员以无法胜任这项工作的疑虑;轻触式握手显示缺乏信心,会给面试主考人员以不善于和人相处的感觉;远距离在对方还没伸出手之前,就伸长手臂去迎接面试主考人员的手,表示太紧张或害怕,可能会让面试主考人员认为不够喜欢或者不信任他们。

(4)坐姿要讲究。进入面试房间后,得到主考人员的示意后才可入座,坐下时应道谢。入座时动作应稍慢,身体稍向前倾,面带微笑。这能表明你是一个富有合作精神的人,一个好的听众。

坐姿也有讲究,良好的坐姿是给面试主考人员留下好印象的关键要素之一。一般以坐满椅子的2/3为宜,上身挺直,身体要略向前倾,保持轻松自如的姿势,这样既能表现出对主考人的友善和兴趣,又能表现出你的积极性和竞争性。不要弓着腰,也不要把腰挺得笔直,这样反倒会给人留下死板的印象。最佳的坐姿要精神抖擞,表现出精力和热忱。

还必须注意的是握手和就座时,都必须与主持人员保持一定的距离,让双方之间有一个宽松的环境,避免局促和压迫感。

2. 就座后的举止礼仪要求

面试进行中,求职者礼仪方面的良好表现会极大地赢得主考人员的尊重和注意。

首先,要保持微笑。发自内心、自信的微笑是友好、谦虚的表示,是最积极、有亲和力的体态语言之一,能表现出你热情、开朗、大方、乐观的精神状态。微笑能消除紧张情绪,提升外部形象;能增进与面试主考人员的沟通,改善与面试主考人员的关系。赏心悦目的人应聘的成功率远高于那些目不斜视、笑不露齿、表情呆板的人。

其次,要保持不卑不亢的态度。记住,面试是一个双向选择的过程。主考人员根据你的表现不断地进行权衡、选择和判断;而你也有权选择你的应聘单位。既不能因为你是来自名校、热门专业以及拥有优秀的成绩而咄咄逼人,显示出优越感;也不能因为你是求职者而低声下气,以乞求的神情去争取应聘岗位。刚出校门的年轻求职者,很容易走这两个极端,这样,只能引起主考人员的反感,从而严重影响面试效果。对主考人员的尊重是必要的,但要记住双方是平等的。不卑不亢的态度,体现出来的是自尊与自信,这一点往往能感染主考人员,并赢得尊重,留下好印象。

再次,注意体态语言。体态语言能传递相应的信息,任何不慎重的体态语言都会损害你原本良好的形象。在陌生的主考人面前,坐、立、行等动作姿势正确雅观、成熟庄重,不仅可以反映出青年人特有的气质,而且能给人以有教养、有知识、有礼貌的印象,从而获得别人的喜爱。总之,得体的体态语言,会推动你顺利走向成功。

(四)礼貌告别

(1)面试结束时,可以强调自己对应聘该项工作的热情,并感谢对方抽时间与自己进行面试交流,然后礼貌地道别。

(2)起身离座后,将座椅轻轻推至原位置。不要背对着面试考官离开,应侧身打开门,面带微笑再次面对面试考官道别,然后轻关房门。

(3)面试结束时,若面试考官当场表态录取,要致谢,并表示将来努力工作的决心。

(五)及时跟进

1. 要适时感谢

应聘结束2~3天后,最好通过电话或信件向招聘人员表示感谢。这样做不但能加深考官对你的礼貌印象,还能在最后时刻增加一份由于你的积极性而产生的属于你的竞争力。但注意打电话时间不宜过长,以免影响对方工作,信的内容也要简洁。感谢信可以对考官表示感谢,并重申你对该公司的兴趣和印象,结尾处还可以表示你的应聘信心,表示希望对公司的发展作出贡献。

一般面试结果要在若干天后才能有结论,你可以稍作等待,可以在面试时考官承诺的时间内,写封信或打个电话询问一下对方是否已作出了决定。这样做还可以表明你做事的积极主动性,而这正是用人单位要求员工具备的基本素质之一。

2. 要注意调整心情

如果面试看起来很成功,但结果还是落选了,对此不要大惊小怪。面试时,大多数

的主试人都会隐藏他们的真正态度。有时感觉自己表现好的面试也有可能落选,此时可以联系相关面试考官,虚心请教自己在面试中是否出现了失误以及有哪些不足,若能得到反馈,对于以后的面试会很有指导意义。

应聘结束后,不论你对自己在面试中的表现是否满意,在没有接到面试结果之前,应聘就不能算是已经完成。应该重新调整心情,及时进行新的面试,以增加更多成功的机会。

第二节 就业礼仪

一、及时与就业单位沟通

单位通常都会明确要求录取人员于某日某时到人事部门报到,并交下列证件:录取通知书、学历证明、身份证复印件、个人近期免冠照片。作为即将走向工作岗位的毕业生,应在临近毕业时,及时与就业单位联系沟通,以确定未来工作的时间和工作的具体安排。及时与就业单位沟通也是最好的尊重就业单位的方式。

二、按时报到

按照现有政策,毕业生应在获得毕业证书,正式派遣后的一个月内到就业单位报到。按时报到表明自己确定到新单位工作,也会让就业单位再一次体会到你的信用。俗话说:"好的开始就是成功的一半。"按时报到也许还会影响到对具体工作的安排,所以,毕业派遣时与就业单位及时沟通后,最首要的就是确定自己的报到时间。

三、签订就业合同

到就业单位报到后,应及时与就业单位签订就业合同并办理相关的证件。就业合同涉及单位和你个人的相关权利与义务,一定要认真阅读相关条款,明确个人应享受的权利和应尽的义务,同意合同中的规定后方可签字。一般就业合同一式两份,由就业合同签订双方各保存一份。此后双方都应遵守就业合同上的规定。如果由于个人原因要解除合同,个人应按有关规定接受一些惩罚措施;如果由于单位原因要解除合同,个人也要了解自身的权利是否受到侵害,如果受到侵害,个人有权提出补偿要求。

四、充分的心理准备

对于大多数刚刚走向工作岗位的大学毕业生而言,个人的心理准备都是不足的。虽然有为数不少的学生在校期间参加过社会实践,但由于所担任的角色不同,所以工作感受是不同的。在即将工作之时,适时适度地作好较为充分的心理准备是非常必要的。

对待第一份工作的态度,在很大程度上决定着你是否能够顺利完成从一个在校生

到社会人的转变。因此,正确的工作观十分重要。正确的工作观,就如人生路上的明灯,不但会为你指引正确的方向,也会为个人的职场生涯创造丰富的资源。

作为一个新人,学习建立负责任的观念,会让主管、同事觉得孺子可教。抱着多做一点、多学一点的心态,你很快就会进入工作状态。

新人由于对自己的人生目标还不确定,常常不知自己将来要做什么,因而设定目标是首先要做的功课,然后就是坚忍执着地前行。当然途中也应该停下来检视一下成果,但变来变去的人,多半会一事无成。

要有所追求,有发展的方向和目标还不够,很多年轻人因为贪图一时的轻松,而放弃未来可能创造前景的挑战。职场新人要时时鼓励自己将目标放远。新人首先要学会分辨是非,懂得细心观察时势,脚踏实地,一步一个脚印地工作,累积雄厚的实力。切忌说得天花乱坠,却无法落实。脚踏实地的人会让别人有安全感,也愿意将更多的责任赋予你。

工作压力、人际关系,往往是新人无法承受之重。人生的路很漫长,要有负重的精神,才能安全地抵达终点。你可以像海绵一样吸取别人的经验,但是职场不是补习班,没有人有义务教导你如何完成工作,有感恩图报的心,工作会更愉快。艰巨的任务、新任务,对于新人是最好的磨炼,若有机会,应该勇敢接受挑战,借此积累别人得不到的经验。

工作中的流程有些往往是一成不变的,新人的优势在于不了解既有的做法,而能创造出新的创意与点子。若一味地接受工作的交付,只能学到工作方法的皮毛;能思考应变的人,才会学到工作方法的精髓。在工作中应学会善解人意,常常问自己:我是主管该怎么办?这有助于借鉴处理事情的方法。在工作上善解人意,会减轻主管、共事者的负担,也会让你更有人缘。

最后,想告诉所有求职的新人,第一份工作不要太计较薪金,要将眼光放远,抱着学习的心态,才会有更光明的未来。重要的是,当你拥有了正确的工作观,继而在职场中发现别人的优点并加以学习,观察别人的缺点予以警惕,第一份工作会让你受用无穷。

第三节　办公室礼仪

办公室礼仪是指公务人员在从事办公室工作中尊敬他人、讲究礼节的程序和规范。在现代社会,办公室是公务人员从事公务活动的主要场所。我们不能把"坐"办公室或出入办公室看成少数"白领"阶层的"专利"。现代的办公室以其综合性、广泛性、程序性等特点,成为一个重要的交际场所。现代社会的许多公务活动都是在办公室完成的。办公室是一个"小小的世界",充满了人情世态。因此,要创造一个优美、和谐、融洽的工作环境,使工作更加有效,公务人员"坐"办公室或出入办公室都应掌握一定的技巧,遵循一定的礼节规范。

社交礼仪

一、工作环境

要尽量美化工作场所的环境卫生,保持办公室的优雅、整洁、干净。这是让工作人员愉快、舒适工作的一个条件,也是办公室自身形象的基本体现,特别是在接待工作中,它能体现整个办公室的精神风貌。因此,每个人都要讲究公共卫生。同时,还应该注意个人卫生,从服饰、发型各方面,保持仪容、仪表的整洁、大方、庄重。

二、服饰礼仪

中国古代对公务活动中的服饰要求是非常严格的。比如,朝廷中对"官服"的规定就非常细致严格,一个官员在公共场所着便服是不被允许的。现代对服饰的要求已不像古代那么严格,人们的穿着越来越随便和多样化。但是穿着必须与时间、地点、环境和角色身份协调统一。如一位男士在一个较高级别的办公室内穿着拖鞋和裤头背心就会被看成是对他人的不尊重;如果一位女士穿着拖地长裙或袒胸露臂的服装去办公室上班,也会因为与场合不协调而引人反感。在办公室内,服饰要整洁、大方、合体、文雅,不能太艳、太奇、太随便,尤其不宜穿过分暴露的服装,还应避免穿需要经常整理的衣服,因为假如你需要反复地整理腰带或其他服饰,不仅自己工作时不能集中精力,也会使别人感到别扭。

进入办公室后,应脱去大衣、风衣和帽子,但西装上衣、夹克不能随便脱掉。办公室内若没有衣帽间(架),或可自行存放衣物的地方,也不能随便脱掉外衣。当进入他人办公室时,不能乱放自己的衣物,只有当主人允许时,才可以将外衣脱下并整整齐齐地摆放好。

三、早安礼仪

早上到公司要精神抖擞地向他人有礼貌地道早安。道"早安"是社会行动的第一步,是确定自己存在的积极行动。如果自己的问候能够得到对方的回应,这不仅达到了"自我确认"的目的,也是人与人接触的基本礼貌,社会关系也因此而产生。

四、下班礼仪

结束了一天的工作之后是上班族解除拘束回到自我的时刻,但员工不能下班铃一响就离开办公室,尤其是在手边的工作还没有告一段落时。

如果自己的工作已经结束,而上司还留在办公室时怎么办?这个时候,不妨轻声地问一声"有没有需要我帮忙的地方?"或是说"对不起!我先走了",千万不要一声不响地走掉,这样是很不礼貌的。

在先行离去时,除了说"对不起"之外,现在也很时兴说"你辛苦了"。这句话不只是可以用在对上司,即使是对同事或部属也很适用。

离开办公室,对还在工作的同事说声"再见",原本是最基本的礼貌。但是,这只适合用在比较亲近的同事,对上司并不适宜。对于上司,还是要再进一步地表示自己的敬意。

第四节 迎送、接待与馈赠礼仪

一、迎接的礼仪常规

迎送的对象,按其性质分,有专程前来,也有顺道路过;按其级别分,职务各有高低;按人数分,有大型的代表团,也有数人乃至一人的。接待中,通常根据其身份地位、来访性质及其与当地的关系等因素,安排相应的迎送活动。

(一)确定迎送规格

迎送规格,一般应遵循对等或对应原则,即主要的迎送人员应与来宾的身份相当或相应。若由于种种原因,主方主要人员不能参加迎送活动,使双方身份不能完全对等或对应,可以灵活变通。以对口原则,由职务相宜人员迎送,但应及时向对方作出解释,以免误解。

为了简化迎送礼仪,目前主要迎送人员更多地在来宾下榻的宾馆(或饭店)迎接或送别,而另由职务相宜人员负责机场(或车站、码头)的迎送。

(二)迎送前的准备

1. 了解来宾抵离的准确时间

接待工作人员应当准确了解来宾所乘交通工具的航班号、车次以及抵离时间。将这些情况和迎送人员名单一并通知机场(或车站、码头),以便作好接站(或送站)准备。接、送站前,应保持与机场(或车站、码头)的联系,随时掌握来宾所乘航班(或车次)的变化情况。如有晚点,应及时作出相应安排。接站时,迎候人员应留足途中时间,提前到达机场(码头或车站),以免因迟到而失礼。

2. 排定乘车号和住房号

如果来宾人数较多,为了在接站时避免混乱,应事先排定乘车号和住房号,并打印成表格。在来宾抵达时,将乘车表发至每一位来宾手中,使之明确自己所乘的车号。同时,也便于接待人员清点每辆车上的人数。住房表可随乘车号一同发放,也可以在前往下榻宾馆的途中发放。住房表可以使来宾清楚自己所住的房间,也便于来宾入住客房后相互之间联系。

3. 安排好车辆

根据来宾和迎送人员的人数以及行李数量安排车辆。乘车座位安排应适当宽松,正常情况下,附加座一般不安排坐人。如果来宾行李数量较多,应该安排专门的行李车。如果是车队行进,出发前应明确行车顺序,并通知有关人员,以免行进时发生错位。

(三)安排好迎送中的各个环节

1. 介绍

主客双方见面时,应互相介绍。介绍形式一般以口头介绍为主,如果人数不多,也可以用互换名片的形式。

2. 提取、托运行李

如果来宾行李较多,应安排专门工作人员,负责清点、运送行李并协助来宾办理行李的提取或托运手续。提取行李时如需等候,应让迎宾车队按时离开,留下有关人员及行李车装运行李。送行时,如果来宾需交付托运的行李较多,有关人员应随行李车先行,提前办理好托运手续,以避免主宾及送行人员在候机(车、船)厅等候过久。

3. 注意与宾馆(饭店)的协调

来宾下榻在宾馆(饭店),生活安排是否周到、方便,与宾馆(饭店)的服务水平密切相关,来宾抵离宾馆(饭店)时,具体事务较多,更应作好有关事项的协调衔接。

当重要来宾抵离时,接待工作人员应及时通知宾馆(饭店),以方便宾馆(饭店)组织迎送、安排客房、就餐和进出行李等。来宾入住客房,以便捷、迅速为原则,重要来宾、人数较多的代表团更是如此。为了避免来宾抵达后聚集大厅长时间等待,接待工作人员应与宾馆(饭店)主动联系,密切配合,进行细致的安排。通常住房安排表在抵达住地前发给每位来宾,使每人清楚自己入住的房号。在宾馆(或饭店)迎宾处设领钥匙处,来宾抵达时,根据他们自报的房号分发住房钥匙,也可以在保证安全的前提下,事先打开房门,使来宾抵达后直接进房。不论采用何种形式,主宾入住客房,应有专人陪同引导。来宾入住登记或离店手续,可在适当时间由接待人员协助办理。

来宾进店时,应通知行李房,及时将来宾行李分送各人房间或集中送到某一房间;来宾离店前,应和行李房约好出行李的时间,出行李应适当提前,以免发车前主宾和送行人员长时间等待。

一切安排妥当之后,要为来宾留足休息时间。

二、接待中的基本礼仪规范

接待中的基本礼仪规范包括接待客人的一般程序、饮食与住宿。

(一)接受任务

一批或一次任务通常都是通过传真、电话、领导批示或口头安排等形式下达。

(二)制订接待方案

根据客人来访目的、活动时间和领导要求等由接待人同相关业务部门拟订接待方案,然后报分管领导或主要负责同志审阅。接待方案一般由七个部分组成,即活动时间、活动地点、活动内容、出席领导、参加人员、活动承办人和接待人员。

在制订接待方案的同时,要预先联系预留接待任务需要的客房、餐厅、会议室等,以保证方案制订后可以得到落实。

(三)方案送审

将制订好的接待草案报送分管领导及相关领导审阅,修改定稿。

(四)安排落实任务

接待方案确定后,及时将方案报送有关领导和部门并与相关宾馆联系确认接待任务需要的房间、会议室、就餐地点、会标、房内鲜花水果配备等。

(五)制作日程卡

重要接待任务,要在接待方案的基础上,制作打印接待任务日程卡。

(六)迎接

一般应根据来宾身份、职务、此行目的等综合考虑由相应领导、部门领导或职务相宜人员迎接。接待工作人员应准确了解来宾所乘交通工具的车次、路线及抵达时间。

(七)安排会议室或会见

根据参加人员多少或会议形式安排适当的会议室,并准备席位卡、话筒、鲜花、文件夹等。会议室一般不安排水果,除矿泉水外也不安排其他饮料。

(八)宴请安排

一批客人原则上只安排一次宴请。陪员应尽量减少。宴请时根据需要安排打印席位卡。

(九)参观考察

工作考察参观由对口业务处室、部门具体负责安排。接待人员具体负责做好相关衔接工作,并重点安排旅游景点的参观活动。

(十)送行

客人离开,应根据需要恰当安排送行。送别地点可以视情况灵活作出安排,既可以到车站、机场送行,又可送至市、县(市)交界处,也可以在客人下榻的宾馆送别。

(十一)资料归档

一批任务结束后,应根据任务的等级及重要程度及时做好资料收集整理、核实归档工作,便于以后在工作中查阅。

三、送别的礼仪常规

送别,通常是指在来宾离去之际,出于礼貌,而陪着对方一同行走一段路程,或者特意前往来宾启程返还之处,与之告别,并看着对方离去。

在道别时,来宾往往会说"就此告辞""后会有期"的话,而此刻主人则一般会讲"一路顺风""旅途平安"一类的话。有时,宾主双方还会向对方互道"再见",叮嘱对方"多多保重",或者委托对方代问其同事、家人安好。

最为常见的送别形式有道别、话别、饯别、送行等。

(一)道别

在道别时,应当特别注意下列四个环节:一是应当加以挽留,二是应当起身在后,三

是应当伸手在后,四是应当相送一程。

(二)话别

亦称临行话别。与来宾话别的时间,一要讲究主随客便,二要注意预先相告。最佳的话别地点,是来宾的临时下榻之处。在接待方的会客室、贵宾室里,或是在为来宾饯行而专门举行的宴会上,亦可与来宾话别。参加话别的主要人员,应为宾主双方身份、职位大致相似者,对口部门的工作人员、接待人员等。话别的主要内容有:一是表达惜别之意,二是听取来宾的意见或建议,三是了解来宾有无需要帮忙代劳之事,四是向来宾赠送纪念性礼品。

(三)饯别

又称饯行。它所指的是,在来宾离别之前,东道主一方专门为对方举行一次宴会,以便郑重其事地为对方送别。为饯别而举行的专门宴会,通常称作饯别宴会。在来宾离别之前,专门为对方举行一次饯别宴会,不仅在形式上显得热烈而隆重,而且往往还会使对方产生备受重视之感,进而加深宾主之间的相互了解。

(四)送行

在此特指东道主在异地来访的重要客人离开本地之时,特地委派专人前往来宾的启程返还之处,与客人亲切告别,并目送对方渐渐离去。在接待工作中需要为之安排送行的对象主要有:正式来访的外国贵宾、远道而来的重要客人、关系密切的协作单位的负责人、重要的合作单位的有关人员、年老体弱的来访之人、携带行李较多的人士等。当来宾要求主人为之送行时,一般可以满足对方的请求。

考虑为来宾送行的具体时间问题时,重要的是要同时兼顾下列两点:一是切勿耽误来宾的行程,二是切勿干扰来宾的计划。为来宾正式送行的常规地点,通常应当是来宾返还时的启程之处,如机场、码头、火车站、长途汽车站等。倘若来宾返程时将直接乘坐专门的交通工具,从自己的临时下榻之处启程,则亦可以来宾的临时下榻之处作为送行的地点。

举行送行仪式的话,送行的地点往往选择宜于举行仪式的广场、大厅等。为来宾送行之际,对于送行人员在礼节上有着一系列的具体要求:一是要与来宾亲切交谈;二是要与来宾握手作别;三是要向来宾挥手致意;四是要在对方走后,自己才能离去。

四、馈赠的礼节

相关链接

送礼要有"道"

国内某家专门接待外国游客的旅行社,有一次准备在接待来华的意大利游客时送给每人一件小礼品。于是,该旅行社订购制作了一批杭州纯丝手帕,是名厂名产。每个手帕上绣着花草图案,十分美观大方。手帕装在特制的纸盒内,盒上又有旅行社社徽,是十分精致的小礼品。中国丝织品闻名于世,旅行社料想会受到客人的喜欢。

旅游接待人员带着盒装的纯丝手帕，到机场迎接来自意大利的游客。在车上，接待人员代表旅行社赠送给每位游客两盒包装甚好的手帕，作为礼品。

没想到车上一片哗然，议论纷纷，游客显出很不高兴的样子。特别是一位夫人，大声叫喊，表现极为气愤，还有些伤感。旅游接待人员心慌了，好心好意送人家礼物，不但得不到感谢，还出现这般景象。中国人总以为送礼人不怪，这些外国人为什么怪起来了？

在意大利和西方的一些国家有这样的习俗，亲朋好友相聚一段时间告别时才送手帕，取意为"擦掉惜别的眼泪"。在本案例中，意大利游客兴冲冲地刚刚踏上盼望已久的中国大地，准备开始愉快的旅行，你就让人家"擦掉离别的眼泪"，人家当然不高兴。那位大声叫喊而又气愤的夫人，是因为她所得到的手帕上面还绣着菊花图案。菊花在中国是高雅的花卉，但在意大利则是祭奠亡灵的。人家怎不愤怒呢？本案例告诉我们，旅游接待与交际场合要了解并尊重外国人的风俗习惯，这样做既对他们表示了尊重，也不失礼节。

馈赠是指人们以物的形式向交往对象表示祝贺、感激、慰问、惜别之情，是一种正常的人际交往。随着人们交往活动的日渐频繁，馈赠之礼越来越受到人们的重视。中国人历来重视礼尚往来，因为它能起到联络感情、增进友谊、促进交往的作用。

在馈赠中，要注意交往的目的，选择相应的礼物，因人因地地施礼，要注意以下礼节。

(一) 礼品的选择要投其所好，要考虑具体情况

每个人都有自己的爱好，每个民族、每个国家都有自己的风俗习惯。在选择礼品时一定要考虑对方的兴趣和爱好，做到有的放矢，不可盲目选购，尽量让受礼者感觉到赠礼者在礼品的选择上是经过精心挑选的，是真诚的。

选择礼物时还要考虑具体情况或场合。例如，给孩子送礼可考虑糖果、玩具等，给老人可送寿糕或保健用品等，看望病人可送食品、花束等，恭贺开业之喜可选购花篮，逢年过节可送年历、贺卡或酒类、茶叶等，到外地出差归来可送一些当地的土特产或者具有当地特色的纪念品等。此外，花是吉祥、美好、友情、幸福的象征，人们赋予花以花语来表达感情和愿望，不同的花语有不同的象征意义，可以根据送礼的场合和意义选择不同的花束。

小贴士：

花心花语——花的含义

大丽花——大吉、大利，商界之花	鹤望兰——吉祥、幸福，胜利之花
石斛兰——刚强、祥和，父亲之花	红玫瑰衬情人草——情有独钟
康乃馨衬满天星——温馨慈爱	勿忘我衬满天星——友谊永存
剑兰衬孔雀草——宏图大展	郁金香——爱的表白、荣誉、祝福、永恒
郁金香(紫)——无尽的爱、最爱	郁金香(白)——纯情、纯洁
郁金香(粉)——美人、热爱、幸福	郁金香(红)——爱的告白、喜悦
郁金香(黄)——高贵、珍重、财富	百合——顺利、心想事成、祝福
香水百合——纯洁、富贵、婚礼的祝福	百合(白)——纯洁、庄严、心心相印
葵百合——胜利、荣誉、富贵	姬百合——财富、高雅

康乃馨——母亲我爱您、热情、真情　　康乃馨(红)——相信您的爱
康乃馨(粉)——热爱、美丽　　　　　　康乃馨(白)——吾爱永在、真情、纯洁
翠菊——追想、可靠的爱情、请相信我　　菊花——清静、高洁、真爱、我爱
玫瑰——爱情　　　　　　　　　　　　红玫瑰——热恋
粉玫瑰——永远的爱　　　　　　　　　白玫瑰——纯纯的爱
黄玫瑰——失恋、褪去的爱　　　　　　火鹤花——新婚、祝福、幸运、快乐
风信子——喜悦、爱意、浓情蜜意　　　爱丽丝——好消息、想你
小苍兰——纯洁、幸福、清新舒畅　　　海芋——希望、雄壮之美
彩色海芋——爱情、富贵、真情　　　　非洲菊——神秘、兴奋、有毅力
剑兰——用心、长寿、福禄、康宁　　　向日葵——爱慕、光辉、忠诚
牡丹——富贵　　　　　　　　　　　　满天星——真心喜欢
金鱼草——爱出风头　　　　　　　　　菊花——清净、高洁
圣诞红——祝福　　　　　　　　　　　星辰花——永不变心

数目的含义

1 朵	你是我的唯一	2 朵	你侬我侬
10 朵	十全十美	11 朵	最爱
33 朵	我爱你	50 朵	无怨无悔
66 朵	顺利	77 朵	喜相逢
80 朵	弥补	99 朵	长相厮守、坚定
100 朵	白头偕老、百年好合	101 朵	直到永远、无尽的爱
365 朵	天天想你	999 朵	天长地久

(二)馈赠时机的选择

就馈赠的时机而言,及时适宜是最重要的。中国人很讲究"雨中送伞""雪中送炭",即十分注重送礼的时效性。因为,只有在最需要时得到的才是最珍贵的,才是最难忘的。所以,要注意把握好馈赠的时机,包括时间的选择和机会的择定。

要依照国际惯例,把握送礼的最佳时机,最重要的是要对具体情况进行具体的分析。在会见或会谈时,如果准备向主人赠送礼品,一般应当选择在起身告辞之时。向交往对象道喜、道贺时,通常应当在双方见面之初相赠。出席宴会时向主人赠送礼品,可以起身辞行时进行,也可选择餐后吃水果之时。观看文艺演出时,可酌情为主要演员预备一些礼品,并且在演出结束后登台祝贺时当面赠送。游览观光时,如果参观单位向自己赠送了礼品,最好在当时向对方适当地回赠一些礼品。为专门的接待人员、工作人员准备的礼品,一般应当在抵达当地后尽早赠送给对方。作为东道主接待来宾时,如欲赠送一些礼品,可在来宾向自己赠送礼品之后进行回赠,也可以在外宾临行的前一天,前往其下榻之处进行探访时相赠。

(三)馈赠时的礼节要求

馈赠时要讲究一定的礼仪和艺术,否则,即便是你精心挑选的礼物,也不一定能让对方愉快地接受,甚至还会起到适得其反的作用。所以在选礼时,应该注意以下几点。

第一,礼品的包装。精美的包装不仅使礼品的外观更具有艺术性和观赏性,更能显示出送礼人的文化修养和艺术品位,使受礼者在视觉上更能接受。包装可以自己设计制作,也可到礼品店代为包装。包装的材料和色彩要符合受礼者的审美观,包装完毕后贴上写有祝词和签名的缎带或卡片,以准确表达自己的情感。

第二,赠礼的场合选择。通常情况下,当众只给一群人中的某一个人赠礼是不合礼节的,给关系亲密的人送礼也不宜在公开场合进行,只有象征精神方面的礼物才适合在众人面前当面赠送,如锦旗、牌匾、花篮等。

第三,赠礼时的态度和动作。赠礼时,应该落落大方,平和友善,配以礼节性的语言,才能让受礼者欣然接受。

思考练习

1. 求职面试应该注意哪些礼仪?
2. 新参加工作应该注意哪些礼仪?
3. 办公室的关系礼仪主要包括哪些内容?
4. 接待和迎送要作好哪些准备?
5. 接待和迎送的礼仪主要包括哪些内容?

第九章 商务礼仪

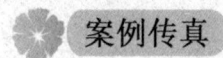案例传真

谈判"知己知彼"很重要

中国浙江宁波某服装公司的总经理从国际公共关系协会等组织获悉日本某株式会社(股份公司)准备向中国出售先进的服装生产线,于是马上组织洽谈小组邀请日商谈判,同时安排下属人员通过国际公共关系协会等有关组织了解和收集欧盟服装主要生产国设备的资料和报价情况。在谈判桌上,日方代表最初开价为220万美元,中方总经理立即客气地说:"据我们掌握的情报,贵国另一家株式会社提供的产品与贵方的完全一样,开价只是贵方的2/3,我们建议贵方重新报价。"一夜之间,日本谈判代表列出了详细的服装生产设备价目清单,第二天报出总价为188万美元。在随后的10天谈判中,日方逐步让价,当降到130万美元的价格时再也不愿让步了。中方总经理有意和另一家欧盟公司作了洽谈联系,日方获悉,总价立即再降至120万美元。中方总经理仍不签字,日方谈判代表开始沉不住气了,指责中方无意合作,中方总经理也针锋相对地说道:"先生,中国不再是几十年前任人摆布的中国了,你们的价格和你们的态度都是我们不能接受的!"说罢把提包内意大利某公司服装生产线设备的好多照片全部倒了出来。日方谈判代表见了大吃一惊,连忙要求说:"先生,我的权限只能到此,请允许我再同株式会社总部联系请示后进一步商量。"第二天,日方宣布降价为110万美元。中方总经理在拍板成交的时候,又提出安装设备所需要的费用一概由日方承担,迫使日方再次让步。

该商务洽谈案例,中方公司自始至终掌握谈判主动权,并大获全胜的主要原因在于中方公司善于利用国际公共关系协会等有关组织,了解和掌握服装生产设备的最新动态和价格状况,在洽谈前和洽谈中作了充分准备,做到了有备而来,"知己知彼",取得了商务谈判的重大成功,为引进先进的服装生产设备节约了大量资金。

第一节 商务会议礼仪

商务会议的目的是实现彼此面对面的沟通,提高工作效率。良好的会议风范,既是尊重自己,也是尊重别人。

一、商务会议的筹备

(一)选择时间、地点

商务会议地点即会场的选择,应依据会议的目的、规模来确定。会场座位通常以多于到会人数为好。如果会场太小,人员拥挤,会影响会场秩序;会场过大,则会冲淡会议气氛。两者都会影响会议效果。

同时,在确定会议时间、会期及会议地点时,还要综合考虑人的心理素质、人体生理活动、周围环境影响等因素。一般来说,会期时间安排在上午8:00—11:00或下午2:30—5:00,会场地点选择在金融、工商界活动较为集中、交通便利、停车方便的地域为宜。

(二)详细编制会议费用预算

对于所需的总费用有一个大致的估算,并有计划地分配会议的各项费用,防止超支和浪费。商务会议的费用通常包括场地租金、设计费用、工作人员费用、联络及交际费用等,要根据会议所要达到的效果来考虑这些费用的标准。

(三)准备会议资料

会议资料按其内容可分为四大项。
(1)体现会议议题的主要文件。
(2)为议题服务的辅助材料,包括开幕词、闭幕词等。
(3)与会务工作相关的附件资料,包括大会议程表、会议参加者名单、会议接待安排、会场布置方案、入场凭证、会议须知等。
(4)会议需要使用的幻灯片、投影仪、光碟等。

(四)布置会场

要做好会场的布置工作,例如横幅、照明、空调、录音辅助器材、视听设备、电话、传真机等设施的设置和测试。对附设酒会的场合,还需事先预备好,如便笺纸、笔、资料袋等物品。

二、与会人员礼仪

对一般与会人员来说,最基本的要求是衣着整洁、仪表大方、准时入场、进出有序、依照会议安排落座、遵守会议的基本行为规范。此外,还需注意以下细节。

(一)出席会议前应把该做的预备工作都做好

与会者必要并且有条件时可准备:掌上电脑、钢笔、圆珠笔、铅笔、辞典、文具盒(内有橡皮筋、回形针、胶带、小剪刀、尺子)、名片夹/名片、公文包等工具和文具。若是演讲,应事先预演,同时请会议的负责人让自己使用需要的视听和电器设备。

(二)开会时要尊重会议主持人和发言人

当别人讲话时,应认真倾听,记录下与自己工作相关的内容或要求。在大型的、正式的集会里,发表评论应该等待适当的时机。可以呼叫会议主席的名字或举手,等会议主席示意、表示可以后才能发言。发言应简明、清楚、有条理、实事求是。

(三)积极参与讨论

如果有讨论,最好不要保持沉默,这会让人感到你对事件漠不关心。想反驳别人的观点时不要打断对方,应等待对方讲完再阐述自己的见解,别人反驳自己时要虚心听取,不要急于争辩。不要在别人发言时说话、随意走动、打哈欠等,这是失礼的行为。

(四)最好不要中途离场

会议期间尽量不离开会场,如果必须离开,要轻手轻脚,尽量不影响发言者和其他与会者。如果需长时间离开或提前退场,应与会议组织者打招呼,说明理由,征得同意后再离开并向会议的组织者致谢。

(五)关闭通信设备

会议中应关闭自己的移动电话等一切可能随时发出声响的装备,以免干扰会议进行。

(六)会后整理

会议后回到办公室,应立刻记下个人必须要做的事情,同时在工作日志上记清楚下次会议的时间。最好能对会议的内容进行整理,并写出摘要,以便随时拿出来参考。

第二节　商务洽谈礼仪

商务洽谈又称商务谈判,是重要的商务活动之一。洽谈是指在商务交往中,存在着某种关系的有关各方,为了保持接触、建立联系、进行合作、达成交易、拟定协议、签署合同、要求索赔,或是为了处理争端、消除分歧,而坐在一起进行面对面的讨论与协商,以求达成某种程度上的妥协或谅解。因洽谈而举行的有关各方的会晤,便称为洽谈会。一般来说,洽谈会礼仪主要体现在洽谈的筹划与洽谈的方针两大方面。

在商务活动中,无论是与客户的接洽、会晤,还是与合作伙伴的谈判,都要重视礼仪要求。在商务洽谈前或洽谈过程中,商务洽谈人员要积极了解掌握对方的特别礼仪或风俗,尊重对方的风俗习惯,注意对外的礼节。还应了解商务谈判特点,针对不同的对象和经销、代销、赊销等不同的特点,积极主动地采取不同的谈判策略及做法。

一、洽谈人员应有的礼仪

洽谈人员应有的礼仪包括以下几点。

(一)自我介绍要得体

在进行自我介绍时,不必过于拘泥礼节。若是同行,就更应表现得自然和轻松。介绍时应姓、名并提,还可以简短说明自己的单位、职务等。问及对方的姓名时要注意礼貌用语。在业务洽谈中,提问是难免的,但提问一定要讲究礼仪:一是要注意内容。不要一直追问对方难以回答的问题;二是发问方式要委婉,不要像"查户口"式地盘问;三是如果提问出的问题对方一时答不上,或不愿意回答就不宜生硬地追问,而要善于调换话题。

(二)要用心倾听对方讲话

一个成功的健谈者,同时也应是一个好的聆听者。他能从对方的谈话中发现问题,从而可以有的放矢地打动对方。

(三)保持自信

商务洽谈在一定意义上来说是一种心理上、智力上的较量。因此,作为洽谈人员,要时时保持头脑冷静、从容不迫、沉着应战、以智取胜。自信是谈判成功必备的心理素质。

二、商务洽谈的技术性准备

为商务洽谈而进行的技术性准备,即要求洽谈者事先充分地掌握有关各方的状况,为准备洽谈而"谋篇布局",并构思、酝酿正确的洽谈方式和洽谈策略。

(一)商务洽谈的基本原则

商务人士在准备商务洽谈时,应当谨记以下四个基本原则。

1. 客观性原则

所谓客观性原则,即在准备洽谈时,有关的商务人士所占有的资料要客观,决策时的态度也要客观。占有的资料要客观,是要求谈判者尽可能地取得真实而准确的资料,不要以道听途说或是对方有意散布的虚假情报来作为自己决策的依据。决策时的态度要客观,是要求谈判者在决策时,头脑要清醒而冷静,不要为感情所左右,或是意气用事。

2. 预审性原则

所谓预审性原则,含义有两点:一指准备洽谈的商务人士,应当对自己的谈判方案预先反复审视,精益求精;二指准备洽谈的商务人士,应当将自己提出的谈判方案预先报请上级主管部门或主管人士审查、批准。

3. 自主性原则

所谓自主性原则,是指商务人士在准备洽谈时,以及在洽谈进行之中,要发挥自己的主观能动性,要相信自己、依靠自己、鼓励自己、鞭策自己,在合乎规范与惯例的前提下,力争"以我为中心"。

4. 兼顾性原则

所谓兼顾性原则,是要求商务人士在准备洽谈时,以及在洽谈过程中,在不损害自身根本利益的前提下,尽可能地替洽谈对手着想,主动为对方保留一定的"利益"。

(二)商务洽谈应该做好的工作

在技术上为洽谈进行准备的时候,洽谈者应该争取做好以下三个方面的工作。

1. 洽谈者应当知己知彼

在洽谈之前，如能对谈判对手有所了解，并就此有所准备，则在洽谈之中，就能够扬长避短，"以我之长，击敌之短"，取得好成绩。对洽谈对手的了解，应集中在如下方面：在洽谈当中，谁是真正的决策者或负责人；洽谈对手的个人资讯、谈判风格和谈判经历；洽谈对手在政治、经济以及人际关系方面的背景情况；洽谈对手的谈判方案；洽谈对手的主要商务伙伴、竞争对手以及他们彼此之间相互关系的演化和谈判底牌等。

2. 洽谈者应当熟悉谈判程序

洽谈的过程包括：探询、准备、有效协商、小结、再磋商、终结和洽谈重建七个具体的步骤。在其中每一个洽谈的具体步骤上，都有自己特殊的起、承、转、合，都有一系列的台前与幕后的准备工作要做，并且需要当事人具体问题具体分析，"随机应变"。

3. 洽谈者应当学习洽谈策略

商务人士在进行洽谈时，总的指导思想是平等、互利，但是这并不排斥努力捍卫或争取己方的利益。事实上，任何一方在洽谈中的成功，不仅要凭借实力，更要依靠对洽谈策略的灵活运用。

三、商务洽谈的礼仪性准备

洽谈的礼仪性准备，是要求洽谈者在安排或准备洽谈会时，应当注意自己的仪表、预备好洽谈的场所、布置好洽谈的座次，并且以此来显示己方对于洽谈的重视以及对于洽谈对象的尊重。

(一) 注重自己的仪表

出席洽谈会的商务人士应重视着装。可以这样说，由于洽谈会关系大局，所以商务人士在这种场合，理应穿着传统、高雅、规范的正式礼仪服装。可能的话，男士应穿深色西装和白衬衫，佩戴素色或条纹式领带，穿深黑色皮鞋。女士则须穿深色西装套裙和白衬衫，配长筒丝袜，穿黑色高跟或半高跟皮鞋。

(二) 预备好洽谈的场所

根据商务洽谈举行地点的不同，可以将商务洽谈分为客座洽谈、主座洽谈、客主轮流洽谈以及第三地点洽谈四种。

(1) 客座洽谈，即在洽谈对手所在地进行的洽谈。

(2) 主座洽谈，即在己方所在地进行的洽谈。

(3) 客主轮流洽谈，即在洽谈双方所在地轮流进行的洽谈。

(4) 第三地点洽谈，即在不属于双方任何一方的地点所进行的洽谈。

以上四种洽谈地点的确定，应通过双方协商而定。担任东道主的一方出面安排洽谈地点，一定要在各方面打好礼仪这张"王牌"。在洽谈会的台前幕后，恰如其分地运用礼仪，包括迎送、款待、照顾对手，都可赢得信赖，获得理解与尊重。

(三) 布置好洽谈的座次

在洽谈会上，东道主不仅应当布置好洽谈房间的环境，预备好相关的用品，而且还应当特别重视礼仪性很强的座次问题。

举行双边洽谈时,应使用长桌或椭圆形桌子,宾主应分坐于桌子两侧。若桌子横放,则面对正门的一方为上,应属于客方;背对正门的一方为下,应属于主方。若桌子竖放,则应以进门的方向为准,右侧为上,属于客方;左侧为下,属于主方。在进行洽谈时,双方的主谈人员应在自己的一方居座,其余人员则应遵循右高左低的原则,依照职位的高低自近而远地分别在主谈人员的两侧就座。假如需要译员,则应安排其就座于仅次主谈人员的位置,即主谈人员的右方。

举行多边洽谈时,为了避免失礼,按照国际惯例,一般均会选择圆桌。这样一来,尊卑的界限就被淡化了。即便如此,在具体就座时,依然讲究有关各方的与会人员尽量同时入场,同时就座。至少,主方人员不应在客方人员之前就座。

四、商务洽谈的方针

(一)要礼敬对手

礼敬对手,即要求洽谈者在洽谈会的整个过程中,要排除一切干扰,始终如一地对自己的洽谈对手讲究礼貌,时时、处处、事事表现出对对方不失真诚的敬意。

在洽谈会中,面带微笑、态度友好、语言文明礼貌、举止彬彬有礼的人,有助于消除对手的反感、漠视和抵触心理。在洽谈桌上,保持"绅士风度"或"淑女风范",有助于赢得对手的尊重与好感。

(二)要平等协商

洽谈就是有关各方在合理、合法的条件下,进行"讨价还价"。在洽谈中要坚持平等协商,重要的是要注意两个方面的问题:一方面要求洽谈各方在地位上要平等一致、相互尊重,不允许以势压人、"以大欺小";另一方面要求洽谈各方在洽谈中要通过协商,求得谅解,而不是通过强制、欺骗的手段来达成一致。在洽谈会上,要做到平等协商,就要以理服人。

(三)要求同存异

在任何一次正常的洽谈会中,都没有绝对的胜利者和绝对的失败者。在洽谈会上,妥协是通过有关各方的相互让步来实现的。所谓相互让步,即有关各方均有所退让。但是这种相互让步,并不等于有关各方的对等让步。在洽谈会上所达成的妥协,对当事的有关各方要公平、合理、自愿,只要最大限度维护或争取了各自的利益,是可以接受的。

(四)要互惠互利

最理想的洽谈结局是有关各方达成了大家都能够接受的妥协。因此,商务人员在参加洽谈会时,必须争取的结局应当是既利己、又利人。现代的商务社会最讲究的是与伙伴、对手之间"同舟共济",既要讲竞争,更要讲合作。

(五)要人事分开

在洽谈会上,洽谈者在处理己方与对手之间的相互关系时,必须要做到人与事分离,各自分别而论。正确的做法是,在洽谈桌上,既不要期望对手之中的老朋友能够"不忘旧情"、良心发现,对自己"手下留情",也不要责怪对方"见利忘义""不够朋友",对自己"太黑"。总之,商务人士在洽谈会上,对"事"要严肃,对"人"要友好。对"事"不可以不争,对"人"不可以不敬。

五、商务洽谈的过程和技巧

商务洽谈是有关方面就共同关心的问题相互磋商、交换意见、寻求解决的途径和达成协议的过程。公共关系人员经常需要代表经营组织就相互关心的问题进行谈判、交涉,或者为经营组织的领导人组织、安排有关的谈判活动,因此需要了解和掌握商务洽谈的沟通艺术。一般正规的商务洽谈过程分为六个阶段。

(一)导入阶段

这个阶段花费的时间不多,主要是让谈判参与者通过介绍相互认识、彼此熟悉,以创造一个有利于谈判的良好气氛。

(二)概说阶段

在这一阶段,谈判各方简要表明自己的基本想法、意图和目的,以便为对方所了解。一般来说,谈判各方此时都比较谨慎,都想利用这段时间进行彼此"摸底"。

(三)明示阶段

对前一阶段谈判各方表述的意见,尤其是对相互存异或有疑问之处,谈判各方此时会进一步明确各自的利益、立场和观点。

(四)交锋阶段

谈判各方的目的都是获得自己所需的利益,这自然就会有矛盾,而矛盾的激化就会导致对立状态的出现。在这种时候,谈判各方互相交锋,彼此争论,紧张交涉,"讨价还价",逐渐确定妥协的范围。

(五)妥协阶段

交锋结束后,便会寻求妥协途径。妥协是谈判不可缺少的组成部分,交锋阶段不可能无休无止。妥协阶段是各方相互让步、寻求一致、达成妥协。妥协是有一定范围和程度的,而且应得到一方(或多方)一定的补偿。

(六)协议阶段

在这一阶段,谈判各方经过交锋和妥协,求同存异,基本在一定程度上达到自己的目的,于是各自在协议书上签字,握手言欢,谈判宣告结束。

在组织或参与商务洽谈时,应注意细节性的工作。如做好商务洽谈前的准备工作,尤其是有关资料的搜集和背景情况的调查;为求创造诚挚、合作、轻松、认真的谈判气氛,当谈判气氛紧张、陷入僵局、濒于破裂时,要善于调节或缓解,认真倾听双方的意见,了解对方的确切意图或发现问题,及时为己方的主谈者出谋划策等。商务洽谈是一项具有很强艺术性的工作,只有通过实践、积累经验,才能做好有关商务洽谈的工作。

第三节　商务应酬礼仪

一、商务接待与拜访

（一）商务接待礼仪

1. 准备工作

为了表现出良好的礼仪及风度，在迎接宾客到来之前要有充分的计划及准备。首先要做好环境的美化工作：整齐干净的环境会让客人感觉舒适，接待柜台、贵宾室要保持清洁，保证光线充足。欢迎宾客的海报一定要事先在显眼的地方张贴好，一般的标语、广告也要贴牢，室内的图像、字画注意摆正，因为这些都反映着企业的精神风貌。

其次，接待人员要服装整洁。接待人员的服装和仪容，关系到个人的修养及公司的形象。保持头发整洁、手部干净，因为手部的肢体语言仅次于脸部，与人握手、呈递公文，一伸手让人觉得健康干净，才会心情愉快。女性接待员如果略施彩妆，给人的感觉会比较隆重、正式，用一点清淡的香水也是一种礼貌的行为。

最后，要准备好资料及茶点，迎接客人的来临。在宾客来临前，应将各种相关资料准备妥当，如宣传简介、商品说明等。接待用茶点最好选择爽口且容易入口的。

2. 待客之道

宾客到达后，可由接待人员出面与其商议活动日程。重要的宾客最好由领导出面，进一步了解宾客的意图和要求，共同商议活动的具体日程。然后根据确定的活动时间、内容、方式等修正、印发活动日程，并把变动情况迅速通知有关方面，以便工作能顺利进行。

按照日程安排，精心组织好各项活动。如与宾客洽谈供货合同，可提前作好准备；宾客去参观游览，应安排好交通工具和陪同人员。

在宾客的活动全部结束之后，要单独安排时间请单位领导与宾客会面，听取意见，交换看法，特别是对上级派来的视察团、检查团等，这项活动尤其应安排妥当。

根据宾客要求安排返程，订购返程车（机、船）票并及时送到宾客手中，同时商议离开驻地的时间。安排好送行车辆与送行人员，协助宾客结算各项费用。征求宾客的意见，以便改进工作，送宾客到车站（机场、码头）作最后告别。

将宾客送走后，接待工作基本结束，但仍应善始善终，做好收尾工作。要将宾客所乘车（机、船）班次及时通知宾客所在单位，以便接站。

（二）商务拜访礼仪

随着市场竞争的日益激烈，企业对外联系越来越频繁，要想在竞争中立于不败之地，应当掌握一些拜访、交往的礼仪，树立良好的企业形象。

1. 拜访前准备

（1）预约。作为拜访者，事先与受拜访者取得联系，约定时间地点就可以免吃闭门

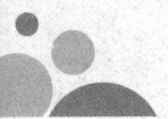

羹。预约对受拜访者尤其有利,他们可以事先作好充分的准备,指定专人会客,更好地安排会见的时间和地点。

预约的方式有:当面向对方提出拜访要求,通过电话向对方提出拜访要求,通过书信提出拜访要求。

预约时语言要准确、肯定,语气要礼貌、婉转。应注意倾听和尊重对方意见。拜访时间一旦确定下来,双方都要遵守。不能随便失约,或随便改时间。如果因特殊情况不能履约时,应客气地向对方说明情况并另行约定时间。

(2)注意仪表服饰。拜访前要注意自己的仪表,衣服要端庄、整洁,给对方留下良好的印象。男士穿西装,女士穿套装,而且穿着要规范。

(3)准备好名片。名片放在名片夹里或放在提包中;女士则可将名片放在提包中容易拿出来的地方。

每至年底、年初,到客户家中拜年,对于巩固友谊、加强联系,都有重要的意义。经常性的促销拜访、开发新产品市场的拜访都是一种重要的感情投入,对于沟通情况、广交朋友和增强企业活力有着至关重要的作用。

2. 拜访要领

(1)了解客户的概况。拜访客户前,要了解客户的概况、特点,以及对方的信用、在商界的地位、口碑。这样在双方谈话时,才能做到有的放矢,不会因为缺乏认识而话不投机,使双方感到窘迫。

(2)会晤礼节。进入客户的单位,应向接待人员主动介绍自己公司的名称和自己的姓名、职务等,同时说明访问对象的姓名和工作部门,如果是事先约定也要说清楚。

被引到会客室时,向引路者致谢。就座时注意,上司坐上座,随从人员则居下座。

随从人员应注意的事项是会晤时不要担任主角,由上司负责主要的交涉,随从人员作为二者之间的桥梁,发挥沟通作用。

需要注意的是,在拜访时,除了要注意介绍的方法以及递名片、接名片的方法,还要注意坐姿、站姿、握手等礼节。无论这次拜访是否完成预期的任务,都应感谢对方的接见,并在临别时与对方握手道别。

二、工作餐及商务宴请

在商务活动中,为了给谈话创造轻松友好的气氛,人们往往把餐桌当作会议桌,边用餐边会谈。这种方式称为工作会餐或商务会餐。商务人员的工作会餐方式灵活,是运用得较广泛的一种商务交际形式。成功的商务工作餐是一门艺术。

(一)筹备工作餐

在安排工作餐时,要注意根据招待的对象选择好地点,在选择就餐地点时一般要注意以下几个方面。

1. 工作餐的就餐环境要高雅、安静

地点的选择有助于各方能很好地发表自己的看法。卫生环境是一个重要方面,尤其是与文化素质较高、有一定社会地位的人共同进餐时更要注意这一点,否则对方会认为对自己不尊重。选择工作会餐地点时,一定要充分考虑到客人的需要,目的是使客人以愉快的心情与你交谈。

2. 拟订菜单时要注意客人喜好

安排工作会餐时,应充分注意客人的爱好,最好事先征求客人的意见,要使客人能吃到他喜爱的食品。在同客人初次见面时,对于少数民族或外商要尊重他们的民族习惯,当客人在用餐时意识到你记得并满足他的偏爱时,他自然会感谢你。主人的热情与诚恳主要体现在感情上,而不在于饭菜的丰盛与否。

3. 要准确地通知客人会餐的时间和地点

当你通知客人会餐的地点时,要保证客人按你的说明能顺利找到。只告诉要去的饭店名称是不够的,应说明饭店的具体位置。同时你应该比你的客人早10分钟到达会餐地点,在那里迎接客人,向客人问候。如果因故不能在门前迎接,一定要请饭店的人做好接待,说明是谁的客人,将其引到预订的餐桌。

4. 准备酒水和饮料

酒和饮料在会谈中能使气氛热烈,应让有能力喝酒的人都喝一些,如确有不饮酒者,可选一些不含酒精的饮料。酒和饮料的品种与品牌,应先征求客人的意见,然后再确定。

(二)出席工作餐

当你被邀请出席工作餐时,要尽力帮助主人使会餐顺利进行,并促使会谈成功。这样,在主人心目中,你就是一个考虑周到的、体贴的人。出席工作餐要特别注意以下礼仪。

1. 按时出席,有始有终

接到邀请后,如无特殊情况,应按时到约定的地点参加工作会餐。为避免路上耽搁,要提前一点动身。如果确有重要事情必须提前退席,应在见面时提前向主人打招呼,以便主人做到心中有数,同时也避免自己心中惦念,频频看表,影响会谈的气氛。对会餐可能涉及的问题要有所准备。在工作会餐进行中免不了涉及一些工作中的事宜,所以参加工作会餐前要将可能涉及的问题在头脑中过一遍,有些记不准的政策或数据要查一下文件或资料,以便在会谈中涉及有关问题时能应付自如,既表现出业务的娴熟,又能在对方心目中树立起良好的形象。

2. 注意选择合适的话题

在商务会餐中,虽然并非所有的话都要涉及工作上的事,但是绝不应像同私人朋友在一起聚餐时一样随心所欲地选话题。当你要提出一个话题时,一定要考虑其他人的情况,比如不可当着单身的人大谈婚姻方面的事。如果你知道客人所在单位效益较好,不要问他奖金多少,因为这可能牵扯到单位不愿公开的内容。不要谈论有关国家或领导人方面的一些小道消息。

(三)商务宴请

为了表现公司的友善,感谢客户的支持,庆祝公司的年庆或扩大组织等,往往要进

社交礼仪

行商务宴请。筹划一个成功的商务宴请,必须注重每个细节的安排。一个敷衍而没有诚意的宴会,只会自损公司的形象。商务宴请比一般的家宴和朋友聚餐多了些郑重、隆重的意味。宴请者应在宴会前的半个月或一个星期内发出请柬。宴请礼仪一般可以参照日常社交礼仪中有关宴请的基本礼仪要求。

思考练习

1. 商务会议的准备一般要考虑哪些方面的事情?
2. 商务会议的与会人员应注意哪些礼仪?
3. 商务洽谈有哪些基本原则?应该如何做好?
4. 商务洽谈的方针和过程有哪些?

第十章 会务礼仪

案例传真

北京第一家合资五星级酒店——长城饭店举办里根访华宴会一举成名

我国的改革开放政策使旅游业如雨后春笋蓬勃发展,致使旅游饭店业出现了激烈的竞争,北京第一家合资五星级酒店——长城饭店也积极投入了这场竞争。竞争的实践表明,长城饭店至今立于不败之地,成为京城高档饭店的佼佼者之一,是公关工作发挥了关键作用。公关工作者在塑造长城饭店的完美形象中发挥了举足轻重的作用。

长城饭店是中美合资企业,早在1983年12月试营业时就建立了公共关系部,并聘请富有公关工作经验的美国人露西·布朗女士出任公共关系部经理。这在北京饭店业中尚属首家,然而当时在中国"公共关系"的概念不仅使国人感到陌生,且带神秘色彩,更有人把公共关系与中国的"关系学"画上了等号。露西女士开展工作十分困难,但她与饭店首任经理孙必达先生,以高度敏锐的公关"嗅觉"抓住了一次千载难逢的好机会,开展公关活动,并获得成功,从而使饭店在正式营业之前就一举名扬亚洲。这就是为美国总统里根在长城饭店举行了成功的访华答谢宴会。

1984年年初,还是在长城饭店的试营业期间,总经理及公关部获悉美国总统里根访华的消息。经过一定努力,他们很快了解到总统访华的大致安排,并大胆地作出了争取里根总统在长城饭店举行答谢宴会的设想。作为北京的一家中美合资饭店的总经理,孙必达先生很想把自己管理的饭店办成世界一流的大酒店。为此,他曾在美国各大报上连发广告,但效果不尽如人意。

他认定,里根访华是扩大饭店知名度的极好机会。他与露西·布朗女士制订了十分周密的实施计划。于是,饭店频频向美国驻华大使馆的官员们发出邀请,请他们到长城饭店做客,请他们对食品和服务提意见,并且遵照客人的意见不断改善食品,提高服务质量。当大使馆的官员们对饭店的服务表示满意时,饭店不失时机地提出了承办里根总统访华答谢宴会的要求,经过反复的磋商,美国大使馆终于同意了。

里根总统到京后,饭店出于对新闻媒介的高度重视,首先把近400名来自世界各地的庞大新闻代表团迎进了长城饭店,提供了优质服务,使他们都十分满意。美国"CBS""NBC""ABC",三家最大的广播公司分别在饭店选定了各自理想播视地点。当他们与饭店交涉播视地点的费用时,孙必达先生表示,只要各广播公司在播映时间向观众说明,你们是在中国北京长城饭店进行现场转播,一切费用从优,协议立即达成。

社交礼仪

4月28日晚，当美国三家广播公司把里根夫妇向中国领导人敬酒的情景，把里根总统和中国领导人的讲话和整个宴会盛况转播到世界各地时，北京长城饭店富丽堂皇的设施、国际一流的服务，也都一一展现在数以亿计的电视观众面前。在现场采访的约500名记者，争分夺秒地把这一报道发往世界各地时，在他们的电稿中，无一例外地写上盛大告别宴会的举办地点——北京长城饭店。

长城饭店这一成功的公关活动，是借助现代化的宣传媒介手段进行的一次传播范围广、效果好、免费的新闻发布会，充分利用了里根访华举行告别宴会的特大新闻价值，使长城饭店一夜之间扬名于世。长城饭店的形象得到了举世的承认。一时，长城饭店的生意真可谓"车如流水马如龙"，兴旺异常。继里根总统的答谢宴会之后，有十几位外国元首先后在长城饭店举行了访华的答谢宴会。而美国的朝野要人访华，几乎都把长城饭店作为进行重要公务活动场所的唯一选择。鉴于长城饭店之盛名，一些高规格的重要国际会议和重要国际活动，也相继由政府有关部门安排在长城饭店举行。露西女士曾幽默地说："长城饭店跟着里根跑遍了世界的每一个角落。"的确，里根对树立长城饭店在世界的良好形象，起了难以估量的作用。

里根举行宴会作为长城饭店公关活动的极大成功，使长城饭店的专职公关工作跃上了一个新的高度。公关部在露西女士的带动下，为了更好地树立长城饭店的良好形象，他们又开展了新的公关活动。

1985年圣诞前夕，公关部邀请一大批大使馆的孩子来饭店进行装饰圣诞树的比赛；除供应孩子们吃喝外，还给每个孩子赠送带有长城饭店标志的小礼物。为什么要这样做呢？露西女士说："因为这是一个为饭店宣传的好机会。这些孩子都是来自各个使馆的，通过这次活动，他们就可能会去对他们的父母作出生动的宣传，因此就可能产生一些意想不到的效果。由于我们把所有驻京使馆的孩子们都请来了，长城饭店就能为更多的国家和更多的人所了解。"

此举使长城饭店几乎与所有的驻华使馆建立了联系和友谊。至今，无论哪一个国家的国庆日、独立日、解放日或新大使到任，长城饭店都会送去总经理贺信及礼物表示祝贺，此举使许多外交官成为长城饭店的朋友，他们国家的来华访问者，许多都成为长城饭店的宾客。

第一节　新闻发布会会务礼仪

新闻发布会一般是指组织机构在取得突出成绩或面临重大变故时向新闻媒介公布信息的活动。它是现代组织机构从事信息传播的一种十分正规和隆重的活动。新闻发布会对社会产生的影响面大，因而，活动的成败事关组织机构的发展大计。新闻发布会具有三大基本功能：一是提高组织机构的知名度。通过发布信息，引起公众对组织机构的关注。二是开展媒介关系。通过活动为新闻界提供了解组织机构的机会，借以建立或进一步巩固与新闻界的关系。三是影响舆论。通过阐述组织机构的方针政策，引导公众意见和态度朝着对组织机构有利的方向发展。

要使新闻发布会取得预期的效果，组织者及相关工作人员必须熟悉新闻发布会的会务礼仪。

一、新闻发布会的会前准备

（一）准备新闻发布会的资料

俗话说"巧妇难为无米之炊"。要使新闻发布会的基本功能得到充分发挥，组织者就要积极准备好相关资料。不同主题和不同目的的新闻发布会，所需的会务资料也不同。

1. 新闻发布会的主题大致可分为三类

（1）公布与解释本组织机构的重要决策和发展动态，如企业的人事变动、企业推出的新产品等。

（2）澄清事实，纠正谬误，检讨失职，回答质询，如企业产品出了问题的解释等。

（3）协助新闻单位及时了解本组织机构的各项工作和业务。

2. 新闻发布会应准备如下四个方面的资料

（1）发言人的发言稿。发言稿既要紧扣主题又要全面、准确、真实、生动。

（2）报道提纲。可事先将报道的重点、有关的数据、资料编印出来，作为记者采访报道的参考资料。

（3）回答提纲。为了使发言人在现场回答问题时表现自如，可事先预测一些记者可能问到的问题，并准备好答案。

（4）其他辅助材料。如图片、实物、模型、视频、光碟等，目的是增强发言人讲话的效果，加深与会者对会议主题的认识和理解。

（二）确定参加新闻发布会的相关人选

1. 确定新闻发布会的主持人和发言人

新闻发布会的主持人一般可由组织机构的公关部负责人、办公室主任担任。主持人的语言要流畅，要有幽默感，要有较强的应变能力和组织能力；新闻发布会的发言人原则上应是组织机构的负责人。发言人必须思维敏捷、反应快、口齿伶俐，有较高的文化修养和专业水平，如果是组织机构的负责人担任新闻发言人，还必须在新闻发布会上向记者展示出以下五种素养，筹备新闻发布会的负责人必须提醒新闻发言人预先加强学习和演练。

（1）对组织机构的忠诚。第一，以自己是组织机构的一员为荣，能与组织机构荣辱与共；第二，无论何时何地，都能维护并自觉地宣传组织机构的政策；第三，在具体问题上与最高决策层保持一致。

（2）对信息的全面了解。对与新闻发布会主题相关的信息，发言人要提前认真研究，力求做到心中有数。

（3）驾驭现场的综合能力。如果把新闻发布会比作一个舞台，新闻发言人就是这个

大舞台上的主角。新闻发言人面对敏锐的眼光和连珠炮似的发问,应头脑清醒、应对自如。

(4)坦诚的态度和言辞。以坦诚的态度面对新闻媒介,以恳切的言辞回答记者的提问,是新闻发言人必须具备的素养。经验证明,多数情况下,在记者面前"兜圈子""捂盖子",只能使事情越来越糟;而在不泄露商业机密的前提下以诚相告反而能获得记者的谅解。

(5)与主持人密切配合。在新闻发布会上,主持人要为发言人"搭台",发言人也要主动与之配合,包括会前主动与主持人商讨新闻发布会的程序,预先设计会上的联络"暗号";会上发言人随时注意主持人的提示或"暗号",以求口径的统一和步调的一致,会后表达对主持人的谢意,一起总结会上的得失,等等。

2. 确定邀请对象

新闻发布会的参与者主要是对社会有特殊影响的新闻记者。邀请的对象要根据发布新闻的内容和要求来确定,覆盖面要广些,各方新闻机构都要照顾到。同时还可邀请一些社会名流和有关专家,以提高会议的规格,增加可信度。

要拟订详细的邀请名单,请柬要提前7~10天发出,临近开会时还应打电话联系落实。

(三)布置新闻发布会会场

会场一定要选择一个良好的环境,室内气温、灯光要适宜,要有舒适的座椅,要安静而无噪声,最好不设电话分机。小型新闻发布会最好不用长方形会议桌,而用圆形的,显得气氛和谐、主宾平等。大型新闻发布会则采取主宾相对而坐的形式。

二、新闻发布会的会中服务

(一)做好会议开始前的会务工作

会场入门处应设报到处,让所有来宾在签到簿上签上自己的姓名、单位、职业、联系电话;工作人员将已签到的来宾引导到会场座位上,并将准备好的资料袋发给来宾。

发给每位来宾的资料袋中的资料主要包括:新闻发布稿、专业性资料,以及会上要展示的产品或模型的照片。

(二)主持人要充分发挥主持和组织作用

要充分发挥主持和组织作用,主持人必须熟记新闻发布会的程序,并且语言要庄重并具有感染力,设法活跃整个会议气氛,引导记者踊跃提问。

新闻发布会的程序如下。

1. 宣布开始

主持人宣布新闻发布会开始,致简短欢迎词,介绍议题和议程,介绍新闻发言人。

2. 发布新闻

新闻发言人讲话,可以宣读新闻发布稿,也可以按照发言提纲发布新闻。

3. 答记者问

由主持人指定提问记者，新闻发言人回答记者的提问。主持人要自始至终掌握好时间和节奏，按事先规定的时间，宣布"最后一位记者提问"。

4. 宣布结束

新闻发言人回答完"最后一位记者提问"后，主持人宣布新闻发布会结束。

5. 提示会后安排

主持人提示会后记者的活动，如参观安排、礼品赠送、会餐事宜等。

（三）发言人对记者提出的各种问题，应诚恳、明确地回答

会议发言人的发言应重点突出，语言生动流畅，所发布的消息要准确无误，对记者提出的各种问题，应诚恳、明确地回答，对个别记者的特殊提问和要求，也应尽量予以满足，对于不愿发表和透露的消息，应婉转地向记者作解释。遇到不便回答的问题，不能简单地说"不知道"，应采取灵活而变通的办法回答，切忌由此引起记者的不满和反感。

三、新闻发布会的会后工作安排

（一）礼品馈赠

根据常规，向来参加新闻发布会的人员赠送的礼品，应具有如下三大特征。

1. 荣誉性

要使礼品具有一定的纪念意义，使拥有者对其珍惜、重视，并为之感到光荣和自豪。

2. 宣传性

可选用本单位的产品，也可在礼品及其外包装上印上本单位的企业名称、标志、广告用语、产品商标等。

3. 独特性

礼品应与众不同，具有本单位的鲜明特色，使人一目了然，或令人过目不忘。

（二）会后参观的安排

会后，可以配合会议的主题组织记者进行参观，给记者创造实地采访、摄影、录像的机会，增加记者对会议主题的感性认识。这项活动应该在会前安排好，如参观的地点、参观的线路和参观过程中接待人员的安排，参观过程中的情况介绍等。

（三）小型宴会的安排

如果认为有必要，且财力和时间许可，可以在发布会结束后或参观活动后，邀请记者参加午餐或晚宴。这是一种相互沟通的机会，可以利用这种场合融洽与新闻界的关系。同时，还可以在这种轻松愉快的气氛中，使记者在新闻发布会上没有得到解答的问题，在这里得到满意的回答。

（四）收集各到会记者在报刊发表的稿件

收集各到会记者在报刊发表的稿件，对照会议签到，看与会记者是否都发了稿件，对已经发稿的记者，应电话致谢。若出现不利于本单位的报道，应及时作出反应。若是

不正确或歪曲事实的报道,应立即采取行动,说明实情,向报道机构提出更正要求;若报道的内容虽然是事实,但不利于本组织机构,且这种情况完全是自身的原因造成的,对此应尽快通报给该报道机构,表示虚心接受批评并致歉意,以挽回声誉。

第二节 会展会务礼仪

会展是会议和展览及大型展销活动的统称。由于会议与展览两者密不可分,故习惯上统称为会展,包括展览会,和展览会相似的交易会、展销会、博览会等。

火爆的会展得益于密集的信息、创新的知识和丰厚的财富,是社会文明的隆重展示。人们在展会上"大饱眼福",获取信息、知识和财富。因此,每一次展会都能吸引成千上万的参观者慕名而来,以观光的热望、求知的向往、淘金的企求蜂拥而至,使会展人气大增,场景壮观。

气势宏大的会展会使人们大开眼界,所以西方经济学家把会展称之为"信息冲浪""知识会餐""财富平台""城市经济的拉力器"。

近些年来,随着我国经济体制改革和经济结构的调整,一个新的行业——会展业已悄然兴起,会展业作为新兴的服务产业,是21世纪的朝阳产业,有着巨大的发展潜力。例如,2004年11月在广西南宁市举办的首届中国-东盟博览会累计贸易成交额达10.3亿美元;签订涉外投资项目12个,总投资额为49.68亿美元;签订国内合作项目102个,总投资额为475.4亿元人民币。此外,博览会接待国内外观众达30万人次,同时召开了首届中国-东盟商务与投资峰会、各国和国内各省市区推介会等一系列重大的贸易投资促进活动和多项文艺活动。

会展承办者应能熟练地掌握会议策划、预算、筹备、选择会议酒店、资料印刷、会场布展、横幅制作、会员接待接送、餐饮质量跟踪、返程交通、礼品制作等服务,以及会后代办代表考察等相关服务的技巧和礼仪。本节重点介绍展览会的会务礼仪。

一、展览会的组织

(一)明确展览会的主题和目的

展览会不是一般的推销活动,还是一种塑造商品和组织形象的公共关系活动。因此,筹办展览会,首先应明确展览会的主题和目的。只有明确了展览会的主题和目的,才能决定展览会的类型、参展项目、邀请对象和接待形式。

(二)明确潜在的参展商

参展商的数量与质量,在很大程度上决定了展览会的成功与失败。因此,明确潜在的参展商,选择参展商的工作就显得尤为重要。选择参展商的工作就是选择与确定合适的申请者,拒绝与淘汰不合适的申请者。选择参展商的标准要根据展览会的目的、展览会的性质和内容等因素制定。

(三)会前邀约

为了达到预期的目的,筹办展览会要做好市场营销活动,会前邀约与广告是两种有效的营销手段。筹办展览会,通常采用广告和发邀请信给可能的参展单位等形式来吸引参加展览会的单位。邀请信应写清楚展览会的宗旨、类型、参展项目以及参加展览会的要求和费用,以给潜在的参展单位提供决策所需要的资料。会前邀约,如果是国际展览会,以在6个月前发出邀约为宜;如果是国内展览会,应不迟于开幕前3个月发出邀约。会前邀约能给潜在的参展单位一种受到特别重视的印象。

寄发展览说明书的时效很重要,有很多厂商都在会计年度开始时编列预算,营销部门再根据预算决定要参加哪些展览,如果展览说明资料上显示某一参览项目的费用超出预算,可能就无法参加。在说明书寄发前几周最好先寄发展览通知给潜在的参展厂商,这样他们可以预期得到更详尽的资料。同样重要的是,寄发资料后要分别列出时间表追踪,第一次没有回应并不表示拒绝,第二次再收到相关资料会促使他们动作快一点,或重新再考虑参展的可能性,因而随时追踪是必要的。

(四)培训工作人员

展览会需要培训的工作人员包括讲解员、服务员、接待员。展览会工作人员的素质,直接影响着展览会的效果,因此必须对展览会的工作人员进行良好的会展专业技能训练,并结合展览会的类型进行基本的会展专业理论知识培训,以满足展览会的要求。理论知识培训内容应侧重于会展服务与管理方面的知识,包括:会展简论、会议服务、展览服务、信息服务、媒体服务、会议策划、展览策划、案例分析。

专业技能训练应依据工作人员的具体职责进行,如接待员应进行迎送礼仪培训。鉴于参展商大多是外地来客,迎接之前应掌握客人的背景资料、来宾人数、身份、性别、年龄、习俗等,并准备好必要的车辆和食宿接待。

(五)组建展览会服务机构

展览会的服务机构一般包括如下几方面。

1. 展览会组委会

设主任1名,副主任可根据展览会规模的情况设1~3名。

2. 展览会展览办公室

设主任1名,副主任2~3名。

3. 展览办公室各职能组织

(1)秘书组。设组长1名(可由展览会展览办公室主任兼任),副组长1~2名,列出各人的联系电话。

(2)联络组。联系人2~3名,列出各人的联系电话。

(3)宣传组。联系人2~3名,列出各人的联系电话。

(4)展出组。联系人3~5名,列出各人的联系电话。

(5)财务组。联系人3名,列出各人的联系电话。

(6)保卫组。联系人1~2名,列出各人的联系电话。

(7)评审组。联系人2名,列出各人的联系电话。

(六)准备好宣传资料

展览会是典型的综合运用多种传播手段的公关专题活动。为了扩大展览会的影响,在展览会筹备过程中,应尽可能利用多种渠道向公众宣传。因此在确定宣传招展对象的同时,应着手准备宣传资料。宣传资料的形式包括新闻资料、参展说明书和辅助宣传资料等。

1. 新闻资料

新闻资料的内容包括展览会的基本情况(如展览会的时间、地点、内容、性质等),市场的规模、特点、潜力,组织者的联系地址、参展手续、申请截止日期等,主要提供给各家媒体作新闻报道用。

2. 参展说明书

参展说明书的内容与新闻资料相似,但要比新闻资料更详尽,尤其要在参展说明书中注明参展资格,这样可以排除一些和展览主题不符的厂商,避免不必要的麻烦。参展说明书主要用于潜在参展者了解展览会并判断此项展览是否符合自身需求的重要依据。

3. 辅助宣传资料

会前还应设计展览会的会徽,准备好展览会的纪念品,并事先准备录音带、录像带、各种小册子、展览会目录表等各种辅助性宣传资料。

二、做好展览会的各项服务工作

展览会是一种典型的综合性的大型公关专题活动,成功举办一次展览会,需要多项服务的支撑。狭义的展览服务包括住宿、餐饮、交通、运输、旅游、返程等。广义的展览既包括展览现场的租赁、广告、保安、清洁、展品运输、仓储、展位搭建等专业服务,也包括住宿、餐饮、交通、运输、旅游等相关行业的配套服务,既有对参展商的服务,也有对观众的服务。本节侧重介绍狭义的展览服务礼仪。

(一)住宿服务

客人对客房的基本要求是整洁、宁静、安全、方便、尊重。除上述基本要求之外,有的商务客人还有其特殊的要求,如家具设计应体现出强大而完善的商务功能。其他方面,应安排和设置好电话、传真、宽带网络,各种插口要一一安排整齐,杂乱的电线要收拾干净,书桌位置应依据空间的大小而安排好,房间应具有良好的采光性,视野要开阔。

(二)餐饮服务

展览会的组织者提供餐饮服务必须考虑如下因素。

(1)与会者的民族习俗与饮食习惯,尊重与会者的饮食禁忌。

(2)用餐人数的多少。大型会展可以通过发放餐券来把握就餐人数。

(3)用餐的时间。为保证午餐后的工作效率,避免与会者餐后困倦,午餐要保持清淡,并且不要提供酒精饮料;晚餐若没有工作任务,可以安排丰富的菜肴。

(4)食品与餐具卫生。要有严格检测制度与措施,严防食物中毒。

(5)食品的营养结构。在注重与会者的口味和饮食习惯的同时,应考虑食品的营养结构,要提供高热量、低脂肪、维生素丰富的食品。

(三)交通服务

交通与住宿是衡量会展举办地接待能力的两大因素,交通方面应满足快速安全、畅通、便捷的基本要求。

(四)运输服务

运输服务主要是指展品到达会展举办地的机场、码头、火车站之后,将展品搬运到展馆的地面运输。展品运输一般是承包给专业的运输物流公司,展览组织者在其中主要应做好联络、协调和组织工作。

(五)旅游服务和返程服务

组织旅游,安排导游,代购机票、车票,这些都是旅行社的强项,因此会展的旅游服务、返程服务可以委托资质比较好的旅行社协办。

和展览会相似的交易会、展销会、博览会的会务礼仪与展览会的会务礼仪大致相同。

第三节 茶话会会务礼仪

茶话会是一种备有茶及茶点的社会性集会形式。它既不像古代茶宴、茶会那样隆重和讲究,也不像日本"茶道"那样有一套严格的礼仪和规则,而是以清茶或茶点(包括水果、糕点等)招待客人的集会。

茶话会,流传至今已有千年以上的历史。目前,茶话会在我国十分盛行,各种形式的茶话会让人耳目一新。小的如结婚典礼、迎宾送友、同学朋友聚会、学术讨论、文艺座谈等,大的如商议国家大事、庆典活动、招待外国使节等,一般都可采用茶话会的形式,特别是欢庆新春佳节,采用茶话会形式的越来越多。各种类型的茶话会,既简单隆重节俭,又轻松愉快高雅,是一种效果良好的集会形式。

组织茶话会,应做好如下工作。

一、会前邀约

请柬,除了写明时间、地点之外,重要的是要说明茶话会的目的和简要的大纲,使参加茶话会的客人有所准备。请柬一般应在茶话会召开之前两个星期送达客人手中。一般的请柬可派人员送达,也可通过邮局邮寄。给有名望的人士或主要领导的请柬应派专人送达,以表示诚恳和尊重。请柬或邀请书要印刷精美,言语郑重,书写工整。茶话会大多安排在正餐时间之前,一般为下午2—4时或上午10时左右。

二、会场布置

茶话会的会场,可设在会议室(厅)、礼堂。会场的布置应格调文雅、温馨周全、井井有条。茶话会的会场布置,可依内容、人员的不同有所区别。如与会人员仅几人,用一张圆桌即可,几十人乃至几百人,可用方桌拼成长方形或其他形式;几百人、上千人的大型茶话会,多用圆桌,团团围坐。关于茶话会的饮品,香茶是必备之物,有条件的还可以增加鲜果、糕点及各色糖果。茶话会的布置,可以根据茶话会的内容和季节的不同,在席间或室内布置一些鲜花。如在夏季以叶子嫩绿、花朵洁白的茉莉为宜,使人有清幽雅洁之感;若在冬季,则以绽放吐香的蜡梅和生机盎然的水仙为宜,使人感受到春天的气息。如果是婚礼茶话会,则以红艳的鲜花为好,以示新婚夫妇的幸福和美满。当然,由于条件所限,对花种的选择会有局限性,但不论选用什么花种,对颜色的选择应与茶话会的内容相协调。

在较大的茶话会上,配以轻音乐或小型的文艺节目如小品、相声等曲艺节目,可以增添欢乐气氛。

三、茶点准备

茶点准备,对茶叶、茶具的选择应有所讲究或具有地方特色。

(一)茶具的选择

茶具一般选择陶质或瓷质器皿,陶质器皿以江苏宜兴的紫砂陶茶具为最佳。

(二)茶叶的选择

外国人一般饮红茶,并在茶中添加糖、牛奶或盐等。我国由于幅员辽阔、气候各异,各地饮茶习惯也不尽相同。广东、广西、福建、云南一带习惯饮绿茶,近年来受港澳台地区的影响,饮乌龙茶的人也多了起来;江南一带饮绿茶的比较普遍;北方人一般习惯饮花茶;西藏、内蒙古、新疆地区的少数民族,则大多习惯饮紧压的砖茶、块茶。

除茶之外,可备些水果、干果、点心等风味食品,夏季还可增添果汁、啤酒等其他饮料。

四、恭迎宾客

茶话会开始前,主人一般应提前到达,而工作人员至少应提前半小时到达,以迎接客人入席。

1. 迎宾

迎宾时,主人一般应在宴会厅门口迎接。特别重要的客人,还应到饭店大门口或大堂迎接。主宾到达后,由主人陪同进入休息室。休息室至少要有两名以上相应身份的人员照料主宾。

2. 入席

一般宾客先入席,主人陪同主宾最后入席。待全体客人入座后,茶话会即可开始。

五、把握茶话会的主要会议议程

在一般情况下,商界所举办茶话会的主要会议议程,大体有如下四项。

1. 主持人宣布茶话会正式开始

在宣布会议正式开始之前,主持人应当提请与会者各就其位,并且保持安静。在会议正式宣布开始之后,主持人还可对主要的与会者略加介绍。

2. 主办单位的主要负责人讲话致辞

负责人的讲话应以阐明此次茶话会的主题为中心内容。除此之外,还可以代表主办单位,对全体与会者的到来表示欢迎与感谢,并且恳请大家今后一如既往地给予本单位以更多的理解、更大的支持。

3. 与会者发言

根据惯例,与会者的发言在任何情况下都是茶话会的重心之所在。为了确保与会者在发言之中直言不讳、畅所欲言,通常主办单位事先均不对发言者进行指定与排序,也不限制发言的具体时间,而是提倡与会者自由地进行即兴式的发言。有时,与会者在同一次茶话会上,还可以数次进行发言,以不断补充、完善自己的见解、主张。这是茶话会比较宽松、自由的阶段,这时,人们品茗茶、尝茶点,互相交换意见,发表各种见解,畅谈友情。

4. 主持人简要总结

主持人总结结束后,即可宣布茶话会结束。

六、引导席间交谈,保持聚会者谈话的良好气氛

茶话会致辞完毕,即进入比较宽松、自由的阶段。大家可以毫不拘束地互相交谈,但仍要注意不失礼仪。其间气氛全依靠主人的掌握。

茶话会的主持人主持会议应在两方面有充分的准备:一是对会议的主题、内容有明确的了解,对如何引导座谈的进行和发展,有一定准备,考虑好一些必要的和基本的问题;二是主持人对来参加茶话会的人员应该有一个基本的了解,邀请了哪些人,到会的是哪些人,他们的社会职业、文化知识层次等,都应当有所了解,以设法提出一些他们熟悉并感兴趣的话题。

七、礼貌送客

茶话会结束,客人辞别,要以礼相送。送行时应主动热情、细心周到。送别时,应与客人一一握手,感谢客人光临。客人自备车辆的,将客人送上车后,送行人员应面带微笑,挥手告别,待车离开后,要等到看不见对方时,方可返回。客人没有自备交通工具的,有条件的,可安排车辆送客人返回,没有条件的,应为客人指明返回途中可乘坐的交通工具。

第四节 赞助活动会务礼仪

所谓赞助活动,是指社会组织以不计报酬的捐赠方式,出资或出力支持某一项社会活动、某一种社会事业的活动。赞助的形式一般有:现金(以特许权使用费或其他费用形式)、实物产品或提供服务。

为了更好地发挥赞助活动的功能,达到赞助活动双赢的预期目的,作为赞助主体的社会组织和受赞助者(赞助对象)都应该遵循赞助活动中的规则。

作为赞助主体的社会组织应把握的礼仪有如下几点。

一、明确赞助的目的

赞助活动的目的是提高企业的知名度、树立企业在社会公众中的美好形象,从而提高企业生存和发展的能力。以此为目的的公共关系赞助活动,是实现企业生存和发展的有效手段。赞助活动的目的主要有四个方面。

(1)出资赞助社会公益事业,为企业经济效益的提高营造良好的社会大环境。赞助的重要目的是提高社会效益。

(2)关心和支持社会公益事业,表明企业作为社会的一员,为社会作出了贡献,从而树立企业的美好形象。赞助以承担企业的社会责任和尽义务为主要目的。

(3)以资证明企业的经济实力,赢得社会公众的信任,谋求社会公众的好感。赞助以增进感情的融通为主要目的。

(4)以赞助活动为手段,扩大企业知名度,使之成为公共关系广告,增强企业商业广告的说服力和影响力。赞助以扩大影响为主要目的。

二、明确赞助对象

赞助活动的主要对象有以下几个。

(一)体育事业

对体育事业的赞助不仅可以提高人民的健康水平,而且可以最大限度地提高企业的知名度。

(二)文化事业

企业赞助社会文化事业,不仅可以培养公众的文化情操,提高人民的文化素养,而且可以大大提高企业美誉度,提高企业的社会效益。

(三)教育事业

教育事业是百年大计,赞助教育事业体现了企业对社会的责任,也为企业提供了长期发展的后备力量。

(四)社会福利和慈善事业

为社会分忧解难,是企业的义务。赞助福利和慈善事业,是企业谋求与政府和社区两大公众机构和群体最佳关系的重要手段。

三、赞助活动的程序

开展赞助活动的程序一般如下。

(一)调查研究、确定对象

企业的赞助活动可以自选对象,也可以按被赞助者的请求来确定。但无论赞助谁、赞助形式如何,都应做好深入细致的调查研究。特别需要指出的是,企业的赞助活动,必须是社会公众最乐于支持的事业和最需要支持的事业。另外,调查研究应该以企业的经济和社会效益的同步增长为目标,重点分析投资成本与效益的比例,量力而行,保证企业与社会共同受益。

(二)制订计划、落到实处

企业的赞助活动应是有计划的公共关系的一部分。在调查研究的基础上,赞助计划应该具体详尽。

(三)完成计划、争取效益

在制订计划的基础上,企业应派出专门的公共关系人员,去实施赞助方案。在实施过程中,公共关系人员要充分利用有效的公共关系技巧,创造出企业内、外的"人和"气氛,尽可能扩大赞助活动的社会影响。

(四)评价效果、以利再战

对每一次公共关系活动的效果,都应该作出客观的评价,这样可使今后的赞助活动搞得更好。

四、签订赞助协议

当确定赞助对象与活动以后,应该签订赞助协议,明确双方的责任和义务。例如,赞助会展活动,一旦被会展组委会确定为赞助候选企业,就可与会展组委会就赞助协议展开谈判并签约,以确保由于赞助而获得的回报。

赞助企业通常可以获得的宣传权益回报,主要有以下方式:有权使用活动或活动主办方的商标、商号和标志进行广告和营销活动;冠名权,被指定为特定产品或服务的唯一供应商;活动期间电视广告和户外广告的优先购买权;媒体专访权;主题活动的优先选择权等。通过宣传权益,赞助商可以在其产品品牌与被赞助的活动之间建立良好的联系,从而取得潜在的盈利。

赞助商获得的另一主要回报是活动期间相应的接待权,例如获得个别的特殊接待服务,使用豪华接待室或商务用餐室。这种接待权可以为赞助商提供接触客户和巩固商业关系的机会。接待权还包括有权以贵宾身份参加开幕式、闭幕式并致词,获得免费

的门票,获得活动期间的免费食宿,等等。这些权益有助于赞助商扩大知名度,提升其品牌形象。

五、重视赞助仪式

一般而言,企业赞助的目的一方面是为活动主办方提供资助,履行公司的社会责任,另一方面得到应有的回报。赞助企业充分利用由于赞助而获得的宣传权利之外,还应多渠道宣传自己的义举,举办赞助仪式是一种很好的宣传方式。成功的赞助仪式能把赞助宣传推向高潮。

六、征集赞助者的礼仪

随着时代的发展,许多体育盛会、博览会等大型活动,都以商业运作的方式来筹办。为了筹集活动资金,活动筹委会的工作人员在征集赞助者时应该注意的礼仪有如下几点。

(一)明确赞助的宗旨

遵守《奥林匹克宪章》,遵循奥林匹克理想和北京2008年奥运会"绿色奥运,科技奥运,人文奥运"的理念;推动奥林匹克运动的发展,提升北京2008年奥运会和中国奥委会在国内外的形象与品牌知名度;确保北京2008年奥运会获得充足、稳定的组织经费和可靠的技术和服务支持;为中外企业提供独特的奥林匹克市场营销平台,鼓励中国企业广泛参与,通过奥运会市场营销提高企业形象和产品品牌;为赞助商提供优质服务,使它们获得充分的投资回报,帮助赞助企业与中国奥林匹克运动建立长期的合作伙伴关系。

(二)确定赞助的层次

赞助的层次一般分为合作伙伴、赞助商、供应商三个。每个层次都设定有赞助的基准价位。在同一层次中,不同类别的基准价位也会有所差异,以体现不同行业之间的差别。具体价位将在销售过程中向潜在赞助企业作出说明,在销售每个赞助层次的过程中还应向潜在赞助企业详细说明赞助企业的责任和权益回报。

(三)拟订并公告赞助计划

赞助计划的内容一般包括以下几个方面。

(1)阐明赞助宗旨。
(2)确定赞助层次。
(3)说明赞助商权益。
(4)说明赞助销售的方式、步骤和进度。
(5)明确赞助商选择的标准。

(四)赞助企业的征集(赞助销售)

赞助企业的征集是一个循序渐进的过程。市场开发计划启动以后,组委会首先要开展合作伙伴级别的征集工作,然后再进入赞助商和供应商征集阶段。赞助销售坚持

"公开、透明、公平"的原则,通常根据行业的不同情况采取以下不同的销售方式。

1. 公开销售

通过公告销售通知或公开征集企业赞助意向。

2. 定向销售

向具备技术条件的企业发出征集赞助的邀请。

3. 个案销售

直接与符合技术条件的企业进行销售洽谈。

(五) 签订赞助协议

企业明确表示赞助意向后,活动组委会向应征企业发出《征集书》和《赞助协议》;企业根据《征集书》的要求制作赞助方案,并在规定的日期内向活动组委会递交赞助方案;活动组委会对企业递交的赞助方案进行评审,并确定候选企业;活动组委会与候选企业就《赞助协议》展开谈判并签约。企业一旦正式参与赞助计划或特许经营计划,就要遵守活动组委会制定和认可的相关市场开发规则,把赞助的活动项目搞好。

思考练习

1. 什么叫会务礼仪?
2. 什么是新闻发布会?
3. 筹办新闻发布会应做好哪些准备工作?
4. 如果你是新闻发布会的主持人,应如何把握新闻发布会的程序?
5. 什么是会展?
6. 展览服务主要包括哪些内容?
7. 茶话会的主要议程有哪些?
8. 什么是赞助活动?赞助企业应选择怎样的赞助对象?

第十一章 仪典礼仪

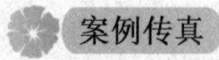案例传真

签约礼仪不可不知

经过长期洽谈之后,南方某市的一家公司终于同美国的一家跨国公司谈妥了一笔大生意。双方在达成合约之后,决定正式为此举行一次签字仪式。因为当时双方的洽谈在我国举行,故此签字仪式便由中方负责。在仪式正式举行的那一天,让中方出乎意料的是,美方差一点要在正式签字之前"临场变卦"。原来,中方的工作人员在签字桌上摆放中美两国国旗时,误以中国的传统做法"以左为上"代替了目前所通行的国际惯例"以右为尊",将中方国旗摆到了签字桌的右侧,而将美方国旗摆到签字桌的左侧。结果让美方人员恼火不已,他们甚至因此而拒绝进入签字厅。这场风波经过调解虽然平息了,但它给了人们一个教训:在商务交往中,对于签约的礼仪不可不知。

第一节 庆典仪式礼仪

庆典,是各种庆礼仪式的统称,是指围绕重大事件或重要节日而举行的庆祝活动仪式。随着社会的进步,企业公关意识的增强,现代企业经营者都想方设法地、合情合理地利用各种事件举行庆典活动,以扩大知名度和提高美誉度。

一、庆典

仪式庆典活动的范围很广,常见的有开工典礼、落成典礼、颁奖大会、开业庆典、周年纪念大会、地方传统节日、重大活动的开幕式和闭幕式等。

就内容而论,在商界所举行的庆祝仪式大致可以分为四类:第一类,本单位成立周年庆典。通常,它都是逢五、逢十举行的,即在本单位成立五周年、十周年以及它们的倍数时进行。第二类,本单位荣获某项荣誉的庆典。当单位本身荣获了某项荣誉称号,单位的"拳头产品"在国内外重大展评中获奖之后,均会举行这类庆典。第三类,本单位取得重大业绩的庆典。例如,千日无生产事故、生产某种产品的数量突破10万台、经销某种商品的销售额达到1亿元等。第四类,本单位取得显著发展的庆典。例如,当本单位成立集团、确定新的合作伙伴、兼并其他单位、分公司或连锁店不断发展时。

但无论因何举办庆典活动,在典礼举行之时,都必须认真恪守"热烈、隆重和适度"的三项礼仪原则。

二、庆典仪式的准备工作

庆典活动具有涉及面广、仪式时间短、工作复杂而紧凑、注重形式、影响迅速和范围广等特点,因此作为庆典活动的组织方应该作好整体的筹划和设计,力争体现出庆典所具有的热烈、欢快、隆重的特色。

(一)确定出席人员的名单

确定庆典的出席者名单时,始终应当以庆典的宗旨为指导思想。一般来说,庆典的出席者通常应包括如下人士。

1. 上级领导

当地主要领导、上级主管部门领导、地方的职能管理部门的领导,大都对单位的发展给予过关心、指导。邀请他们参加,主要是为了表达感激之情。

2. 知名人士

若能邀请社会名流、某方面专家、影视娱乐名人等知名人士参加,整个庆典活动将增色不少。根据公共关系学中的"名人效应"原理,社会各界的名人对于公众最有吸引力,能够请到他们,将有助于更好地提高本单位的知名度。

3. 大众传媒

能够参加仪式庆典的公众毕竟是有限的。为扩大仪式庆典活动的社会传播面和影响面,就需要借助大众传媒的力量。在现代社会中,报纸、杂志、电视、广播等媒介,被称为仅次于立法、行政、司法三权的社会"第四权力"。邀请媒体,并主动与其合作,将有助于媒体公正地介绍本单位的成就,进而有助于加深社会对本单位的了解和认同。

4. 合作伙伴

在商务活动中,合作伙伴经常是彼此同呼吸、共命运的。请他们来与自己一起分享成功的喜悦,是绝对必要的。

5. 单位员工

员工是本单位的主人,本单位每一项成就的取得,都离不开他们的兢兢业业和努力奋斗。成功的庆典活动能增加员工的自信心和工作热情,所以在组织庆典时,是不容许将他们完全"置之度外"的。

具体名单一经确定,就应尽早发出邀请或通知,重要宾客的请柬应于一周前送达其手中,请柬中应写明活动事由、方式、时间、地点。活动前三天再电话核实,看有无变动;贵宾在活动前一天再核实一次。

庆典涉及的人员甚多,准备工作要求时间性强,如果随意更改日期会影响到参加庆典的人员的工作安排,也会打乱企业正常的工作秩序,故不到万不得已,均不应将庆典取消、改期或延期。

(二)庆典仪式现场的准备

庆典仪式多在现场举行,其场地可以是正门之外的广场,也可以是正门之内的大

厅，还可以为扩大影响力选择外借的大厅举行。按惯例，为显示隆重与敬客，可在来宾尤其是贵宾站立之处铺设红色地毯，并在场地四周悬挂横幅、标语、气球、彩带。此外，还应当在醒目之处摆放来宾赠送的花篮、牌匾。来宾的签到簿、本单位的宣传材料、待客的饮料等，亦须提前备好。对于音响、照明设备，以及庆典仪式举行之时所需使用的用具、设备，必须事先认真进行检查、调试，以防其在使用时出现差错。如果有能力，还可以请乐队、锣鼓队助兴。

另外，主办单位应提前试验音响，了解无线麦克风电磁波的方向性、频率高低、音量大小，不要出现"吱吱"的噪声或间断。线路距离与麦克风连线长短要考虑周全，不要使讲话者无法进行必要的移动。尤其是供来宾们讲话时使用的麦克风和传声设备，在关键时刻，绝不允许临阵"罢工"，让主持人手忙脚乱、大出洋相。对移动演讲者、表演者最好用移动无线麦克风。

三、庆典仪式的程序

仪式礼仪规定，拟定庆典的程序时，有两条原则必须坚持：第一，时间宜短不宜长。大体上讲，它应以一个小时为其极限。这既为了确保效果良好，也是为了尊重全体出席者，尤其是为了尊重来宾。第二，程序宜少不宜多。程序过多，不仅会加长时间，而且还会分散出席者的注意力，并给人以庆典内容过于凌乱之感。

依照常规，一次庆典大致上应包括下述几项程序。

（1）预备：请来宾就座，介绍嘉宾。

（2）宣布庆典正式开始。

（3）本单位主要负责人致辞。

（4）邀请嘉宾讲话。出席此次仪式的上级主要领导、协作单位及社区关系单位，均应有代表讲话或致贺词。不过应当提前约定好，不要当众推来推去。对外来的贺电、贺信等的具体内容，可不必一一宣读，但对其署名的单位或个人应当公布。在进行公布时，可依照"先来后到"为序，或是按照其具体名称的汉字笔画的多少进行排列。

（5）安排文艺演出。这项程序可有可无，如果准备安排，应当慎选内容，注意不要有悖于庆典的主旨。

（6）邀请来宾进行参观。如有可能，可安排来宾参观本单位的有关展览或车间等。当然，此项程序有时亦可省略。

四、来宾的接待工作

庆典活动一般都较盛大，工作任务繁重，需要组织内部各部门有关人员密切配合，共同完成。最好的办法是，庆典一经决定举行，即成立对此全权负责的筹备组。在庆典的筹备组之内，应根据具体的需要，下设若干专项小组，在公关、礼宾、财务、会务等各方面"分兵把守"，各管一段。其中，负责礼宾工作的接待小组，大都不可缺少。要做到有条不紊、忙而不乱，就要确定庆典仪式的程序，并按照仪式典礼规格确定司仪人员，按照有关活动内容将任务具体落实到人头上。

庆典的接待小组，原则上应由年轻、精干、身材与形象较好、口头表达能力和应变能力较强的男女青年组成。

接待具体工作安排时应注意以下几个问题。

（一）迎宾

迎宾工作是接待工作的第一环节，一般由迎宾小姐承担。迎宾小姐应身着鲜艳的旗袍，披戴绶带，化淡妆，头发应盘起，穿高跟鞋。迎宾小姐一般站在庆典举办场所的门口两侧，站姿应优美而典雅，头正、颈直、双肩展开、收腹立腰、双目平视、嘴唇微闭、面带微笑、微收下颌，给人以亭亭玉立的感觉。客人到来时，迎宾小姐应笑容可掬地给人以标准的45度鞠躬礼，并亲切问候："您好！欢迎光临！"

为了渲染气氛，迎宾时可放迎宾乐曲，也可由鼓号队演奏。

（二）引导

工作人员确认宾客的身份后，应热情地以手势引导，"您好，请这边走"。宾客有职务的尽量称呼其职务。企业应派一位领导参与接待客人的工作，对宾客表示欢迎，重要的宾客要亲自接待，或引见企业最高领导。

（三）签到

迎宾小姐将每个来宾引领到签字台。签字台应备有钢笔、毛笔、砚台、精致的签到本和纸，以便宾客题词留念。请来宾签字应讲究礼貌，对来宾的合作表示感谢。随后，将一胸花插在来宾的西服胸袋或西服领上的插花眼上。如果庆典尚未开始，可请来宾到休息室休息或参观企业。

（四）接待过程中的次序礼仪

越是重要的礼仪场合，越要遵从次序礼仪。次序，虽然形式上只是一个先后问题，但在内容上却是一个既关系到企业的礼仪素质、修养形象，又关系到是否能给予公众适当的礼遇，是否准确地表现出公众的身份的大问题。因此，庆典上的次序千万不可忽视。

1. 招呼客人的次序礼仪

一般情况下，谁先到，先招呼谁，接待谁。如果有两位以上宾客同时到达，应先招呼职务高的那位；如果两位的职务一样，但所在的企业大小不一样，也要体现平等，即接待时应"先温后火"，即后打招呼的要先让座、先敬茶，以平衡两者心理。

2. 座次礼仪

庆典仪式上的座次安排，应体现来宾的身份、地位、年龄的差别，明确按照地位高低、职务上下、关系的亲疏，以及实力的强弱来排列。

商业庆典的会场布置一般有两种情况：一是只为重要来宾安排席位，其余来宾及与会者站着开会；二是全部与会者站立开会。

3. 介绍来宾的次序礼仪

庆典上一般只介绍主要来宾和企业主要领导。介绍顺序是先介绍来宾后介绍企业

领导,而且都应分别按地位高低依次介绍。

宣读贺电、贺信时,先宣读上级领导及主要来宾的贺信、贺电,其他单位可不排先后顺序。

4. 行进中的次序礼仪

接待过程中短距离的行进也同样要讲究次序礼仪。迎宾时,引宾员应走在来宾的前面2~3步处;送客时,应走在宾客的后面。陪同领导参观时,企业领导人应走在来宾最高领导的左边。

5. 主席台上倒茶水的次序礼仪

在主席台上倒茶应先从第一排的最高领导人开始,然后按照职位高低,给两边宾客倒茶,第一排倒完按职位高低为下排的来宾倒茶。

五、参加庆典的礼仪规范

参加庆典时,不论是主办单位的人员还是外单位的人员,均应注意自己临场之际的举止表现。作为主方人员,出席人员众多,无论是领导还是一般的工作人员,在他人眼中都是代表着组织形象的。而外单位的人员在参加庆典时,同样有必要"既来之,则安之",以自己上佳的临场表现,来表达对于主人的敬意与对庆典本身的重视。所以无论任何一方,在整个仪式过程中都应注意以下几个问题。

(一)仪容要整洁,服饰要规范

有统一式样制服的单位,应要求以制服作为本单位人士的庆典着装。无制服的单位,或个别应邀出席庆典仪式的人员必须穿着礼仪性服装。

(二)在举行庆典的整个过程中,都要表情庄重、全神贯注、聚精会神

假若庆典之中安排了升国旗、奏国歌、唱"厂歌"的程序,一定要依礼行事:起立、脱帽、立正、面向国旗或主席台行注目礼,并且认认真真、表情庄严肃穆地和大家一起唱国歌、唱"厂歌"。

(三)时间要遵守,行为要自律

任何人员都不得姗姗来迟,无故缺席或中途退场,在整个活动过程中不要交头接耳或表现出意兴阑珊的模样,从言谈到举止都要自我控制。

(四)做好自我介绍和介绍工作

如果是由主持人依次介绍,主持人必须事前进行周密调查,了解每个参与者的姓名和基本情况,一忌不知姓名就介绍,这会使被介绍者难为情;二忌介绍时表情有冷热差异;三忌介绍格局有别,对熟悉者多方赞扬,对其他人只简洁略过。被介绍者要有表示,或起立致敬,或欠身微笑,或含笑点头,忌表情板滞、不加理睬或对介绍置若罔闻。介绍某一人时,全体成员都应注目示敬,忌东瞅西看或表现得毫不在意。

(五)作为主办者和应邀发言的嘉宾,在发言时应注意发言时长和礼貌

嘉宾发言时切勿夸夸其谈,掌握好时长,上下场时应沉着冷静,讲究礼貌。嘉宾在发言开始,勿忘说一句"大家好"或"各位好";在提及感谢对象时,应目视对方;在表示感谢时,应郑重地欠身施礼;对于大家的鼓掌,则应以自己的掌声来回礼;在讲话末了,应当说一声"谢谢大家";发言时还应当少做手势,含义不明的手势坚决不用。而作为听众则忌精力分散,频频看表。

(六)来宾还应注意签名问题

仪式中的签名有两种:一种是报到时在报到簿或纪念册上签名,另一种是在活动期间应邀签名。前者忌抢先在最佳位置签名,后者忌意轻笔浮、漫不经心。签名一定要字迹工整。

第二节 开业仪式礼仪

开业仪式,是指在单位创建、开业、项目完工、落成某一建筑物正式启用,或是某项工程正式开始之际,为了表示庆贺或纪念,按照一定的程序所隆重举行的专门仪式。有时,开业仪式也称作开业典礼。

举行开业仪式,至少可以起到五个方面的作用:第一,有助于塑造出本单位的良好形象,提高单位自身的知名度和美誉度;第二,有助于扩大本单位的社会影响,吸引社会各界的重视与关心;第三,有助于将本单位的建立或成就"广而告之",借此为自己吸引客户;第四,有助于让支持过自己的社会各界一同分享成功的喜悦,进而为日后的进一步合作奠定良好的基础;第五,有助于增强本单位全体员工的自豪感与责任心,从而创造出一个良好的开端,或是开创一个新的起点。

开业的礼仪,一般指的是在开业仪式筹备与运作的具体过程中所应当遵从的礼仪惯例,通常包括开业仪式的筹备和开业仪式的运作两项基本内容。

一、开业仪式筹备礼仪

通常来说,开业仪式进行的时间极其短暂,因此,要在短暂的时间内营造出现场的热烈气氛,取得圆满的成功,绝非一件容易的事情。开业仪式因为牵涉面比较广,影响面比较大,所以不能不对其进行认真的筹备。筹备工作的认真、充分与否,往往决定着一次开业仪式能否真正取得成功。主办单位对于开业仪式,务必给予高度重视。

(一)开业仪式筹备的原则

筹备开业仪式,首先在指导思想上要遵循"热烈""节俭"与"缜密"三个原则。

1. 热烈

所谓"热烈",是指在开业仪式的进行过程中应营造出一种欢快、喜庆、隆重而令人激动的氛围,而不应使其过于沉闷、乏味。

2. 节俭

所谓"节俭",是要求主办单位勤俭办事,在举办开业仪式以及为其进行筹备工作的

 社交礼仪

整个过程中,在经费的支出方面应量力而行,反对铺张浪费、无节制开支。

3. 缜密

所谓"缜密",是指主办单位在筹备开业仪式之时,既要遵行礼仪惯例,又要具体情况具体分析,认真策划,注重细节,分工负责,一丝不苟,力求周密、细致,严防疏漏、临场出错。

(二)筹备开业仪式的常规工作

1. 舆论宣传

一是选择有效的大众传播媒介,进行集中性的广告宣传,内容包括开业仪式举行的日期、开业仪式举行的地点、开业之际对顾客的优惠、开业单位的经营特色等;二是邀请有关的大众传播界人士在开业仪式举行之时到场进行采访、报告,以便对本单位进行进一步的正面宣传。

2. 来宾邀约

开业仪式影响的大小,实际上往往取决于来宾身份的高低与其数量的多少。在力所能及的条件下,要力争多邀请一些来宾参加开业仪式。地方领导、上级主管部门与地方职能管理部门的领导、合作单位与同行单位的领导、社会团体的负责人、社会贤达、媒体人员,都是邀请时应予优先考虑的重点。为慎重起见,用以邀请来宾的请柬应认真书写,并应装入精美的信封,由专人提前送达对方手中,以便对方早作安排。

3. 场地布置

开业仪式多在开业现场举行,其场地可以是正门之外的广场,也可以是正门之内的大厅。按惯例,举行开业仪式时宾主一律站立,故一般不布置主席台或座椅。场地布置的其他要求可参见第一节"庆典仪式礼仪"。

4. 接待服务

在举行开业仪式的现场,一定要有专人负责来宾的接待服务工作。除了要教育本单位的全体员工在来宾面前要以主人翁的身份热情待客、有求必应、主动相助之外,更重要的是分工负责、各尽其职。在接待贵宾时,需由本单位主要负责人亲自出面。在接待其他来宾时,则可由本单位的礼仪小姐负责此事。同时还应考虑为来宾准备好专用的停车场、休息室,并应为其安排饮食。

5. 礼品馈赠

举行开业仪式时赠予来宾的礼品,一般属于宣传性传播媒介的范畴之内,若能选择得当,必定会产生良好的效果。

6. 拟定程序

从总体上来说,开业仪式大都由开场、过程、结局三大基本程序构成。

(1)开场,即奏乐,邀请来宾就位,宣布开业仪式正式开始,介绍主要来宾。

(2)过程,是开业仪式的核心内容,它通常包括本单位负责人讲话,来宾代表致辞,启动某项开业标志,等等。

(3)结局,则包括开业仪式结束后,宾主一起进行现场参观、联欢、座谈等。

为使开业仪式顺利进行,在筹备之时,必须要认真草拟开业仪式的程序,并选定称

职的仪式主持人。

二、开业仪式运作礼仪

开业仪式是一个统称,在不同的场合,它往往采用不同的名称,如开幕仪式、开工仪式、奠基仪式、竣工仪式、通车仪式等。开业仪式的共性,就是要以热烈而隆重的仪式来为举办单位的发展创造良好的开端。开业仪式的个性,则表现在仪式的具体运作上存在差异,因而礼仪的要求也不尽相同,各有所区别。

(一)开幕仪式

开幕仪式是开业仪式的一种形式。开幕仪式是指公司、企业、宾馆、商店、银行等正式开业启用之前,或是各类商品的展示会、博览会、订货会正式开始之前所正式举行的相关仪式。每当开幕仪式举行之后,公司、企业、宾馆、商店、银行等将正式营业,有关商品的展示会、博览会、订货会将正式接待顾客与观众。

依照常规,举行开幕仪式需要在比较宽敞的活动空间内进行,门前广场、展厅之前、室内大厅等处,均可用作开幕仪式的举行地点。

开幕仪式的主要运作程序共有六个步骤。

(1)宣布仪式开始,介绍来宾。

(2)邀请专人揭幕或剪彩。揭幕的具体操作办法是:揭幕人行至彩幕前恭位,礼仪小姐双手将开启彩幕的彩索递上,揭幕人随之目视彩幕,双手拉启彩索,展开彩幕,全场目视彩幕,鼓掌并奏乐。

(3)在开幕仪式主持人的亲自引导下,全体到场者依次进入幕门。

(4)主持人致辞答谢。

(5)来宾代表发言祝贺。

(6)主持人陪同来宾进行参观。开始正式接待顾客或观众,对外营业或对外展览宣告开始。

(二)开工仪式

开工仪式是开业仪式的又一种常见形式。开工仪式是工厂准备正式开始生产产品,或矿山准备正式开采矿石等情况时,所专门举行的庆祝性、祝贺性的活动。

按照惯例,开工仪式大都讲究在生产现场举行,即以工厂的主要生产车间、矿山的主要矿井等处,作为举行开工仪式的场所。

开工仪式的常规运作程序主要有五个步骤。

(1)宣布仪式开始,介绍各位来宾。

(2)在司仪的引导下,举办单位的主要负责人陪同来宾行至开工现场肃立,并走到机器开关或电闸附近。

(3)正式开工。届时应请举办单位职工代表或来宾代表来到机器开关或电闸旁,首先对其躬身施礼,然后再动手启动机器或合上电闸,全体人员此刻应鼓掌致贺,并奏乐。

(4)全体职工各就各位,上岗进行操作。

 社交礼仪

（5）在主持人的带领下，全体来宾参观生产现场。

（三）奠基仪式

奠基仪式，通常是一些重要的建筑物，比如大厦、场馆、亭台、楼阁、园林、纪念碑等，在动工修建之初正式举行的庆典性活动。

奠基仪式举行的地点，一般应选择在动工修筑建筑物的施工现场。而奠基的具体地点，按常规均应选择在建筑物正门的右侧。在一般情况下，用以奠基的奠基石应为一块完整无损、外观精美的长方形石料。在奠基石上通常会刻奠基的年月日等内容，文字通常竖写，在其右上款，应刻有建筑物的正式名称，在其正中央应刻有"奠基"两个大字，在其左下款，则刻奠基单位的全称以及举行奠基仪式的具体年月日。奠基石上的字体，大都讲究以楷体字刻写，最好是用白底金字或黑字。

在奠基石的下方或一侧，还应安放一只密闭完好的铁盒，内装该建筑物的各项资料。届时，它将同奠基石一道被奠基人等人员培土掩埋于地下，以示纪念。

通常，在奠基仪式的举行现场应设立彩棚，安放该建筑物的模型或设计图、效果图，并使各种建筑机械就位待命。

奠基仪式的运作程序大体上分为四个步骤。

（1）仪式正式开始，介绍来宾。

（2）主持人对即将建设的建筑物功能及规划设计进行简介。

（3）来宾致辞道喜。

（4）正式进行奠基。首先由奠基人双手持握有红绸的新锹为奠基培土，随后，再由主持人与其他嘉宾依次为之培土，直至将其埋没为止。一般情况下，正式进行奠基时都会配以喜庆的乐曲或者请锣鼓队助兴。

（四）竣工仪式

竣工仪式，又称落成仪式或建成仪式。它是指举办单位所属的某一建筑物或某项设施建设、安装工作完成之后，或者是某一纪念性、标志性建筑物——诸如纪念碑、纪念塔、纪念堂、纪念像、纪念雕塑等建成之后，以及某种意义特别重大的产品生产成功之后，所专门举行的庆贺性活动。

应该强调的是，在竣工仪式举行时，全体出席者的情绪应与仪式的具体内容相适应。比如说，在庆贺工厂、大厦落成或重要产品生产成功时，应当表现出欢快和喜悦。在庆祝纪念碑、纪念塔、纪念堂、纪念像、纪念雕塑建成时，则需表现得庄严而肃穆。

竣工仪式的基本程序通常分为七个步骤。

（1）宣布仪式开始，介绍来宾。

（2）全体起立，演奏举办单位的标志性歌曲（如果有的话）。

（3）举办单位负责人发言，以介绍、回顾、感谢为主要内容。

（4）进行揭幕或剪彩。

（5）全体人员向竣工仪式的"主角"——刚刚竣工或落成的建筑物，郑重其事地恭行注目礼。

(6) 来宾致辞。
(7) 进行参观。

(五) 通车仪式

通车仪式又叫开通仪式，是在重要的交通建筑工程完工并验收合格之后，所正式举行的启用仪式。例如，公路、铁路、地铁以及重要的桥梁、隧道等，在正式交付使用之前，均会举行一次以示庆祝的通车仪式。

举行通车仪式的地点，通常为公路、铁路、地铁新线路的某一端，新建桥梁的某一头，或者新建隧道的某一侧。

在通车仪式的现场附近，以及沿线两旁，应当适量地插上彩旗、挂上彩带。必要时，还应设置彩色标牌，并悬挂横幅。在通车仪式上，装饰的重点应当是用以进行"处女航"的汽车、火车或地铁列车。在车头之上，一般应系上红花，在车身两侧，可酌情插上彩旗、系上彩带，并且悬挂上醒目的大幅宣传性标语。

通车仪式的主要程序一般有五个步骤。

(1) 宣布仪式开始，介绍来宾。
(2) 主持人致辞。主要是介绍即将通车的新线路、新桥梁或新隧道的基本情况，并向有关方面谨致谢意。
(3) 来宾代表致辞祝贺。
(4) 正式剪彩。
(5) 首次正式通行车辆。届时，宾主及群众代表应一起登车而行。有时，往往还需主持人所乘坐的车辆在最前方开路。

第三节 剪彩仪式礼仪

剪彩仪式，严格地讲，指的是商界的有关单位，为了庆贺公司的设立、企业的开业、宾馆的落成、商店的开张、银行的开业、大型建筑物的启用、道路或航线的开通、展销会或展览会的开幕等，而隆重举行的一项礼仪性程序。因其主要活动内容是约请专人使用剪刀剪断被称之为"彩"的红色缎带，故此被人们称为"剪彩"。

一般情况下，在各式各样的开业仪式上，剪彩都是一项极其重要的、不可或缺的程序。尽管它往往也可以被单独地分离出来，独立成项，但是在更多的时候，它是附属于开业仪式的。这是剪彩仪式的重要特征之一。

一、剪彩仪式的历史

剪彩的来历有两种说法。

一种传说剪彩起源于西欧。古代西欧造船业比较发达，新船下水往往吸引成千上万的观众。为了防止人群拥向新船而发生意外事故，主持人在新船下水前，在离船体较

远的地方,用绳索设置一道"防线"。等新船下水典礼就绪后,主持人就剪断绳索让观众参观。后来绳索改为彩带,人们就给它起了一个新的名字——"剪彩"。

另一种传说则流传更广。据记载,1912年美国圣安东尼奥市的华狄密镇某家商店即将开业,店主威尔斯为了阻挡蜂拥而至的顾客进入店内,将优惠顾客的便宜货争购一空,便随便找来一条布带拴在门框上,谁料这项临时性的措施竟然激发了挤在店门外的人们的好奇心。正当店门外人们的好奇心上升到极点,显得有些迫不及待的时候,店主的小女儿牵着一条小狗突然从店里跑了出来,那条"不谙世事"的可爱小狗若无其事地将拴在店门上的布带子碰落在地。等候在门前的人们误以为这是店主开张的"新花样",便一拥而入,争相购物。让人没有想到的是,从此小店顾客盈门、财源茂盛。店主从这次偶然的事故中得到启迪,此后在他旗下的几家"连锁店"陆续开业时,他便将错就错地如法炮制。人们纷纷模仿,以讨个吉利。久而久之,他的小女儿和小狗无意之中的"发明创造"经过他和后人不断"提炼升华",逐渐成为一整套的仪式。在流传的过程中,它自己也被人们赋予了一个极其响亮的名称——剪彩。

在剪彩从一次偶发的"事故"演化为一项隆重而热烈的仪式的过程之中,其自身也有所发展和变化。起初,"剪彩者"先是由专人牵着一条小狗来充当,让小狗故意去碰落店门上所拴着的彩带;后来,改由儿童担任,让他单独去撞断门上所拴着的一条丝线;再后来,剪彩者又变成了妙龄少女,她的标准动作就是要勇往直前地去当众撞落拴在门口上的大红缎带;到了最后,也就是现在,剪彩则被定型为邀请社会名流和本地官员,剪断由佳丽们手拉的大红缎带。这样,剪彩就从最初的一种促销手段发展成为商务活动中一种重要仪式,并约定俗成地形成了一套礼仪要求。

二、剪彩仪式的组织与准备工作

(一)会场准备

剪彩仪式的会场一般选在展销会、博览会门口,如果是新建设施、新建工程竣工启用,会场一般安排在新建设施工程的现场。会标上可写"某某商厦开张典礼"或"某某大桥通车仪式"等。会场四周可适当张灯结彩、悬挂气球等。在举行仪式之前一周或半月向有关单位和个人发送请柬或刊发广告和张贴告示。

(二)确定剪彩人员

除主持人之外,剪彩的人员主要是由剪彩者与助剪者两个主要部分的人员所构成。

1. 剪彩者的选定

在剪彩仪式上担任剪彩者,是一种很高的荣誉。剪彩仪式档次的高低,往往也同剪彩者的身份密切相关。因此,在选定剪彩的人员时,最重要的是要把剪彩者选好。根据惯例,剪彩者可以是一个人,也可以是几个人,但是一般不应多于5人。

剪彩者一般由客人担当为好,或是请上级领导,或是请主管部门的负责人,或是请某一方面的知名人士担任。这些人应该是有较高威望、深受大家尊敬和信任的人员。

确定剪彩者名单,必须是在剪彩仪式正式举行之前。名单一经确定,即应尽早告知对方，使其有所准备。

在一般情况下，确定剪彩者时，必须尊重对方个人意见，切勿勉强对方。需要由数人同时担任剪彩者时，应分别告知每位剪彩者届时他将与何人同担此任。

2. 助剪者的挑选

助剪者，指的是剪彩者在剪彩的一系列过程中从旁为其提供帮助的人员。一般而言，助剪者多由东道主一方的女职员担任。现在，人们对她们的常规称呼是礼仪小姐。

具体而言，在剪彩仪式上服务的礼仪小姐，又可以分为迎宾者、引导者、服务者、拉彩者、捧花者、托盘者。迎宾者的任务，是在活动现场负责迎送宾客。引导者的任务，是在进行剪彩时负责带领剪彩者登台或退场。服务者的任务，是为来宾尤其是剪彩者提供饮料，安排休息之处。拉彩者的任务，是在剪彩时展开、拉直红色缎带。捧花者的任务，则是在剪彩时手托花团。托盘者的任务，则是为剪彩者提供剪刀、手套等剪彩用品。

在一般情况下，迎宾者与服务者应不止一人。引导者既可以是一个人，也可以为每位剪彩者各配一名。拉彩者通常应为两人。捧花者的人数则需要视花团的具体数目而定，一般应为一花一人。托盘者可以为一人，亦可以为每位剪彩者各配一人。有时，礼仪小姐亦可身兼数职。

（三）剪彩用品的准备

仪式的主办方应仔细选择与准备剪彩仪式上所需使用的各类用具，诸如红色缎带、新剪刀、白色薄纱手套、托盘以及红色地毯。

1. 红色缎带

红色缎带亦即剪彩仪式之中的"彩"。作为主角，它自然是万众瞩目的。按照传统做法，它应当由一整匹未曾使用过的红色绸缎，在中间结成数朵花团而成。目前，有些单位为了厉行节约，代之以长度为2米左右的细窄的红色缎带，或者以红布条、红线绳、红纸条作为其变通，也是可行的。一般来说，红色缎带上所结的花团，不仅要生动、硕大、醒目，而且其具体数目往往还同现场剪彩者的人数直接相关。红色缎带上所结的花团的具体数目有两类模式可依：其一，花团的数目较剪彩者的人数多上一个，这样可使每位剪彩者总是处于两朵花团之间，尤显正式。其二，花团的数目较现场剪彩者的人数少上一个，如此则不同常规，亦有新意。

2. 剪刀

剪刀专供剪彩者在剪彩仪式上正式剪彩时所使用。现场剪彩者人手一把，而且必须崭新、锋利而顺手。剪彩时需要一刀剪断彩带，不能再补刀，所以事先一定要逐把检查，看着剪刀是否已经开刃、好不好用，务必要确保剪彩者在正式剪彩时，可以"手起刀落"，一举成功。在剪彩仪式结束后，主办方可将每位剪彩者所使用的剪刀经过包装之后，送给对方以资纪念。

3. 托盘

托盘在剪彩仪式上是托在礼仪小姐手中，用作盛放红色缎带、剪刀、白色薄纱手套。在剪彩仪式上所使用的托盘，通常首选银色的不锈钢制品，为了显示正规，托盘最好用红色绒布或绸布铺垫，再将剪刀工整地放在绒布或绸布上。就其数量而论，在剪彩时，

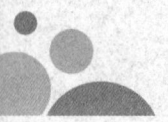
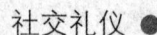

可以一只托盘依次向各位剪彩者提供剪刀与手套,并同时盛放红色缎带;为显正式,也可以为每一位剪彩者配置一只专为其服务的托盘,同时专备一只托盘盛放红色缎带。

4. 白色薄纱手套

白色薄纱手套是专为剪彩者所准备的。在正式的剪彩仪式上,剪彩者剪彩时最好每人戴上一副白色薄纱手套,以示郑重其事。在准备白色薄纱手套时,除了要确保其数量充足之外,还需使之大小适度、崭新平整、洁白无瑕。有时,亦可不准备白色薄纱手套。

5. 红色地毯

红色地毯主要用于铺设在剪彩者正式剪彩时的站立之处。其长度可视剪彩人数的多寡而定,其宽度则不应在1米以下。在剪彩现场铺设红色地毯,主要是为了提升档次,并营造一种喜庆的气氛。有时,也可不铺设红色地毯。

三、剪彩仪式的程序与礼仪规范

在剪彩仪式的程序中,剪彩仪式的时间以短为佳,原则上不应超过1小时,有时15分钟即可。其程序大致如下。

(一)请出席者各就各位

会场座席一般只安排剪彩者、来宾以及本单位主要领导和部门负责人的座位。剪彩人员最好安排在前排,有多位剪彩者时,应按剪彩时的位置就座。如果不是对号入座的话,可提醒会议参加者坐到位置上,等待仪式开始。对就座于主席台的人,最好能事先通知说明,到时由工作人员引领入座。

(二)宣布剪彩仪式开始

会议主持人在宣布剪彩仪式开始后,应鼓掌向与会者表示敬意。然后向与会者介绍一下参加剪彩仪式的领导、负责人与知名人士,并同时向他们表示谢意。如有必要,请乐队奏乐或燃放鞭炮,以烘托现场的热烈气氛。

(三)安排简短的发言

发言人一般以安排展览会、展销会或新设施的负责人担任为好。发言的内容是介绍此次展览会、展销会的宗旨或者是新设施建成的意义,并对有关过程进行汇报。同时,也可安排其他有关部门的人员作祝贺性的发言。这种发言应言简意赅,充满热情,两三分钟即可。

(四)进行剪彩

剪彩时,若剪彩者不止一人时,则其同时上场剪彩时位次的尊卑就必须予以重视。一般的规矩是:中间高于两侧,右侧高于左侧,距离中间站立者愈远位次便愈低,即主剪者应居于中央的位置。需要说明的是,之所以规定剪彩者的位次"右侧高于左侧",主要是因为这是一项国际惯例,剪彩仪式理当遵守。其实,若剪彩仪式并无外宾参加时,执行我国"左侧高于右侧"的传统做法,亦无不可。

(五)参观或聚会

剪彩结束之后,主人应陪同来宾参观。这一进程,可视不同的剪彩仪式而采取不同的方法。

四、剪彩的操作

主持人宣布进行剪彩之后,礼仪小姐率先登场。上场时,礼仪小姐排成一行,从两侧同时登台或从右侧登台。登台之后,拉彩者与捧花者站成一行,拉彩者处于两端拉直红色缎带,捧花者各自双手捧一个花团。托盘者站立在拉彩者与捧花者身后1米左右,并自成一行。

引导者在剪彩者左前方进行引导,使之各就各位。剪彩者宜从右侧登台。当剪彩者均已到达既定位置之后,托盘者应前行一步,到达剪彩者的右后侧,以便为其递上剪刀、手套。剪彩者若不止一人,则其登台时亦列成一行,并让主剪者行进在前。

主持人向全体到场者介绍剪彩者时,后者应面含微笑向大家欠身或点头致意。

剪彩者行至既定位置后,应向拉彩者、捧花者含笑致意。当托盘者递上剪刀、手套时,亦应微笑着向对方道谢。

在正式剪彩时,剪彩者应集中精力,右手持剪刀,表情庄重地将红色缎带一刀剪断。若多名剪彩者同时剪彩时,其他剪彩者应注意主剪者的动作,与其协调一致,力争同时将红色缎带剪断。按照惯例,剪彩以后,红色花团应准确无误地落入托盘者手中的托盘中,切勿使之坠地。剪彩者在剪彩成功后,可以右手举起剪刀,面向全体到场者致意。然后放剪刀、手套于托盘之内,举手鼓掌。接下来,可依次与主人握手道喜,并列队在引导者的引导下退场。剪彩者退场时,一般宜从右侧下台。

等待剪彩者退场后,礼仪小姐方可列队由右侧退场。整个过程要求剪彩小姐做到站姿端正,面带微笑,动作整齐,步调一致,服务及时。

五、剪彩者的礼仪要求

剪彩者是剪彩仪式的主角,他的举止直接关系到剪彩仪式的效果和企业形象。因此,作为剪彩者既要有荣誉感,又要有责任感。

剪彩者应注意以下几点礼仪要求。

(一)注意仪容仪表

(1)男士一般着西装、中山装。
(2)女士穿西装套裙。
(3)无论男女,头发要梳理好,颜面要洁净。
(4)不可戴墨镜。
(5)给人的感觉应是容光焕发,精干而有修养。

(二)举止大方

剪彩过程中,剪彩者要使自己保持一种稳重的姿态,做到快而不慌、忙而不乱。

(1)开始剪彩时,剪彩者要面带微笑,步履稳健地走上主席台。
(2)当礼仪小姐用托盘呈上剪刀时,要用微笑表示谢意。
(3)剪彩带时,要聚精会神、严肃认真地一刀剪断。
(4)几位剪彩者共同剪彩时,应力争同时剪断。
(5)剪彩者应与礼仪小姐配合,让彩球落于托盘内。
(6)剪彩完成后,应向四周的人们鼓掌致意,并与主持人握手,如同多人一起剪彩,要与其他剪彩者一一握手。

(三)控制言谈

(1)宣布仪式开始后,应立即中断与其他人的交谈,全神贯注地听主持人讲话。
(2)与邻座低声耳语,以一两句为宜,表示出自己的感受即可。
(3)剪彩完毕后的赞赏性交谈,时间不宜过长。不能因为自己地位高,就可以无休止地高谈阔论或妄加评论。

第四节　签约仪式礼仪

签约仪式是双方或多方就某一个问题或某一组问题达成协议、协定、缔结条约时常用的一种方式。商务签约仪式,是商务活动中的合作伙伴经过洽商或谈判,就彼此之间进行商务合作、商品交易或某种争端达成协议或订立合同后,由各方代表正式在有关的协议或合同上签字的一种庄严而隆重的仪式。

一、签约

签约,即合同的签署。国家(或企业)间通过谈判,就政治、经济、科技、文化等某一领域内的相互关系达成协议,缔结条约、约定或公约时,一般都要举行签字仪式。仪式礼仪规定,为了使有关各方重视合同、遵守合同,在签署合同时,应举行郑重其事的签字仪式,此即所谓签约。尤其在商务交往中,它被视为一项标志着有关各方的相互关系取得了更大的进展,以及为消除彼此之间的误会或抵触而达成了一致性见解的重大成果,因此,极受商界人士的重视。

(一)合同的写作规范

1.格式要求

从格式上讲,合同写作的首要要求是目的明确,内容具体,用词标准,数据精确,项目完整,书面整洁。违反了上述各项要求中的任何一点,都有可能给自己带来灭顶之灾。从具体的写法上来说,合同可以以条款形式出现,也可以以表格形式出现。条款式合同与表格式合同,在写法上都有各自的具体规范,对此在实践中只能够遵守,不可以明知故犯。

2. 内容和条款要求

从内容和条款上来讲,合同的内容应当具体明确。我国《合同法》第十二条规定,合同的内容由当事人约定,一般包括以下条款:合同当事人的姓名、名称和住所,标的,数量,质量,价款或报酬,履行期限、地点和方式,违约责任,解决争议的方式,当事人约定的其他内容。

实务中的合同,具体内容远不止上述这些。但这些是合同内容的核心,没有这些内容的合同多是不完备的。合同缺少当事人、标的、数量等要素,一般会被认为当事人间的合同并未成立。合同的当事人、合同的标的以及合同的数量是现今几乎公认的合同的必备要素,其余有关价款、报酬、履行期限、地点和方式等一般均不认为是合同的必备要素。如不具备,则适用《合同法》规定的任意条款,一般不影响合同的成立。

(二)拟订合同时应注意的几个关键问题

1. 必须熟知与遵守相关的法律法规

合同生效的前提条件之一就是不违反现行的法律和法规。在商务交往中,所有正式的合同都具有法律约束力。它一旦订立,任何一方都不可擅自变更或解除。因此,商务人员必须熟悉国家的有关法律与法规,以便充分地运用法律来维护自身的正当权益。从操作中的实际状况来看,商务人员在拟订合同时,必须熟悉和遵守的有关法律、法规,主要涉及商品生产、技术管理、外汇管制、税收政策以及商检科目五个方面。

在涉外商务合同拟订时,还必须遵循我国法律与国际条法。遵循我国法律是国家主权原则的体现,也是为了不损害我国的社会公共利益。遵循国际条法,则是为了在对外交往中更好地与国际社会接轨,在国际经济合作中少走弯路。

2. 必须符合惯例

在合同拟订时,一旦遇上有关法律法规尚未规定的,则可采用公认的国际惯例。所谓商务交往中的国际惯例,是指那些为国际社会所普遍接受的、约定俗成的常规做法。例如,在商务交往中,政治与经济应当分开,不允许借商务往来之便干涉他国的内部事务,或是伺机影响他方的内政。

一般而言,国际惯例是维系商务交往正常化的一大基石,所以商界人士在草拟合同时,应当以它来协调自己的行动。

3. 必须合乎常识

商界人士在草拟合同时应当具备的常识,是指与其业务有关的专业技术方面的基本知识,它们包括商品知识、金融知识、运输知识、保险知识和商业知识等。

商品知识是一个整体性的概念,它包括产品的生产过程和管理,以及产品本身的一切知识。

金融知识,是指与货币的发行、流通、回笼有关的一切知识,具体来说,它主要是指货币、汇率、信贷等知识。

运输知识,包括运输具体方式的选择、运输中商品形态的具体要求、运输的特殊条件以及运输的责任方等,它们与仓储一样,都是必须考虑的。

保险知识,包括险别、选择以及办理程序等知识,它们对商务方面的交易是意义重

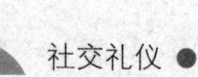

大的保证。

商业知识是指与商品流通各环节有关的知识,它对合同的草拟也有一定的帮助。

具备上述各方面的常识,将有助于商界人士在工作中得心应手,并且更好地为交往对象所敬重。在商务交往中,没有知识就等于没有实力。

4. 遵循平等互利的原则

合同是双方当事人意思的一致,这种意思的一致,是各方对各自权利义务的约定的一致。这种一致表现在合同条款上经常表述为:"双方经平等、自愿协商,达成一致,订立合同条款如下。"所以,合同的拟订必须本着协商一致的原则进行。拟订合同的具体条款时,既要"以我为中心",优先考虑自己的切身利益,又要替他方多着想,要顾全对方的体面,并且尽可能照顾他方的利益。这是促使合同为对方所接受的最佳途径。反之,如果一方恃强凌弱、仗势压人,把自己的意志强加于他方,强迫他人与自己订立"城下之盟",那么合同即使勉强签署,事后亦必不断发生纠纷,那样对有关各方都不会有好处。

二、签字仪式的准备

签字仪式是组织具有"里程碑"意义的大事,组织应予以充分准备,做到万无一失。

(一)确定参加签字仪式的人员

通常情况下,参加签字仪式的人员都是参加洽谈会议的人员,如果其中一方要让未参加谈判的人员出席签字仪式,必须事先征求另一方意见,在取得对方同意的情况下才能出席。而另一方在接到对方的请求时,出于尊重和礼貌应表示同意。一般来说,出席签字仪式的双方人数应大体相等,主要签字人员的级别也大体相同。有时为了表示对这次洽谈和签字仪式的重视,双方更高一级的领导人也可出面参加签字仪式,级别和人数一般也是对等的。

(二)准备待签文本

洽谈或谈判结束后,双方应指定专人按谈判达成的协议做好待签文本的定稿、翻译、校对、印刷、装订、盖印等工作。在准备文本的过程中,除了要核对谈判协议条件与文本的一致性以外,还要核对各种批件,主要是项目批件、许可证、设备分交文件、用汇证明、订货卡等是否完备,合同内容与批件内容是否相符,等等。审核文本时必须对照原稿件,做到每字不漏,对审核中发现的问题,要及时互相通报,通过再谈判,达到谅解一致,并相应调整签约时间。在协议或合同上签字的有几个单位,就要为签字仪式提供几份文本。如有必要,还应为各方提供一份副本。与外商签署有关的协议、合同时,按照国际惯例,待签的合同文本应同时使用有关各方法定的官方语言。

待签文本通常应以精美的白纸印刷而成,按大八开的规格装订成册,并以真皮、仿皮或其他高档质料作为封面,以示郑重其事。依照商界的习惯,在正式签署合同之前,应由举行签字仪式的主方负责准备待签合同的正式文本。作为主方应为文本的准备提供准确、周到、快速的服务。

(三)布置签约场地

1. 场地选择

举行签约仪式的场地,一般视参加签约仪式的人员规格、人数多少及协议中的商务内容重要程度来确定,一般可选择客人所住的宾馆、饭店,或东道主的会议厅、会客室。如果想在社会上造成一定影响,签约场地可选在新闻发布中心或著名会议、会客场所举行,届时可以邀请记者进行采访并发布新闻。如果不愿公开,则可在僻静的场所举行,届时可加强门卫警戒,防止不速之客到访。无论签约地点选在何处举行,都应由双方协商决定;是否邀请新闻界采访,也需要双方统一意见。任何一方擅自决定,都是失礼行为。

2. 场地布置

布置场地的总原则是庄重、整洁、清净。一间标准的签字厅,应当在室内铺上地毯,除了必要的签约用桌椅外,其他一切的陈设都不需要。正规的签约仪式应在签字厅(或室)内设置长方桌作为签约桌,其上最好铺设深色的台布(注意双方的颜色忌讳)。

按照仪式礼仪的规范,签约桌应当横放。座前陈列各自保存的文本,上端分别放置签约时使用的文具,如签字笔、吸墨器等。桌后放两把椅子,作为双方签约的座位,面对正门主左客右;签署多边性合同时,可以仅放一张椅子,供各方签约人签约时轮流就座,也可为每位签约人都各自提供一张座椅。

与外商签署涉外商务合同时,必须在签约桌上插放有关各方的国旗。插放国旗时,在其位置与顺序上,必须依照礼宾序列而行。例如,签署双边性文本时,有关各方的国旗需插放在该方签字人座椅的正前方;签署多边性合同、协议等时,各方的国旗应依一定的礼宾顺序插在各方签字人的身后。

(四)规范签约人员的服饰

按照规定,签约人、助签人以及随员,在出席签字仪式时,应当穿着具有礼服性质的衣服,如男士可以穿深色西装套装、中山装套装,女士穿西装套裙,并且配以白色衬衫与深色皮鞋。男士还需系上单色领带,以示正规。在签字仪式上露面的礼仪人员、接待人员,可以穿自己的工作制服,或是旗袍一类的礼仪性服装。

三、签约仪式的程序

签约仪式是签署合同的高潮,规范、庄重而热烈。签约仪式的正式程序一共分为以下四项。

(一)签约仪式开始

双方出席签约仪式的人员准时步入签约厅后,签约者按主左客右的位置入座,双方其他陪同人员分主客两方各自以职位、身份高低为序,自左向右(客方)或自右向左(主方)排列站立于各自签约者之后,或坐在己方签约者的对面。双方助签人员则分别站在己方签字者的外侧。

（二）签字人签署文本

签字仪式开始，助签人员协助翻开协议文本，指明签字处，递上签字笔，请签字人签字。签字人在各自保存的合同文本的左边首位处签字，由助签人员传递、交换文本，签字人再签署对方保存的合同文本。

每个签字人在由己方保留的合同文本上签字时，按惯例应当名列首位，因此，每个签字人均应首先签署己方保存的合同文本，然后再交由他方签字人签字。这一做法，在礼仪上称为"轮换制"。它的含义是，在位次排列上，轮流使有关各方均有机会居于首位一次，以显示机会均等，各方平等。

（三）交换合同文本

各方签署完毕后，由签字人郑重相互交换合同文本。此时，各方签字人应热烈握手，互致祝贺，并相互交换各自一方刚才使用过的签字笔，以表纪念。全场人员应鼓掌，表示祝贺。

（四）共饮香槟酒互相道贺

协议文本交换完毕，服务人员通常会用托盘端上香槟酒，供全体人员举杯庆贺，这是国际上通行的用以增添喜庆色彩的做法。一般这时的喝酒只是象征性地抿上一口，表示一下即可，由双方签字人、主谈人和最高领导人相互碰杯庆贺签字的顺利进行。

另外，在签字仪式结束后，还应注意有秩序地退场。一般先让对方最高领导人退场，然后是客方来宾退场。主方人员退场后，工作人员或东道主收拾签字仪式会场。

以上所谈的是一般的礼仪要求，在实际工作中，不同的地区有不同的做法，要尊重当地的风俗习惯，尊重东道主的安排，不能生搬硬套。

第五节　交接仪式礼仪

交接仪式，一般是指施工单位依照合同将已经建设、安装完成的工程项目或大型设备，例如厂房、商厦、宾馆、办公楼、机场、码头、港口、车站，或飞机、轮船、火车、机械、物资等，经验收合格后正式移交给使用单位之时，所专门举行的庆祝典礼。

举行交接仪式的重要意义在于，它既是对所进行合作成功的庆贺，也是对给予己方关怀、支持、帮助和理解的社会各界的答谢，又是接收单位与施工、安装单位巧妙地利用时机，为双方各自提高知名度和美誉度而进行的一种公共宣传活动。

交接的礼仪，一般是指在举行交接仪式时所需遵守的有关规范。主要包括交接仪式的准备、交接仪式的程序、交接仪式的参加三个方面的内容。

一、交接仪式的准备

准备交接仪式，主要做好三方面的工作，即来宾的邀约、现场的布置、物品的预备。

(一)来宾的邀请

来宾的邀请,一般应由交接仪式的东道主——施工、安装单位负责。在具体拟定来宾名单时,施工、安装单位应主动征求自己的合作伙伴——接收单位的意见。接收单位对于施工、安装单位所草拟的名单不宜过于挑剔,不过可以对此提出自己的一些合理建议。

从原则上来讲,交接仪式的出席人员应当包括:施工、安装单位的有关人员,接收单位的有关人员,上级主管部门的有关人员,当地政府的有关人员,行业组织、社会团体的有关人员,各界知名人士、新闻界人士,以及协作单位的有关人员等。

在举行交接仪式时,东道主既要争取多邀请新闻界的人士参加,又要为其尽可能地提供一切便利。对于不邀而至的新闻界人士,也应尽量来者不拒。至于邀请海外的媒体人员参加交接仪式,则必须认真遵守有关的外事规则与外事纪律,事先应履行必要的报批手续。

(二)现场的布置

举行交接仪式的现场,也称交接仪式的会场。在对其进行选择时,通常应视交接仪式而定。

1.将交接仪式安排在业已建设、安装完成并已验收合格的工程项目或大型设备所在地的现场举行

将现场安排在此处的最大的好处是可使全体出席仪式的人员身临其境,获得对被交付使用的工程项目或大型设备的直观而形象的了解,掌握较为充分的第一手资料。不过,若是在现场举行交接仪式,往往进行准备的工作量较大。在机器林立的工地布置交换仪式场地,绝非轻而易举之事。另外,由于将被交付的工程项目或大型设备归接收单位所有,故此东道主事先要征得对方的首肯,事后还需取得对方的配合。

2.将交接仪式安排在东道主单位本部的会议厅举行

将交接仪式的现场安排在此处,可免除大量的接待工作,会场的布置也十分便利。特别是在将被交付的工程项目、大型设备不宜为外人参观,或者暂时不方便外人参观的情况下,以东道主单位本部的会议厅作为举行交接仪式的现场,不失为一种较好的选择。

3.其他场所

如果即将被交付的工程项目或大型设备的现场条件欠佳,或是出于东道主单位的本部不在当地以及将要出席仪式的人员较多等其他原因,经施工、安装单位提议,并经接收单位同意之后,交接仪式也可在其他场所举行,例如宾馆的多功能厅、外单位出租的礼堂或大厅等。在其他场所举行交接仪式,尽管开支较高,但可省去大量的安排、布置工作,而且还可以提升仪式的档次。

(三)物品的预备

1.基本物品

在交接仪式上,有不少需要使用的物品,应由东道主一方提前进行准备。首先,必

不可少的是作为交接象征之物的有关物品,主要包括有:验收文件、一览表、钥匙等。

验收文件,此处是指已经公证的由交接双方正式签署的接收证明性文件。

一览表,是指交付给接收单位的全部物资、设备或其他物品的名称、数量明细表。

钥匙,则是指用来开启被交接的建筑物或机械设备的钥匙。在一般情况下,因其具有象征性意味,故预备一把即可。

2. 现场布置

在交接仪式的现场,可临时搭建一处主席台。必要时,应在其上铺设一块红地毯。至少,也要预备足量的桌椅。在主席台上方,应悬挂一条红色巨型横幅,上面写着交接仪式的具体名称,如"某某工程交接仪式",或"热烈庆祝某某工程正式交付使用"。

在举行交接仪式的现场四周,尤其是在正门入口之处、干道两侧、交接物四周,可酌情悬挂一定数量的彩带、彩旗、彩球,并放置一些色泽艳丽、花朵硕大的盆花,用以美化环境。若来宾所赠送的祝贺性花篮较多,可依照约定俗成的顺序,如"先来后到""不排名次"等,将其呈一列摆放在主席台正前方,或是分成两行摆放在现场入口处门外的两侧。若是来宾所赠的花篮甚少,则不必将其公开陈列在外。

3. 赠送的物品

在交接仪式上用以赠送给来宾的礼品,应突出其纪念性、宣传性。如被交接的工程项目、大型设备的微缩模型,或以其为"主角"的画册、明信片、纪念章、领带针、钥匙扣等,皆为上佳之选。

二、交接仪式的程序

交接仪式的程序是指交接仪式进行时的各个步骤。不同内容的交接仪式,具体程序往往各有不同,但它们也有共性。

(一)拟订程序的原则

举办单位在拟订交接仪式的具体程序时,必须注意两个基本原则。

1. 执行惯例的原则

举办单位在拟订交接仪式的具体程序时,在大的方面必须参照惯例执行,尽量不要标新立异,另搞一套。

2. 实事求是的原则

指的是拟订交接仪式时必须实事求是、量力而行,在具体的细节方面不必事事贪大求全。

(二)交接仪式的基本程序

从总体上来讲,几乎所有的交接仪式都少不了下述六项基本程序。

1. 宣布交接仪式正式开始

在主持人宣布交接仪式正式开始之前,主持人应邀请有关各方人士在主席台就座,并以适当的方式暗示全体人员保持安静,然后宣布交接仪式正式开始。

2. 奏国歌

全体与会者肃立,奏国歌,并演奏东道主单位的标志性歌曲。该项程序,有时亦可略去。不过若能安排这一程序,往往会使交接仪式显得更为庄严而隆重。

3. 进行交接

由施工、安装单位与接收单位正式进行有关工程项目或大型设备的交接,具体的做法是:由施工、安装单位的代表,将有关工程项目、大型设备的验收文件、一览表或者钥匙等象征性物品,正式递交给接收单位的代表。此时,双方应面带微笑,双手递交或接收有关物品。在此之后,还应握手。至此,标志着有关的工程项目或大型设备已经被正式地移交给了接收单位。假如条件允许,在该项程序进行的过程之中,可在现场演奏或播放节奏欢快的喜庆性歌曲。在有些情况下,为了进一步营造出一种热烈而隆重的气氛,这一程序也可由上级主管部门或地方政府的负责人为有关的工程项目、大型设备的启用而剪彩所取代。

4. 各方代表发言

按惯例,在交接仪式上,需由有关各方的代表进行发言,发言顺序应为:施工、安装单位的代表,接收单位的代表,来宾的代表等。这些发言,一般均为礼节性的,并以喜庆为主要特征。发言通常宜短忌长,只需要点到即止的寥寥数语即可。原则上来讲,每个人的发言应以三分钟为限。

5. 宣告交接仪式正式结束

宣告交接仪式正式结束时,全体与会者应进行较长时间的热烈鼓掌。

6. 辅助性活动

按照仪式礼仪的总体要求,交接仪式同其他仪式一样,在所花费的时间上也是宜短不宜长。在正常情况下,每一次交接仪式从头至尾所用的时间,大体上不应当超过一个小时。为了做到这一点,就要求交接仪式在具体程序上讲究少而精。正因为如此,一些原本应当列入正式程序的内容,例如进行参观、观看文娱表演等,均被视为正式仪式结束之后所进行的辅助性活动而另行安排。

如果方便的话,正式仪式一旦结束,东道主与接收单位即应邀请各方来宾一道参观有关的工程项目或大型设备。东道主一方应为此专门安排富有经验的解说人员陪同,使各方来宾通过现场参观,可以进一步地深化对有关的工程项目或大型设备的认识。

若是出于某种主观原因,不便邀请来宾进行现场参观,也可以通过组织其参观有关的图片展览或向其发放宣传资料的方式,来适当地满足来宾的好奇之心。

不论是布置图片展览,还是印制宣传资料,在不泄密的前提条件下,均应尽可能地使之内容翔实、资料充足、图文并茂。向来宾介绍的内容通常应当包括有关工程项目或大型设备的建设背景,主要功能,具体规格,基本数据,开工与竣工的日期,施工、安装、设计、接收单位的概况,与国内外同类项目、设备的比较,等等。为使之更具说服力,不妨多采用一些准确的数据来进行论述、说明。

在仪式结束后,若不安排参观活动,还可为来宾安排一场综艺类的文娱表演,以助雅兴。表演者可以是东道主单位的员工,也可以邀请专业人士。表演的主要内容应为轻松、欢快、娱乐性强的节目。

三、参加交接仪式的礼仪

在参加交接仪式时,不论是东道主一方还是来宾一方,都存在一个表现是否得体的问题。假如有人在仪式上表现失当,甚至还会因此而影响到有关各方的相互关系。

(一)东道主的礼仪

对东道主一方而言,需要注意的主要问题有以下三个。

1. 注意仪表修饰

东道主一方参加交接仪式的人员,代表的是本单位的形象,为此,必须要求他们妆容规范、服饰得体、举止大方。

2. 注意保持风度

在交接仪式举行期间,不允许东道主一方的人员随处走动、交头接耳、打打闹闹。在为发言者鼓掌时,不允许厚此薄彼。当来宾为自己道喜时,喜形于色无可厚非,但切勿嚣张放肆、得意忘形。

3. 要注意待人友好

不管自己是否专门负责接待、陪同或解说工作,东道主一方的全体人员都应当自觉地树立起主人翁意识,一旦来宾提出问题或需要帮助时,都要鼎力相助,不允许一问三不知、借故推脱、拒绝帮忙,即使自己力不能及,也要向对方说明原因,并且及时向有关方面进行反映,使相关问题得以解决。

(二)来宾的礼仪

对于来宾一方而言,在应邀出席交接仪式时,主要应当重视如下四个方面的问题。

1. 应当致以祝贺

接到正式邀请后,被邀请者即应尽早以单位或个人的名义发出贺电或贺信,向东道主表示热烈祝贺。有时,被邀请者在出席交接仪式时,将贺电或贺信面交东道主,也是可行的。不仅如此,被邀请者在参加仪式时,还需郑重其事地与东道主一方的主要负责人一一握手,再次口头道贺。

2. 应当略备贺礼

为表示祝贺之意,可向东道主一方赠送一些贺礼,如花篮、牌匾、贺幛等。时下,以赠送花篮最为流行。

3. 应当预备贺词

假若自己与东道主关系密切,则还需提前预备一份书面贺词,供被邀请代表来宾发言时使用。其内容应当简明扼要,主要是为了向东道主一方道喜祝贺。

4. 应当准点到场

若无特殊原因,要正点抵达,为主人"捧场"。若不能出席,则应尽早通知东道主,以防在仪式举行时来宾甚少,令主人因"门前冷落鞍马稀"而难堪。

思考练习

1. 如何布置签字场所?
2. 剪彩仪式的具体程序是怎样的?
3. 剪彩者应注意哪些礼仪规范?
4. 东道主在交接仪式中应该注意哪些礼仪?
5. 庆典中的接待人员主要完成哪些工作?
6. 如何将各类仪式的前期工作进行得滴水不漏?

第十二章 行业服务礼仪

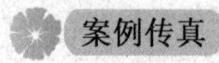 案例传真

景泰蓝食筷

在一家涉外宾馆的中餐厅里,正是中午时分,用餐的客人很多,服务小姐忙碌地在餐台间穿梭着。

有一桌的客人中有好几位外宾,其中一位外宾在用完餐后,顺手将自己用过的一双精美的景泰蓝食筷放入了随身带的皮包里。

服务小姐在一旁将此情此景看在眼里,不动声色地转入后堂。不一会儿,捧着一只绣有精致花案的绸面小匣,走到这位外宾身边说:"先生,您好,我们发现您在用餐时,对我国传统的工艺品——景泰蓝食筷表现出极大的兴趣,简直爱不释手。为了表达我们对您如此欣赏中国工艺品的感谢,餐厅经理决定将您用过的这双景泰蓝食筷赠送给您,这是与之配套的锦盒,请笑纳。"

这位外宾听此言,自然明白自己刚才的举动已被服务小姐尽收眼底,颇为惭愧。只好解释说,自己喝多了一点,无意间误将食筷放入了包中,感激之余,更执意表示希望能出钱购下这双景泰蓝食筷,作为此行的纪念。餐厅经理亦顺水推舟,按最优惠的价格,记入了主人的账上。

聪明的服务小姐既没有让餐厅受损失,也没有令客人难堪,圆满地解决了事情并收到了良好的交际效果。

第一节 民航服务礼仪

一、地勤服务礼仪

民航地勤服务礼仪是指机场地面工作人员在工作中应遵循的各种礼仪规范。它包括售票礼仪、更换登机牌及行李托运礼仪、安全检查礼仪等,地勤人员只有通过标准的礼仪服务才能为乘客建立良好的第一印象。

(一)票务服务礼仪

(1)着统一制服,并按标准坐姿要求端坐于工作台内。

(2)面带微笑,热情耐心地回答客人问讯。

(3)若客人决定购票,则礼貌地请客人出示有效身份证件;认真核实证件并填写好相关资料后,双手将证件及机票递还给客人,并诚恳表示谢意。

(4)若遇电话订票,则在电话铃响起三声之内提接电话,首先向客人问好并自报家门,然后耐心询问客人相关信息,及时为乘客办理相关手续。

(二)更换登机牌及行李托运礼仪

(1)着统一制服,按标准坐姿要求,端坐或站立于工作台内。

(2)当乘客到达服务台前时,首先向乘客表示热情的欢迎,并礼貌地请乘客出示机票及相关证件。

(3)核实证件后,耐心询问乘客是否需要其他服务,若需要则继续耐心地为乘客负责办理行李托运,若不需要则双手将机票登机牌相关证件递还给乘客,并祝乘客旅途愉快。

(三)安全检查礼仪

(1)着统一制服,按标准坐姿或站姿要求,端坐或站立于工作台内。

(2)当乘客到达服务台前时,首先向乘客表示热情的欢迎,并礼貌地请乘客出示登机牌及相关证件。

(3)核实证件后,面带微笑并礼貌地指示乘客进行安全检查。

(4)安检时,耐心向乘客说明检查要求,若需开包检查则要先向乘客说明,并经允许后方可进行。

(5)检查结束后,向乘客表示谢意并祝旅途愉快。

二、空乘服务礼仪

航空服务礼仪是一种行为规范,是指空中乘务人员在飞机上的服务工作中应遵守的行为规范。具体是指空中乘务人员在客舱服务中的各服务环节,从在客舱迎接旅客登飞机,与旅客的沟通,到飞机飞行中的供餐、送饮料,为特殊旅客提供服务等都有一整套的行为规范。学习航空礼仪的意义在于:有助于提高个人礼仪文化素质,有助于提高航空公司的服务质量和服务水平,有助于塑造航空公司的整体形象,有助于提高企业的经济效益和社会效益。

(一)空乘仪表仪容的基本要求

仪表仪容是一个人的精神面貌、内在气质的外在表现,我们对空乘人员仪表美的总体要求是:仪容整洁,举止大方,端庄稳重,不卑不亢,态度诚恳,待人亲切,服饰整洁,打扮得体,彬彬有礼。

1. 发型

空乘发型要大方,适合自己的脸型、制服和风度,不留奇异、新潮发型,不染异色头发。女性发不遮脸、不过肩,长发要扎起或盘起,前刘海可以卷曲也可以直发,但不过眉毛。男性鬓发不盖过耳部(不得留鬓角),后脑头发不触及后衣领,不留长发或光头,不

烫发。

2. 服装

目前各航空公司都有自己的制服,空乘着制服后,能反映出很好的个人职业形象和令人振奋的精神面貌。因此,在穿着制服的时候,要特别注意自己的仪容仪表,使自己的形象、举止符合制服应表现出来的形象。

空乘穿着制服要做到整齐、清洁、挺括、大方、美观、得体。穿衬衫要束在长裤或裙子里面,不挽袖卷裤,注意内衣不能外露,不掉扣、漏扣;帽子戴在眉上方1~2指处。领带、领结、飘带与衬衫领口要吻合紧凑且不歪斜,工号牌佩戴在左胸的正上方。

每次航班前,应熨烫衣服,以防有褶皱。同时检查制服有无损坏、污渍、掉扣、开线等情况,若有应立即进行修理补救。

航班结束后,应干洗制服,保持制服干净如初。

空乘鞋子要求保持光亮、干净。袜子要干净、完好,不能穿破损袜子。女性穿着肉色连裤袜。男性应穿与裤子、鞋同类颜色或较深色的袜子。袜子的尺寸要适当,不得有跳线和松弛现象。

3. 饰品

空乘可佩戴设计款式保守简洁的手表,表带宽度不超过2厘米,颜色限深色。

可戴结婚或订婚戒指,但戒指镶嵌物直径不超过5厘米。

可戴耳针,但仅限一副,而要求设计简单,镶嵌物直径不超过5厘米。

(二)空乘服务礼仪

空乘应该具备的职业素养包括:亲和的微笑,舒心的问候,洁雅的仪表,得体的语言,诚恳的态度,优美的仪态动作。此外,空乘还要加强内在美的修养,了解把握客人的各种心理,根据客人的心理特点进行服务,用心、用情服务,让客人得到优质服务。

1. 候机礼仪

(1)着装规范统一,化妆、发型、行李箱等符合公司统一要求,最好是列队行走并保持动作一致。

(2)言谈文雅,举止优雅,动作礼仪严谨、规范。

(3)语音语调柔和,说话音量适中,切忌玩笑打闹,大声喧哗。

(4)手势适度,站姿、坐姿等仪态符合空乘礼仪标准。

(5)女性乘务员不得当众补妆或修饰面容,若有需要,在卫生间进行;男性乘务员不得在公共场合吸烟。

2. 迎送乘客礼仪

(1)乘客登机时,应按规范礼仪站姿并面带微笑地站立于机舱门口迎接宾客。

(2)客人走近时行鞠躬礼并热情问候。

(3)左手手臂自然弯曲,手指并拢,手心微斜向上,指示乘客进入机舱。

(4)若遇客人携带行李箱,应主动上前扶助,帮助其跨越机舱口。

(5)若遇老人、小孩、残疾人士应热情扶助,并主动将其带到座位旁。

(6)客人离机时,应按规范礼仪站姿并面带微笑地站立于机舱门口送别乘客。

(7)向乘客行鞠躬礼并诚恳道别。

3.服务礼仪

(1)耐心、亲切地向乘客介绍此次航班机组及乘务人员。

(2)准确、细致地介绍机舱内设备设施,并配以示范,示范动作要规范、标准。

(3)仔细检查乘客是否系上安全带、收起小桌板,提醒乘客机舱内注意事项并耐心解答乘客疑问。

(4)派送报纸杂志时,应走到乘客座位旁,上身微倾,用适当的音量和语调询问乘客需要阅读机上哪种报刊;对闭目休息的乘客则遵循"不打扰"原则。

(5)给客人上茶(饮料或点心)前,首先应把手洗干净,认真检查餐、饮器皿是否干净,并按人数多少准备点心、饮料,然后往茶中注入八分茶水,留意茶的浓度。

(6)将点心和饮料整齐、合理地摆放在推车中,推动推车时,动作平稳轻松,表情大方亲切;将推车推至乘客座位旁时,双手将点心、饮料递送给乘客。

(7)若自己因不小心或突遇飞机颠簸等原因而把饮料滴洒在乘客身上,要马上诚恳道歉,若对方与自己为同性则用干净毛巾或手巾纸为客人擦拭,若为异性则将干净毛巾或手巾纸双手递予,并重新提供服务。

第二节　商场服务礼仪

现在的消费者除了看重商品本身的性价比之外,对商场各项服务的综合值也是颇为关注。追求优秀的购物环境是很多消费者对商场的首选标准。

一、环境的布置

在购货活动中,店容是否美观、货物是否齐全和服务是否周到是商店吸引顾客的主要因素。顾客是上帝,商店要以优美的环境、齐全的设施、清洁的柜台为顾客创造良好的购物环境,从而使顾客能以良好的心情愉快购物,提高商场的经济效益。

(一)注重商场的装修

大型商店一般宜建在繁华的市区或交通方便的市郊。商场的地理位置很重要,美观大方的外在形象、典雅古朴的装饰,是影响消费者的重要因素。商店应配备空调、音响、电梯等设备,同时播放一些轻松柔和、优美动听的背景音乐。

(二)保持整洁整齐

每天营业前,要搞好柜台和货物的卫生,使柜台和整个商店窗明几净。

如果经营的是易污商品,在售卖过程中,应随时擦拭,不能弄脏顾客的衣服。如果经营的是食品,柜台卫生必须严格遵循食品卫生条例,商店的营业员必须戴口罩、穿制服、使用食品夹,同时,商店营业员应特别注重个人卫生,不留长发、长指甲,不穿拖鞋,营业时不搔头、挖耳、挖鼻孔等,还应做到修饰避人。

(三)柜台布局

商场要根据顾客的购买习惯和心理,合理设置柜台,一般可以把商品分成以下三类放置。

(1)速购商品,大多属于日用品,如香烟、糖果、香皂、化妆品、调味品等。这类商品的柜台通常应设在商店的一楼或进出口附近,以便顾客购买。

(2)选购商品,如时装、床上用品、鞋等商品。顾客购买这类商品,一般要对商品的质量、样式和价格进行认真比较后,才会作出购买决定。这类商品的柜台通常设在二楼或三楼,柜台的间距应较大,以便顾客选购。

(3)特殊商品,如彩电、照相机、工艺品等价格昂贵的高档商品。这类商品的柜台通常设在四楼,环境布置应更加优雅。

(四)陈列商品

商店的商品陈列应首先为顾客着想,便于观看和选择,商品陈列只有在客人身上产生效果,才能真正达到陈列的目的。

商品的陈列要突出商场的经营意图,做到中心突出、主次分明,各个柜台之间相互呼应,整个商场形成一个整体,符合审美原则。

商品的陈列还要考虑商品货架的设置合理,售货员在工作时能得心应手,这就要求陈列时根据商品形状和色彩进行合理搭配。

(五)商品明码标价

商品必须明码标价,货牌上应写明产地、规格、型号等,数字应特别书写清楚,让顾客一目了然。有些新产品还应采用其他宣传手段,让客人详细了解其性能和特色。这些看似微小的措施,却可以为客人提供方便,体现礼仪的基本内容,尊重和关心别人,同时也锻炼了售货员的思维能力。

(六)提供各种服务措施

商店应尽可能地为顾客提供各种服务措施,如在商场内设置咨询台和维修点、送货上门、免费安装等。

提供良好的购物环境除了硬件措施的改善到位外,更重要的是商场服务人员的职业形象规范和礼仪规范,也就是要提供真正舒适热情的服务。

二、商场服务人员的职业形象规范

商店营业员的服务态度,直接反映了经营服务质量和信誉。商店营业员的言行是否符合礼仪规范,不仅是个人形象,更重要的是关系到商店声誉,直接影响着商店的经营好坏。

(一)仪表规范

营业员应穿着得体、整洁大方,如有制服,要穿制服。如果无统一制服,男士也可穿着西装或职业装,颜色以深色或纯色为宜;女士穿着西服套裙、连衣裙、旗袍或职业装,

颜色可亮丽。总而言之,营业员在仪表方面应做到"发必齐,须必剃,甲必剪,妆必淡,衣必雅,扣必系,帽必正,鞋必洁"。

营业员在上班时间应在左胸前佩戴工作牌或服务证,除手表和戒指外,身上不宜佩戴夸张、个性化的饰物。

(二)举止得当

营业员在工作岗位上要采用服务式站姿工作,做到三人一线站,二人两边站,一人中间站。营业员站立时身体自然放松,精神饱满,微露笑意;目光自然关注顾客,尤其是顾客在柜台前的动静,切忌东倒西歪靠在货架上,或者以手托腮,趴在柜台上,显出萎靡不振的样子。

营业员在上班时不能在柜台吃东西,不能干私活,不能看报刊,不能抽烟,不能聚在一边闲聊。

营业员要注意动作应轻巧,无论是给顾客取货,还是把货物递给顾客,都要轻拿轻放。

(三)语言规范

营业员解答顾客的问题时要注意语言的规范,做到文明应答;声音要轻柔平稳,说话清楚流利;坚持使用"您好""请""谢谢""请拿好"等规范化的服务礼貌用语。

三、商场服务人员的接待礼仪

商场服务人员在具体接待工作中应做准备工作、售前服务、售中服务和售后服务等环节的礼貌服务。

(1)上岗前,作好仪表仪容的自我检查,做到仪表整洁、仪容端庄、仪态大方。

(2)在岗位上,坚持站立服务,做到站姿端正、走姿文雅、精神饱满、面带微笑、思想集中,随时准备迎接顾客的光临。

(3)顾客进店,应热情接待,主动问候,致以礼貌用语:"欢迎光临"。

(4)接待顾客时,要做到买与不买一个样、生客熟客一个样、本地客外地客一个样、大人小孩一个样、内宾外宾一个样、男女老少一个样。

(5)为顾客解答疑问和展示商品时,要做到百问不厌、百挑不嫌,帮助顾客做好"参谋"。

(6)在顾客较多、生意忙碌时,要做到忙而不乱,忙中有序,边接待边兼顾,敬语在先,以示尊重与关怀。

(7)接待顾客时要坚持使用规范化礼貌用语,销售商品时说话要讲究艺术性,使顾客感到亲切、温暖、可信。

(8)顾客离柜、离店时,要致谢道别:"谢谢光临""欢迎下次光临""请走好,再见"。

(9)当顾客要求退货时,若理由正当、合理,应按规定程序予以办理,不可购买时热情相待,退货时就冷面以对,并且应做好相应的解释工作。

(10)礼貌地处理投诉,维护消费者的利益。

社交礼仪

第三节 银行服务礼仪

20世纪90年代后,随着我国社会主义市场经济建设的迅速进展,银行业的发展也进入了一个崭新的历史时期。人民群众普遍可以感受到,自己正在享受着越来越周到的银行服务。

银行,通常特指由国家批准设立,专门经营存款、贷款、汇兑等金融业务的机构。在市场经济条件下,对商界而言,银行不只是自己必须依赖的流通环节之一,而且也是自己的重要组成部分。随着我国银行业的日益商业化,其重要性已不言而喻。

银行之于社会各界,主要提供的是各项金融业务类的服务。银行的服务宗旨,应当是竭诚服务、信誉至上、顾客第一。凡此种种,均应在银行礼仪之中得到充分而具体的体现。一般而言,银行的礼仪主要是指银行业的全体从业人员在工作岗位上、在待人接物方面所应当遵守的服务规范。良好的银行服务礼仪必定依托于规范整洁的银行环境。

一、银行环境规范

(一)营业场所环境规范

银行的营业场所应该标准、整洁、规范,具备方便、齐全、完善的营业设施。

1. 外部环境

外部环境包括营业建筑、各类标志、附属设施和周围的环境,应保持整洁。营业建筑的外部装饰,要严格遵照统一的企业形象设计标准,标志、名称、招牌,以及使用的字体、颜色、比例等,必须规范且保持整洁、齐全、美观、无残缺。

2. 内部环境

(1)营业厅的装修、装饰要符合规定。厅堂内的色调、灯光的明暗、花草盆景的配置,都应力求和谐、美观。门面玻璃、吊灯、地面、柜面都应干净、明亮。保持室内空气清新。

(2)金融营业许可证、营业执照必须齐全,保管完好,挂在指定营业门市工作区内的醒目位置。

(3)营业厅堂内,要有为客户提供服务所需的各项设施,包括:实时利率牌,柜台业务标志牌,业务岗位工号牌,供客户使用的各种单据、凭证、凭条及书写工具、老花镜,单据填写范例,回单箱,资料架(存放适用宣传画及业务宣传材料等资料),时钟、日历牌,及供客户休息的沙发、座椅等。

(4)营业厅内还需设有为客户服务的咨询台,接受客户监督的意见卡和监督电话。

(5)营业厅的各项设置要保养完好,保证正常运行;摆放的物品应经常整理,保持齐全、有序、整洁、醒目;各种服务项目的变更及新增业务品种和重要的通知,应规范书写并张贴在统一的橱窗或告示牌上,不得随意张贴。

(6)为了使银行工作人员更好地为客户提供优质服务,银行还需营造具有良好氛围的银行环境。以营业柜台为例,我国的银行柜台承袭了古代当铺的特点,柜面一般较高,给人一种高高在上的感觉;而日本银行的柜台则恰恰相反,为了营造亲和力,他们的柜台一般只到人的腹部,非常有利于消除人与人之间的隔阂。目前,我国的许多银行,已取消了传统的高柜面形式,建立了开放式的柜面形式,这样便于柜面工作人员与客户面对面地交流,增加了亲和力,营造了良好的银行氛围。

(二)办公场所环境规范

(1)办公场所应保持整洁、有秩序。

(2)随时保持柜面、桌面、地面、墙面、电脑、计算器等的清洁;纸张入屉,严禁出现纸张堆积的现象。

(3)桌面可放置的物件包括电脑、打印机、电话机、文具盒、墨水盒、水杯(统一制作)、笔记本、现时办理文件等必备的办公用品;柜面上可以放置的物件包括经济类、计算机类或其他本专业书刊,以及不需封闭保存的文件资料。

(4)桌面、墙面不得随意张贴。

(5)办公桌下,除废纸篓外,不得摆放任何生活用品。

(6)抽屉及衣柜中的私人用品尽量减到最少,并放置整齐。

(7)办公区域内按统一规定张挂反映企业文化与企业精神内容的词条。

二、规范的银行礼仪

(一)服务设施的要求

银行的服务设施,一般是指在银行业的各个服务网点上,根据常规所应当设置以备顾客使用的各种设备和用具等。关于银行的服务设施,规范的要求是完善、整洁、便民与安全。

1.银行的服务设施必须完善

银行为客户所提供的各项服务,既要注意周全,更要力臻完善。银行的各个营业机构在完善设施方面,必须认真实现以下"八有"。

第一,要有行名、行徽、所名以及对外营业的时间牌。

第二,要悬挂经营金融业务的许可证以及正式的营业执照。

第三,要有标明年月日时分的时钟和办理各项业务的标示牌。

第四,要有储蓄利率牌(办理外汇业务者,也要有汇率牌)以及业务宣传牌。

第五,所有一线工作人员都要在上岗时佩戴标明本人姓名、职务的身份胸卡。

第六,营业柜台之外要有可供客户使用的书写台和休息场地,并配有各种便民用品。

第七,要设有专供客户使用的意见簿和服务监督电话。

第八,要在营业时间之内设有流动的保安人员。

以上这"八有",是对银行各营业机构完善服务设施的基本要求。对于这些基本要求,不但一定要做得到,而且必须努力做好。

2. 银行的服务设施必须整洁

银行各营业机构的各种服务设施,必须注意整洁且完整无缺。这是银行为自己塑造良好形象时绝对不容许有丝毫疏忽的地方。

一方面,银行的服务设施一定要完整无缺。这不仅体现着银行的实力,银行工作人员工作的一丝不苟,也是为了更好地服务于客户。特别应当强调:银行的各营业机构必须做到门面庄严、标志醒目、外形美观。行名、行徽的字体、色彩、图案以及排列的方式,一定要严格依照各家银行总行的统一规定制作。行名要标准,行徽要醒目,文字要正确,色彩要和谐,图案要规范。行名牌、营业时间牌以及经办信用卡业务牌等,按惯例均应采用长方形铜质材料或其他金属质地的材料制作,并应当排列恰当地镶嵌在营业厅大门两侧。凡有条件者,均应装有晚间使用的灯光照明设施。但是,上述各种设施均不得出现错、乱、残、缺、坏等现象。否则,便如同是在替自己作反面宣传。

另一方面,银行的服务设施一定要干净清洁。各银行营业机构均应量力而行,认真做好本单位的环境美化和周边绿化。各种服务设施不但布局要合理,而且摆放要有序。营业的大厅,要有一定的高度。采光要充足,灯光要明亮,空气要流通,色彩要和谐。各银行营业机构都要搞好本单位的环境卫生。要认真做到室内桌、椅、柜摆放有序,办公用具一律定位放置,墙上无积尘、无蛛网,窗上无灰垢、无污痕,地上无纸屑、无烟蒂,室内无杂物、无垃圾。不准在室内外乱贴广告、标语、通知。对此,要经常性地检查、抽查来加以督促。

3. 银行的服务设施必须便民

对于银行的全体从业人员而言,便民为本,不仅是一种指导性的原则,而且更应当成为自己的实际行动。

为方便客户,银行各营业机构在营业大厅内均应设立"两台""一座"。有条件者,还需设立"一室"。

所谓"两台",指的是咨询台与书写台。咨询台通常应设立在营业大厅入口处附近,并且配有业务熟练、口齿清晰、责任心强的工作人员,负责解答客户所提出的各类疑难问题,并引导客户办理各项有关的银行业务。书写台上则应当配有各种储蓄单、钢笔、墨水、印泥、别针以及计算器和老花镜,以方便客户填写储蓄单之用。

所谓"一座",指的是供客户休息之用的坐椅,它们应当宽大舒适,并且有一定的数量。在坐椅附近,可摆放一些报刊,供客户休息、等候时阅读。

所谓"一室",指的是贵宾接待室,专供接待重要客户之用。

出于对客户的尊重,在各银行营业机构的营业大厅之内,应悬挂本单位的服务条约、营业纪律、行为规范、文明用语与服务忌语,以供社会监督。有条件的话,应在营业大厅之内安装空调、暖气,以便做到室内冬暖夏凉,为客户创造一个更为良好的环境。对于各类常设性的便民设施以及自助式的存、取款设备,应定期进行全面的检查与维修,并将有关的电话号码公告于社会。

4. 银行的服务设施必须安全

为了预防各类风险的发生,银行各营业机构必须做好安全防护工作,防患于未然,不仅要防盗、防抢,而且还要防火、防水、防风。

一定要落实好本单位的保卫值班制度与安全检查制度。事事要有专人负责、专人检查,处处不可掉以轻心。

一定要认真建立预案制度,提前发现并堵塞各种事故的隐患与漏洞。各营业机构必须认真安装好应急报警设施,备齐、备好各种安全防护工具和防火、防水、防风器材,并且要求全体有关人员都能够做到熟练地使用。凡有条件的单位,还应当尽早安装闭路电视监控设备。

在各营业机构的营业大厅之内,可放置一台验钞器,并在适当之处悬挂辨别人民币真伪的宣传性挂图。

在有条件的银行营业机构里,应为客户提供"一米线"服务。所谓"一米线"即在个人储蓄窗口之外的地面上距离窗口一米处画线。当前一位客户在窗口办理业务时,后一位客户必须在一米线之外等候,以便令正在办理业务的客户真正地感受到保密与安全。

(二)服务行为的规范

银行的服务行为,通常指的是银行的全体从业人员在自己的工作岗位上的所作所为。换言之,它实际上所指的就是银行的全体工作人员的工作表现。在一般情况下,对银行业的服务行为规范的总体要求,主要集中地体现在改善服务态度、提高服务质量这两个方面。

1. 改善服务态度

要求银行员工改善服务态度应当表现在银行全体从业人员的举止神情和言谈话语等各个方面。具体来讲,在下述四个方面尤需注意。

其一,要自尊自爱。在自己的工作岗位之上,全体银行从业人员都要按照有关的岗位规范对自己的仪表、服饰、举止严加要求。要将这些方面的具体细节问题提升到个人与银行的整体形象的高度来认真地加以对待,要将它们与自己爱岗敬业的工作态度结合在一起予以关注。

在正常情况下,全体银行从业人员在上班时,必须自觉做到仪容清爽整洁、着装端庄得体、化妆自然大方、站、坐姿势端正,佩戴工号牌上岗,以实际行动做到自尊自爱。

其二,要热忱服务。接待客户之时,全体银行从业人员一定要文明礼貌,热忱而主动地为客户服务。与客户打交道时,要严格地执行本单位已经明文规定的文明礼貌用语与规范化行语,不得使用服务忌语。对于客户所提出来的各种疑问,要认真聆听,耐心解释,做到有问必答。

为客户服务之时,态度必须主动、诚恳而热情。对待所有的客户,都要一视同仁。具体而言,存款取款要一样周到,业务大小要一样热情,定期活期要一样接待,零钱整钱要一样欢迎,新老客户要一样亲切,大人小孩要一样主动,工作忙闲要一样耐心,表扬批评要一样真诚。

其三，要客户至上。在工作中，银行的全体从业人员必须在思想上牢固地树立起"服务第一""客户第一"的思想，并且将其认真地落实到自己的业务实践之中，处处急客户所急，处处想客户所想，勤勤恳恳、踏踏实实地为客户服务。

接递客户手中的现金、单据、卡证时，应使用右手或双手，不允许抛掷，或不用手接递。有必要确认客户存款或取款的具体数额时，声音要适宜。当客户前来办理某些较为琐碎而毫无利润可言的业务时，如大钞兑换小钞、兑换残钞、零币等，要有求必应，切不可推辞。当客户所取现金数额巨大时，为确保其安全，应安排专人对其加以护送。

其四，要任劳任怨。在工作之中，有时难免会与客户产生某些矛盾纠葛。在此种情况下，对客户的尊重、对工作的负责，都要一如既往。对于矛盾，要力求妥善解决。得理之时，必须让人一步，失礼之时，必须主动致歉。受到客户的表扬要谦虚，受到客户的批评要虚心，受到委屈要容忍。在任何情况下，都要自觉做到与客户不争不吵，始终笑脸相对，保持个人风度。要注意对待批评，有则改之，无则加勉，并认真总结工作中的经验教训，不断完善本单位的各项制度、措施。

不论出现何种状况，都不允许议论、讽刺、刁难客户，尤其不允许辱骂客户，或者与客户争吵、动手打架。

2. 提高服务质量

提高服务质量，主要表现为银行的全体从业人员要在做好本职工作的基础上，对自己提出更高的标准、更严格的要求，从而使自己为客户所提供的各项服务在质量方面"更上一层楼"。

就现状而论，要求银行的全体从业人员提高服务质量，特别需要将其具体贯彻落实到如下五个方面。

（1）要提前到岗、按时营业。各银行营业机构均应严格遵守本单位的上、下班时间和营业时间，并且确保在营业时间之内要接待每一位上门而来的客户，办理好每一笔金融业务。

银行的全体从业人员，在每个工作日里，必须在上班时间之前到岗，并按照本单位有关的员工个人形象规范的具体要求，做好营业前的各项准备工作。营业时间一到，必须准点开门营业，分秒不差。未到规定的对外营业结束时间，不得提前关门拒客。不得提早关门结账。

（2）规范操作、准确认真。银行的全体从业人员必须严守各项有关的规章制度，使自己的业务操作既规范标准又迅速及时。

为客户提供服务时，要做到先外后内、先急后缓。要认真做到：现金收款业务，要先收款后记账；现金付出业务，要先记账后付款；转账业务，则要收妥作数。

在具体办理业务时，应当力争核算准确，快收快付。各基层机构的营业人员在办理业务时，必须做到收付核算准确、办理业务迅速、向客户交点清楚。要争取速度快、质量好、无差错，努力减短客户等候的时间。

办理业务之时，必须按规定使用统一印制、内容标准的凭证，联次要齐全，字迹要清晰工整，印章要有效、齐全、清晰，并且一定要在规定之处加盖整齐。

（3）要业务公开、社会监督。为了方便客户，更好地服务于社会，银行所经办的各项新老业务应当一律向社会公开，并且提倡主动接受社会监督，以促进本单位更好地开展工作。可能时，还应努力营造内外结合、纵横制约的社会服务监督网。

（4）要执行政策、遵守法纪。全体银行从业人员在工作岗位上处理业务之时，均须时时刻刻自觉地、忠实地、始终不懈地严格贯彻执行党和国家有关的金融法规、政策和方针。违反政策的话坚持不说，违反规定的业务坚决不办。不仅如此，还要努力做好相互监督与制约。要敢于同一切违反党纪、国法和金融政策的行为进行坚决的斗争。

（5）要行为检点、自警自励。全体银行的从业人员，在工作岗位之上皆应立足本职、顾全大局、自重自省、率先垂范。在个人的举止行为方面，特别应当多加检点。

在上岗之前，一律不准饮酒。在工作岗位之上，不准吸烟。在本单位之内，不允许接打私人电话，读书看报，或是忙于其他类型的个人私事。

不准以任何借口擅离职守，串柜聊天，或是大声谈笑。在工作期间，与同事或者客户打、逗、闹、玩，也是应予严禁的。总之，一切与业务无关的事情，一切与本职工作相抵触的事情，都是不可以做的。

（三）银行职员的职业形象规范

银行员工要保持良好的职业形象，需从以下几方面加以规范。

1. 仪表规范

工作时间，员工必须穿着银行统一的工作服，并遵守下列规定。

（1）穿着整洁，服装干净、挺括；着装定时换洗，无破损、无污迹、无汗味，扣子完好、齐全。

（2）衬衣下摆应束入裤腰或裙腰之内，袖口扣好，内衣不得外露，男员工领扣要扣好；不挽袖、挽裤。

（3）男员工系制式领带，领带打法要规范，长短适度，上不露领扣，下端至少抵达腰带。

（4）穿黑色皮鞋，不得穿休闲类皮鞋或凉鞋，鞋面保持整洁。男员工穿深色袜子，女员工着裙装时，穿接近肤色的浅色丝袜，袜口不得露在裙摆外。

2. 仪容规范

（1）仪容以干净、整洁、素雅、大方为标准。

（2）头发梳理整齐，不染发。

（3）男员工不蓄长发、胡须，不留长指甲；女员工不可浓妆艳抹，不染彩色指甲，不戴手链、脚链及夸张饰物。

（4）保持牙齿清洁，口腔清新，工作前忌食葱、蒜、韭菜等具有刺激气味的食品。

3. 仪态规范

（1）工作时间精神饱满，举止文明、礼貌、大方，体现出良好的修养和素质。

（2）工作时间银行柜面人员应采用规范的站姿、坐姿及行姿。入座时，要端正雅观，身体自然挺立；站立时端庄大方；行走时大方自信。

（3）为客户指引方向时，要用规范的手势。

社交礼仪

(4) 为客户传递物品时,要用双手,不要养成单手传递特别是用左手传递的习惯,更不要当着客户面随意乱扔东西。

(5) 与客户交谈时,目视客户,面带自然微笑。

(6) 尽量避免在客户面前打哈欠、咳嗽、打喷嚏,难以控制时,应做到侧面回避。

三、银行服务工作中的接待技巧

(一)客户靠近时的服务技巧

1. 眼神含笑注视客户

一名合格的银行服务人员心中一定要有平等的概念,每一位客户无论钱多钱少都是你的贵宾,只要他将钱存进你所在的银行,他就是你的"上帝"。在接待客户时,要特别注意自己的眼神,面对客户时一定要做到眼神含笑。

2. 主动招呼问好

当客户迈进银行时,银行服务人员就要主动打招呼问好。如果对方是初次上门,应采用基本问候语:"您好,请问您有什么需要我为您服务?"如果对方是老客户,打招呼时就应灵活一些,这时,可说:"好久不见了,很高兴又见到您,今天您有什么需要我为您服务的?"养成主动向客户打招呼问好的习惯,这一点至关重要。

3. 使用服务用语

银行业属于服务产业,因此,银行的人员应养成使用服务用语的习惯,而且,一定要注意服务用语的礼貌性和规范性,如"您好,请问您需要办理什么业务?""请在这里确认签字。"此外,要常常使用"请""谢谢""对不起""麻烦您了"等语句。

4. 交谈结束时使用结束语

当银行服务人员与客户交谈结束时,不要忘了说上几句祝福的结束语,如"谢谢光临""请慢走"。对于老客户,可以说"希望您今年的业绩能够一路常红!祝愿您的公司宏图大展!"这样的结束语可以让听者产生愉悦的感觉。

(二)受理客户交办的事项

当银行员工受理客户交办的事项时,一般可以使用如下所列的礼貌用语,这些语言是银行工作人员与客户沟通的桥梁。

(1) 麻烦您把证件给我看一下,谢谢!

(2) 对不起!请您稍候。

(3) 麻烦您在这里签字!

(4) 很抱歉!因为您的证件不齐,所以我们不能帮您办理,请您下次带齐证件再来一趟。很抱歉,耽误了您的时间。

(5) 先生,您的存折办好了,请慢走!

当使用以上礼貌用语时,如果遇到客户不理解的情况,务必解释清楚,只有让客户意识到你所做的确实是出于保障客户利益的目的,这样才能使客户觉得你的服务非常到位,也能在一定程度上提高客户的自我保护意识。

(三) 巧妙应对客户的指责

1. 虚心道歉

在服务工作中遇到客户的抱怨在所难免,作为银行的服务人员,在遇到抱怨时不能总想着如何躲开,或者逃避责任,而应该迎头而上,设法消除客户的抱怨。如何消除呢?首先就应马上采取行动,虚心道歉,可以说"对不起,先生!很抱歉!本人谨代表银行向您致以深深的歉意!"不管责任在谁,都要先向客户道歉,只有这样的态度才能消除客户的怨气。

2. 查找原因

向客户道歉之后,接下来要设法让客户说出不满的原因。银行员工可以这样询问客户:"您为什么生气?是什么事情让您这么不开心?您慢慢说出来,或许我可以帮您解决,如果我不能解决,我会很快上报我们主管,让他来帮您解决。"

3. 寻求解决之道

了解了引发抱怨的原因之后,就应马上寻求解决方案。如果是自己能够解决的问题,就应该立即果断处理;如果是自己的能力所不能解决的问题,或者已经超出自己的权限范围,应该马上汇报给上级主管。当上级主管处理这些问题的时候,银行员工应在旁认真学习,这样才会提高自己处理问题的能力。

4. 吸取经验

每一次问题处理完毕,都要做个有心人,不断积累经验。银行员工要善于将每天遇到的问题进行归类,然后记下这类问题应该怎样处理。这样,当以后再出现同类问题时,就可以很轻松地进行处理了。

第四节 旅游服务礼仪

一、旅游接待礼仪

(一) 办公室接待礼仪

办公室是连接旅游业与公众关系的枢纽,是体现旅游业管理水平和精神面貌的窗口。办公室接待是塑造旅游业形象、搞好旅游公关的重要一环。

1. 办公室环境艺术

办公室是旅游业的"脸面",首先应创造一种典雅、舒适、幽静的环境气氛,留给来访者良好的"第一印象"。办公室一般采用自然光,应突出洁净、朴实、方便以及传统文化等风格。要注意空气清新,保持适宜的室温、相对的湿度。室内应配备必要的通信和音响设备、宣传资料、接待用品。

2. 办公室接待艺术

对熟悉的客人还可以适当寒暄,询问一些有关生活、工作等近况,融洽气氛。对初

次来访的客人,要采取一定的接待技巧,弄清对方的单位、身份、来意。对涉及重大问题的接待,更要慎重验看对方证件。对客人陈述的问题要作必要的记录。对来访者的愿望和要求,合理的、能够答复的,要尽快给予明确答复;不合理的或不便马上答复的,应予以委婉推辞,或进行必要的推托。应请示领导或安排领导接见才能解决的问题,要事先和主管领导研究,予以妥善安排。应热情送行,并表示欢迎再来。如果需要,分别时要留下今后相互联系的地址和电话。

(二)迎送接待礼仪

1. 迎接客人

(1)首先根据来者身份、国籍、性别、年龄等状况安排好吃、住、活动日程、交通工具、兑换款币等事项。

(2)查明客人到达时间,提前15分钟到达机场、车站或码头,选择醒目合适的地点等候。若属外宾或高贵客人,要事先在机场、车站、码头安排贵宾室,以备稍事休息。

(3)客人到达,应主动热情迎上前去,寒暄问候,协助提拿包裹(一般帮提大行李,手提包则不必),办理入境手续。若与客人不相识,则要事先写好迎客牌,工整地写上所接客人的单位、名字。客人过来时,首先解决相互称呼问题。

(4)引导客人乘车。把客人行李安排好后,即刻打开车门,安排客人上车。车启动后,切忌沉默不语,可向来客讲讲活动日程,介绍当地民俗风情、旅游景点、物价等。

(5)到达目的地需协助客人妥善安排住宿及就餐时间、地点等事宜。考虑客人沿途劳累,需要休息,接待人员不必久留,说好下次见面时间及有事联系的电话号码,即可离去。

2. 欢送客人

(1)根据客人离去的时间,安排好购票、结算、赠送礼品、摄影留念、欢送宴会等事宜。赠送的礼品要注意携带方便,突出精神文化和地方特色,具有保存价值。

(2)送站人员要尽量帮客人将行李安顿好,分别时讲些欢迎再来的话,要目送飞机起飞或车船开动,客人看不见时再行返回。

(三)特殊团队接待礼仪

特殊团队是指有别于一般旅游、观光,具有其自身特点的旅游团队。在安排时,绝不能等同于一般观光团,应根据他们的自身特点,有针对性地组织接待。

1. 新闻记者或旅游代理商接待礼仪

旅行社组织代理商或新闻记者参与旅游,目的是介绍自己组合的旅游线路,使其通过观察、了解,熟悉本社的业务和旅游目的地的旅游业基本情况,产生组团消费本社旅游产品的愿望,宣传并介绍本社的旅游业务。旅行社组织旅行代理商或新闻记者旅游需注意如下几点。

(1)精心设计最佳的旅游线路。旅行社应派专人预先按线路采访一下,并落实各地的准备工作。每个地方突出什么,活动、交通、住宿、膳食怎样安排等,要反复检查确认。

(2)邀请团在考察过程中的活动,尤其是交通、食宿、参观游览、文娱活动等,应与将来旅行社组团的活动基本一致。

（3）配备最佳导游。选择好导游，是邀请团活动成功的关键。要选择有经验而又学识丰富的导游，讲解既深入浅出，又诙谐动听，妙趣横生，让代理商或记者们感到是一次很好的享受，回去后有助于更好地宣传，起到扩大影响、吸引游客的作用。

2. 大型团队接待礼仪

接待大型团队的旅游活动，其难度及要求比一般旅游团队都要高。接待人员必须同时具备较高的业务水平、宏观的控制能力与严密的工作作风，才能够圆满完成接待任务。旅行社组织接待大型团队需要注意以下几点。

（1）与各有关单位确认活动日程和确切的时间。

（2）检查接待人员的精神准备和物质准备，通知每人车号、客人数、房号。

（3）部门经理亲临机场或码头察看迎接团队的场地、乐队站立的位置、停车点。

（4）事先安排专人下榻饭店，与酒店客房部经理等共同检查房间内各种设施是否完好可用。

（5）与车队联系好出车顺序，车上贴好醒目车号和标志。

3. 残疾人团队接待礼仪

接待残疾人旅游团队最重要的是要有满腔热忱，随时注意尊重其自尊心。在生活服务方面，一定要细心周到，想方设法为他们提供方便；在导游工作方面，应尽量满足他们的要求；在日程安排方面，要考虑到他们的身体条件和特殊需要，时间应宽松些，所去景点应便于残疾人活动。

二、导游接待服务礼仪

导游（也称陪同）是旅行社的支柱，是旅游业从业人员中与旅游者接触最多的人，是旅游者的"指南针"，其言谈举止会给旅游者留下深刻的印象。因此，导游人员要在业务技能水平方面有一个较为全面的掌握，对于导游过程中待人接物等基本礼貌礼仪知识也必须加以强化。

（一）导游服务流程中的礼貌礼仪

（1）遵守时间是最重要的礼节。导游必须及时把每天的活动时间安排清楚地告诉每个旅游者，并且随时提醒。导游必须按照规定的时间提前到达出发地点，按约定的时间与客人会面，如有特殊情况，必须耐心地向客人解释，以取得谅解。

（2）要尊重旅游者的宗教信仰、风俗习惯，特别注意他们的宗教习惯和禁忌；注意服务严谨，态度和蔼；要尊重老人和女士，对小孩多加关照；对残疾人要进行特殊服务，表现出热情、体贴而不是怜悯；对重点客人接待服务要有分寸，不卑不亢；对旅游团的领队要尊重，做到有事商量，主动听取意见，以礼待人，力求协调、通力合作。

（3）客人转移到酒店时，要提醒客人携带好随身物品。

（4）外出旅游时，应清点人数；车子发动时，要提示客人坐稳；行车时一般可致欢迎辞，包括自我介绍，并祝愿各位在旅游期间身体健康、旅游活动愉快；讲话时音调轻柔甜美,音量适中,手势简练,举止大方。

(5)在参观旅游景点时,导游人员不可由于经常在某地参观,就把主人甩到一边,自己代替主人向客人讲解。翻译时要尊重主人的原意,听不懂主人或客人的话,可请求其重复一次,尽量做到"信、达、雅";翻译时还要注意自己站立的位置和举止。

(6)在游客邀请品尝风味小吃时,导游作为客人参加,切勿主宾颠倒,要注重进餐时的礼仪。

(7)欢送客人时,要致欢送辞,内容一般是友好的惜别祝颂,如"一路顺风""旅途愉快""希望再来中国/北京";并主动征求意见,对服务欠缺的方面要向旅游者表示歉意;最后主动与旅游者一一握手告别。

(8)对旅游者在旅游过程中的特殊要求尽量满足,根据有关规定不允许办理的事情应有礼貌地婉言拒绝;对旅游过程中发生的各种差错和事故,导游要冷静、耐心、礼貌地积极协助有关部门解决。若外国客人给钱财或贵重物品作酬谢时,导游人员应尽力谢绝。

(9)导游人员要做好服务工作,还要讲究与司机、酒店、交通部门及商店服务人员的通力合作。

(二)团队交接礼仪

1. 接待准备

(1)陪同接受接待任务后,要认真阅读接待计划,从中掌握所陪团队的基本情况,包括人数、姓名、性别、年龄、国籍、民族及领队情况等,了解该团的费用标准和住房情况,掌握团队的游览日程和行程计划,熟悉团队抵达、离开时间,航班车次,接站地点等。

(2)学习对外宣传材料,掌握国家有关法律、政策方面的规定,了解旅游团所在国近期政治、经济、文化方面的情况。

(3)熟悉景点介绍,旅游团如有专业交流、考察、参观、座谈、访问活动安排,需认真阅读有关中外文专业活动资料。全陪还要认真熟悉沿途城市有关历史、地理、人口、风土人情等多方面的情况。

(4)地陪要适时核对接待车辆、就餐安排、交通购票等落实情况。要确定与接待车辆司机的会合时间和地点。

(5)地陪要作好接团的物质准备。如领取和备齐各种票证、导游图、导游胸卡、导游证、喇叭、导游旗、接站牌等。

2. 接站服务

(1)陪同要按规定着装,并至少提前10分钟抵达机场、车站、码头迎接客人,地陪接站要佩戴导游胸卡、打社旗和持接站牌。地陪要与司机约好客人上车地点,抵达后要立即与行李员取得联系,共同核对客人所住酒店、全团人数等。

(2)客人抵达后,陪同要主动持接站牌上前迎接,要和客人共同核对团号、实际抵达人数、名单及特殊要求等,对乘飞机抵达的旅游团,要协助客人集中并清点行李,填写行李交接单,将行李和交接手续一并交给行李员。如发现有行李损坏、丢失,应协助解决索赔事宜。对乘火车抵达的旅游团,地陪应向全陪索取行李托运单,交付行李员后离开。陪同待抵达客人全部到齐后,可带人前往乘车地点,扶助客人上车,客人落座后,要认真清点客人人数。

(3)在适当场合,或客人上车坐稳后,导游要向客人进行自我介绍,并介绍全陪、司机等。随后要向客人致欢迎辞。欢迎辞要力求简短、精彩,不可千篇一律,要视不同国家、不同旅游团而有所区别,但欢迎要热情,用词要适当,不可过于拘谨,也不可夸夸其谈,给人以不信任感。

(4)在前往酒店的路上,导游除要介绍沿途景观外,还要主动向客人发放导游图,介绍日程安排、游览项目等。在向客人宣布日程安排前,应主动与领队交换意见,并询问客人有无其他要求等。

(5)在抵达酒店前,导游要向客人详细介绍所住酒店的基本情况,如酒店历史、客房数、建筑面积、地理位置、娱乐设施、周围环境等。

3.客人入住服务

(1)旅游团进入酒店后,导游要帮助客人办理住房登记手续,并向酒店提供客人名单。分发房号后,导游要了解客入住房位置、安全通道等,记住领队房号,同时将自己的(全陪)房号告知领队。

(2)将客人送至房间后,适时带客人去餐厅用餐。

(3)行李到达后,要核对客人行李件数,协助将其送至客人房间。同时查问客房情况,如设备是否完善、无损,房间是否洁净等。如行李出现丢失、被盗、破损现象,要与有关方面交涉,及时处理。

(4)向客人收取要确认的机票、车票和所需办理的签证、护照等,并向客人询问有无其他委托办理事项。根据客人要求,要尽力提供帮助,需转交内勤办理的事宜,要做到转交及时,交代清楚。

第五节　饭店服务礼仪

一、服务员的仪表修饰

服务人员在工作中仪表整洁、大方、美观,可以给刚刚下榻饭店的来宾一个良好的印象。服务员的仪表不仅反映出一个人在社会生活、文化水平等各方面的修养,而且也反映出一个饭店的管理水平。因此,服务人员的仪表修饰是非常重要的,是做好服务工作的基础。

(一)服饰要求

服务员着装的具体要求如下。

(1)工作服整洁、挺直,按规定扣好上衣扣、裤扣。

(2)要检查洗好的工作服有无破损,除工作需要外,衣袋里不要放无关物品,以保持工作服的形状。服务名卡要端正地别在左胸前。

（3）衬衣要穿饭店规定的颜色和式样，并应经常保持整洁。

（4）领带、领结与飘带要随时检查是否系正，脏了要洗，破了要换。

（5）服务员上班时一律穿黑色皮鞋或黑色布鞋，皮鞋要保持光亮，布鞋要干净。不准赤脚穿鞋，不准穿球鞋、凉鞋。

（6）服务员上岗期间不准佩戴各种饰物，如项链、手链、戒指等。

（7）工作服如有破损要及时修好，如影响美观应及时更换，要勤洗、勤换工作服。

（8）服务员在上班前，应首先面对工作镜检查自己的仪表是否符合要求，不符合要求者不准上岗。

（二）仪容的修饰要求

服务人员美丽、自然、亲切的仪容能使客人从内心愿意接受其服务。

（1）服务员应保持面容清洁、头发整齐，适时理发、发型美观、大方，常修指甲，常洗澡、勤洗手、勤更衣。

（2）男服务员要经常修面，保持脸部干净整洁；不留小胡子、大鬓角；发不盖耳。

（3）女服务员头发整洁干净，不梳披肩发；前发不遮眼，后发不过肩。

（4）女服务员不可浓妆艳抹，要化淡妆，不得使用有异味的化妆品，不留长指甲和涂指甲油。

（5）不得戴耳环、手镯、项链等华丽显眼的装饰用品，不得佩戴饭店规定以外的装饰用品。

（6）保持口腔卫生，不吃异味食品。

总之，要面带笑容、亲切和蔼、端庄稳重、落落大方、不卑不亢。

二、日常服务礼节

（一）体现在语言上的礼节

1. 称呼礼节

（1）最为普通的称呼是"先生""太太"和"小姐"。

（2）在得悉宾客的姓名之后，"先生""太太"和"小姐"这三种称呼就可以与其姓氏或姓名搭配使用，如"史密斯先生""格林太太""简·布朗小姐"等，能表示对他们的熟悉和重视。这里要注意的是"格林太太"是指"格林先生"的夫人，因为西方人婚后女子是随夫姓的。

（3）遇到有职位或学位的客人，可在"先生"一词前冠以职位或学位，如"总裁先生""博士先生""教授先生"等。

（4）对于政府官员、外交使节或军队中的高级将领，最好再加上"阁下"二字，以示尊敬，如"总统先生阁下""大使先生阁下""将军先生阁下"等。

（5）对于教会中的神职人员，可在其教会职称后加先生或在其姓名后加职称，如"牧师先生""布莱克神父"。

(6)凡来自与我国互称同志国家的宾客,可用"同志"相称。有职衔的宾客应同时加上职衔,如"部长同志""团长同志"等。

由于各国社会制度不一,民族语言各异,风俗习惯相差很大,因而在称呼上需要多加学习研究,善于正确使用,以免造成误会。同时还应了解各国、各民族的姓名组成和排列顺序的一般规律,用外语称呼时要注意与汉语表达的区别及符合各种外语表达的方式。

2. 问候礼节

(1)与外宾初次见面时应主动说"您好!欢迎到中国来""女士们,先生们,欢迎你们光临饭店"等。

(2)一天中不同的时刻遇见宾客可分别说"早上好""下午好""晚上好"。

(3)根据工作情况的需要,在使用上述问候的同时,最好紧接上一些礼貌服务用语,如"早上好,先生。您有何吩咐?""您好,小姐。要我帮您提行李吗?""晚上好,太太。先在这儿休息一下如何?"这样就会使对方倍感自然和亲切。

(4)涉外饭店服务人员,不仅要会用汉语来表示对宾客的问候,而且更应掌握用外语(特别是英语、日语)和按照外宾的习惯来表示问候,如"How do you do?"(只能用在初次见面时),"How are you, Mr. Black?"(用于熟人)。

(5)特别要注意,不同的国家和民族有不同的礼节用语,不能滥用。"你吃过饭了吗?""你上哪儿去啊?"这类我们中国人当作问候的话是不宜对外宾使用的。因为在他们看来问别人是否吃过饭,言下之意是你想请对方一起用餐;问他们去哪儿,他们认为是在打听他们的私事,会令他们不悦,甚至会产生误解。

(6)在向宾客道别或给宾客送行时,也应注意问候礼节,可以说"晚安""再会""明天见""祝您一路平安""希望您能再次光临"等。

(7)当宾客在我国期间适逢生日或其他喜庆之日,获悉后应及时主动地表示祝贺,可以说"祝您生日快乐""祝您健康长寿"等。

(8)宾客若患病或感觉不舒服,则需要对其表示关心,可以说"是否要我去请医生来""请多保重"等。

(9)当西方传统节日来临之际,我们要向宾客表示节日的祝贺,可以说"祝您圣诞快乐""感恩节好"等。

(10)在接待来华演出的外国文艺团体时,当他们演出归来,应表示衷心的祝贺,称赞他们演出成功,可以说"你们的表演真精彩""太棒了"等。

3. 应答礼节

(1)应答宾客的询问要站立说话,不能坐着回答;要思想集中,全神贯注地聆听,不能侧身目视它处,心不在焉;交谈过程中要始终保持精神振作,不能垂头丧气、有气无力;说话时应面带笑容、亲切热情,不能表情冷漠、反应迟钝,必要时还需借助表情和手势来沟通和加深理解。

(2)如果宾客的语速过快或含糊不清,可以亲切地说"对不起,请您说慢一点好吗""对不起,请您再说一遍好吗"。不能表现出不耐烦、急躁或恐慌的神色,以免造成不必要的误会。对宾客提出的问题要真正明白后再作适当的回答,绝不可以不懂装懂、答非

所问。

(3)对于一时回答不了或回答不清的问题,可先向宾客致歉,待查询或请示后再向问询者作答。凡是答应宾客随后再作答复的事,届时一定要守信,绝不可以不负责任地置之脑后,因为这是一种失礼的行为。

(4)回答宾客的问题时还要做到语气婉转、口齿清晰、语调柔和、声音大小适中。同时,还要注意在对话时要自动停下手中的其他工作。

(5)在众多宾客问询时要从容不迫地一一作答,不能只顾一位,冷落了其他的人。

(6)对宾客的合理要求要尽量迅速作出使宾客满意的答复;对宾客的过分或无理的要求需能沉住气,婉言拒绝,婉转地说"恐怕不行吧""可能不会吧""很抱歉,我无法满足您的这种要求""这件事我需要同主管商量一下"等。要时时表现出热情、有教养、有风度的一面。

(7)如果宾客称赞你的良好服务,千万不要在众人面前流露出沾沾自喜的样子,更不能手舞足蹈、忘乎所以,而应保持头脑冷静,报以微笑并谦逊地回答"谢谢您的夸奖"。

(二)体现在行为举止上的礼节

1. 迎送礼节

(1)当宾客入境抵达机场、码头、车站,下榻到宾馆饭店时,有关服务接待人员应主动上前笑脸相迎,热情招呼。要首先作自我介绍,在征得宾客同意后热情帮助宾客提携行李物品。

(2)如宾客下了飞机需换乘其他交通工具时应事先尽量作好安排,使来宾感到迅速方便。

(3)上飞机、火车、轮船时要让宾客先行,自己随后紧跟,不能抢先。

(4)接团体客人上车时要按先主宾后一般来宾,先女宾后男宾的惯例,一手拉开车门,一手遮挡车门框上沿,以防宾客头部碰撞到车门框。但注意有两种宾客是不能遮挡的:一是信仰佛教的,因为他们认为这样做"佛光"被遮住了;二是信奉伊斯兰教的。

(5)接送宾客时对于老弱病残幼的宾客,拉开车门后还要主动搀扶其上下车。对不愿他人搀扶的宾客,不必勉强,要尊重其意见,但要多加注意,随时准备采取应急措施。

(6)接送宾客上车,在宾客全部就座后,服务接待人员方可坐下。到达目的地车停稳后,服务接待人员应先下车开门,再请宾客下车。到达饭店后,应随同宾客一起到前厅总服务台办理登记手续,同时要关心他们的行李安全。

(7)住店手续办好后,服务接待人员要准确无误地把宾客的行李物品送到宾客的房间。宾客有什么询问要及时耐心解答。要随时了解宾客的要求。在向宾客交代好有关事项后应及时退出客房,不要妨碍他们休息。

(8)当宾客离店或出境时,服务人员要对需要集中的行李物品进行清点,避免出错。机、车、船启动时应挥手告别,目送其离去。

(9)对于重要的宾客,必要时应组织管理人员和服务人员在大堂或大门口列队迎送。迎送的队伍要排列成行,精神饱满,服装整齐,笑容满面,气氛热烈。在宾客全部进店或离去后,迎送人员方可撤离。

2. 操作礼节

（1）为了给宾客提供一个恬静、舒适的环境，要求每个服务接待人员在工作场所应保持安静，不得大声喧嚷，更不得聚众开玩笑、唱歌、打扑克或争吵。

（2）宾客有事召唤，不能高声回答；若距离较远，可用点头示意表示自己马上就会前来服务。

（3）如碰上宾客在出席会议、参加会见时需接电话的情况，应轻声呼叫。伸手示意在何处接听电话。

（4）在走廊或过道上，对迎面而来的宾客要礼让在先，主动站立一旁，为宾客让道。与宾客在同一方向行走时，不得抢道先行。

（5）服务中要注意"三轻"，即说话轻、走路轻、操作轻。

（6）服务中不准吸烟，吸烟既是违反店纪店规的行为，也是对宾客不礼貌的举动。

（7）为宾客递送菜肴、点心、饮料、账单、茶水、毛巾之类物品时，要使用托盘。

（8）如工作需要进入宾客住房时，应先轻声敲门并说"可以进来吗"，待征得许可后方能慢慢推门而入。敲门时动作不要过急过猛。

（9）需进入宾客房间与宾客说明事情时，应简明扼要，不得拖长逗留时间。事毕，马上离开，并轻轻把门关上。

（10）在为宾客打扫房间时，绝不允许随意翻阅、动用宾客的物品。如果打扫时需移动，在清扫工作完毕后，应马上把这些物品按原样放回原处。

（11）打扫房间时，如宾客在房内工作、看书、写字或正与别人交谈，不得在旁窥视、插话。

（12）平时也不能利用工作之便去探问宾客的年龄、薪水、婚姻状况、家庭情况等私事。

（13）如在工作中发生不慎打坏茶杯等物，要及时表示歉意并马上清扫、更换。

（14）如宾客不慎损坏易耗物品，应给予安慰并立即更换，不得在宾客面前流露厌烦的情绪和责备的口气。

（15）当宾客来到餐厅出席正式宴会时，服务人员应笑脸相迎，主动问好并帮助脱、挂衣帽并保管好代管物品，然后按先女宾后男宾、先主宾后一般来宾的顺序拉开椅子，引宾客入席。

（16）在做西餐宴会服务时，要严格按照西餐服务的程序和西方的礼节进行操作。要特别注意上菜、撤盘、换盘的顺序。

（17）在整个宴会过程中，服务人员要随时注意站立的位置，不要遮挡来宾的视线，也不要影响出席宴会宾客的活动。

（18）宴会持续的时间要视具体情况而定，服务人员切不可不耐烦、草率行事或提前结束工作。

（19）宴会结束，宾客起身离开时，服务人员应陪同宾客到衣帽间取衣物，并帮助其穿戴，然后送宾客至餐厅门口，友好话别。

（20）只有在来宾全部离去后，服务人员才可以开始清理餐具，打扫餐厅。

(21)对于服务接待的对象,不论其地位高低、来自何方,也不论其民族、肤色、风俗习惯与宗教信仰,更不论其性别、年龄和外貌,每天见面都应主动热情地招呼问候,切忌冷眼相视或置之不理。

服务接待人员之间应真诚团结,默契配合,有意见、有矛盾不要在宾客面前流露。在任何情况和场合下都需有自控情感和行为的能力,只有这样,才能保证在操作中不致失礼。

(三)提供微笑服务

微笑服务是服务人员最基本的礼仪要求。古人云:"没有笑颜不开店。"世界上不少著名的企业家深晓微笑的作用,对微笑给予了很高的评价,奉其为企业的法宝与成功之道。美国一家旅行社总裁曾衷心告诫东航的空姐们,"Smile Smile 等于 Success"。视微笑为效益和先导的"希尔顿式微笑",不仅挽救了经济大萧条时代的希尔顿饭店,而且造就了今天遍及世界五大洲近百家的五星级希尔顿饭店集团。希尔顿集团董事长唐纳·希尔顿曾经指出:"酒店的第一流设备重要,而第一流的微笑更为重要。如果没有服务人员的微笑,就好比花园失去了春日的阳光和春风。"

微笑的作用主要体现在以下几方面。

(1)在服务岗位以微笑面对客人,可以创造出一种和谐融洽的现场气氛,感染对方,使其倍感愉快和温暖。

(2)可以消除隔阂。微笑是友谊之桥。"举手不打笑脸人"和"相逢一笑泯恩仇"讲的就是微笑所具有的化干戈为玉帛的作用。在一般情况下,当人与人之间产生纠葛时,一方若能以微笑面对另一方,便往往不会进一步激化矛盾。在服务中这样做,有时还可以大事化小、小事化了,使双方的矛盾或误解冰消雪融。

(3)可以获取回报。微笑是人际交往中的润滑剂。微笑是世界各民族领会得最快最好的一种情感,在国际惯例中,微笑普遍的含义是接纳对方、热情友善。服务人员在工作中若能以微笑开始,以微笑结束,必然会赢得顾客的赏识,获得良好的服务效果。

(4)有益身心健康。微笑不仅可以悦人,而且可以益己。俗话说"笑一笑,十年少;愁一愁,白了头",笑口常开的人,往往会给自己一种积极的心理暗示,并使自己生活得健康、开心、快乐。

总之,笑应该是员工内心情感的自然流露。上岗前,要求员工全力排除一切心理障碍和外界的干扰,全身心地进入角色,从而把甜美真诚的微笑与友善热忱的目光、训练有素的举止、亲切动听的话语融为一体。

思考练习

1.什么是服务礼仪?
2.服务礼仪的基本要求有哪些?
3.销售服务技巧有哪些?
4.一般柜台服务应树立哪些基本观念?
5.旅行社接待的个人仪态要求有哪些内容?

第十三章 涉外礼仪

案例传真

刘雪梅是一名白领丽人,她机敏漂亮,待人热情,工作出色。有一回,刘雪梅所在的公司派她和几名同事一道,前往东南亚某国洽谈业务。可是,平时向来处事稳重、举止大方的刘雪梅,在访问那个国家期间,竟然由于行为不慎,招惹了一场不大不小的麻烦。事情的经过是这样的:刘雪梅和她的同事一同抵达目的地,就受到了东道主的热烈欢迎,在随之为他们特意举行的欢迎宴会上,主人亲自为每一位来自中国的嘉宾递上一杯当地特产的饮料,以示敬意。轮到主人向刘雪梅递送饮料时,一直是"左撇子"的刘雪梅不假思索,自然而然地抬起自己的左手去接饮料,见此情景,主人神色骤变,重重地将饮料放回桌上,扬长而去。

原来,在那个国家里,人们的左右手有着明显的分工。正规情况下,右手被视为"尊贵之手",可用于进餐、递送物品以及向别人行礼;而左手则被视为"不洁之手",用左手递接物品,或是与人接触、施礼,在该国被人们公认为是一种蓄意侮辱。刘雪梅在这次交往中违规犯忌,说到底是由于她不了解交往国的习俗所致。

第一节 涉外接待礼仪

在国际交往中,无论是官方或是民间的,礼仪都是一项很重要的工作。许多外事活动,往往是通过各种交际礼仪活动进行的,如迎送、会见(拜会)、会谈、宴请、文艺晚会、体育表演、庆贺等。

一般来说,各种交际活动,国际上都有一定的惯例,但各国往往又根据本国的特点和风俗习惯,有自己独特的做法,或者根据特殊的需要,灵活变通。对此,作为涉外人员应有所了解,以便做到心中有数。

举办任何一项涉外交际活动,都需要做大量细致、具体的准备工作,因此要求每一个涉外人员既要有高度的政治责任感,又要熟悉各方面的业务,并且还要具有严谨的工作作风,掌握灵活的工作方法。

社交礼仪

一、涉外迎送礼仪

迎来送往是常见的社交礼节。在国际交往中,对外国来访的客人,通常视其身份和访问性质,以及两国关系等因素,安排相应的迎送活动。

各国对外国国家元首、政府首脑的正式访问,往往都会举行隆重的迎送仪式,如安排检阅仪仗队等。对其他人员的访问,一般不举行欢迎仪式。然而,对应邀前来访问者,无论是官方人士、专业代表团或是民间团体、知名人士,在他们抵离时,均应安排相应身份人员前往机场(车站、码头)迎送。对长期在本国工作的外国人士和外交使节、专家等,他们离任时,各国有关方面也应安排相应的人员迎送。涉外迎送应做好以下几方面的工作。

1. 迎送规格

对来宾的迎送规格各国做法不尽一致。确定迎送规格,主要依据来访者的身份和访问的目的,还需适当考虑两国关系,同时要兼顾国际惯例,综合平衡。主要迎送人的身份通常都要同来宾的身份相当,但由于各种原因(如国家体制不同,当事人年事已高不便出面,临时身体不适或不在当地等),不可能完全对等,遇此情况,应灵活变通,由职位相当的人士,或由副职出面。总之,主人身份总要与客人相差不大,同客人对口、对等为宜。当事人不能出面时,无论作何种处理,应从礼貌出发,向对方作出解释。其他迎送人员不宜过多。也有从发展两国关系或当前政治需要出发,破格接待,安排较大的迎送场面。然而,为了避免给其他国家造成厚此薄彼的印象,非有特殊需要,一般都按常规处理。

2. 礼宾排序

礼宾序列又称礼宾次序,指在同时接待来自不同的国家、地区、单位的外国团体或个人时,必须遵守的国际惯例。一是依照职位的高低排序,二是依照来宾所在国或地区名称的拉丁字母先后顺序来安排其次序。在大型的国际会议或体育比赛时,通常采用这种排序。三是依据来宾抵达现场的先后时间来排序,这常见于非正式的涉外活动中。四是依据来宾告知东道主自主到访的具体时间的先后来排序。五是不排序。不排序实际上是一种特殊的排序方法,当前面几种方法难以应用时,便可以使用这种排序方法。

3. 悬挂国旗

国旗的悬挂涉及一个国家的尊严问题。任何主权国家均不允许在本国国境内随意悬挂或摆放外国国旗。除国际法有关规定外,我国目前仅允许在下列五种场合悬挂或摆放外国国旗。

(1)外国国家元首、政府首脑正式到访。

(2)外国贵宾访问期间我国举行重要的礼仪活动。

(3)国际会议在我国举行。

(4)重大的国际活动在我国举行。

(5)为在我国所进行的国际经济重要项目而举行的庆典或仪式。

对外国驻华机构、组织、外企、侨民在我国境内悬挂的外国国旗,我国另有专门的规定,即在中国境内悬挂外国国旗时必须同时悬挂中国国旗,且高度、面积要大致相等,以示平等。

悬挂中外国旗的常规是:并排悬挂两国国旗时,应以国旗自身面向为准,以右为上,以左为下。例如,我国举行国宴时,一般将外国国旗悬挂在右侧,我国国旗悬挂在左侧,以示对外方的尊重。

并排悬挂三面或三面以上的国旗时,按照礼宾序列,自右而左,依次悬挂,东道国的国旗往往居于末尾,即最左侧。

4. 掌握抵达的时间和离开的时间

迎送外宾时,必须准确地掌握来宾乘坐的飞机(火车、船舶)抵离的时间,及早通知全体迎送人员和有关单位。如有变化,应及早通知。

迎送人员应在飞机(火车、船舶)抵达之前到达机场(车站、码头)。送行则应在客人登机之前抵达(离去时如有欢送仪式,则应在仪式开始之前到达)。如客人乘坐班机离开,应通知其按航空公司规定的时间抵达机场办理有关手续(身份高的客人,可由接待人员提前前往代办手续)。

5. 举行欢迎仪式

在外国国家元首、政府首脑或军队将帅正式来访时,东道主通常举行隆重的欢迎仪式。我国这类仪式的具体程序是:当国宾抵达机场或火车站时,我国陪同团团长率人前往迎接,并陪同对方前往宾馆下榻。在国宾抵达的当天或次日,将在广场为其举办专门的、隆重的欢迎仪式。举行欢迎仪式时,广场上悬挂两国国旗,地面上铺设红地毯,我国领导人与来访国宾亲切见面,少年儿童向国宾献花。随后,在我国领导人的陪同下,国宾将登上检阅台,奏两国国歌,鸣放礼炮,中外领导人共同检阅三军仪仗队。

6. 献花

如安排献花,须用鲜花,并注意保持花束整洁、鲜艳,通常由儿童或女青年在参加迎送的主要领导人与客人握手之后,把花献上。有的国家由女主人向女宾献花。

7. 介绍

通常先将前来欢迎的人员介绍给来宾。可由礼宾交际工作人员或其他接待人员进行介绍,也可以由欢迎人员中身份最高者介绍。

8. 陪车

如果主人陪车,应请客人坐在主人的右侧。如是三排座的轿车,译员坐在主人前面的加座上;如是二排座,译员坐在司机旁边。上车时,最好请客人从右侧门上车,主人从左侧门上车,避免从客人座前穿过。遇客人先上车,坐到了主人的座位上,则不必请客人挪动位置。

9. 对一般客人的迎接

迎接一般客人,无官方正式仪式,主要是做好各项安排。如果客人是熟人,则不必自我介绍,仅上前握手,互致问候;如果客人是首次前来,接待人员应主动打听,主动自我介绍;如果迎接大批客人,也可以事先准备特定的标志,如小旗子或牌子等,让客人从远处就可以看到,以便客人主动前来接洽。

10. 迎接工作中的几项具体事务

(1)迎接身份高的客人,事先在机场(车站、码头)安排贵宾休息室,准备好饮料。

(2)安排汽车,预订房间。如有条件,在客人到达之前将住房和乘车号码通知客人。如果做不到,可印好住房、乘车表,或打好卡片,在客人到达时,及时发到每个人手中,或通过对方联络秘书转达。这既可避免混乱,又可使客人心中有数,主动配合。

(3)指派专人协助办理入出境手续及机票(车票、船票)和行李提取或托运手续等事项。重要代表团,人数众多,行李也多,应将主要客人的行李先取出(最好请对方派人配合),及时送往住地,以便更衣。

(4)客人抵达住处后,一般不要马上安排活动,应稍作休息。

二、涉外会见礼仪

会见,国际上一般称接见或拜会。凡身份高的人士会见身份低的,或是主人会见客人,一般称为接见或召见。凡身份低的人士会见身份高的,或是客人会见主人,这种会见,一般称为拜会或拜见。拜见君主,又称谒见、觐见。在我国不作上述区分,一律统称会见,接见和拜会后的回访,称回拜。会见就其内容来说,有礼节性的、政治性的和事务性的,或兼而有之。礼节性的会见时间较短,话题较为广泛。政治性的会见一般涉及双边关系、国际局势等重大问题。事务性会见则有一般外交交涉、业务商谈等。

东道国对来访者(包括外国常驻外交使节到任或离任),从礼节及两国关系上考虑,一般均根据对方身份及来访目的,安排相应的领导人和部门负责人会见。来访者及外交使节亦可以根据国家关系和本人的身份,以及业务性质,主动提出拜会东道国某些领导人或部门负责人。一般来说,礼节性拜会,是指身份低者往见身份高者、来访者往见东道国而言的。如果是正式访问或专业访问,则应考虑安排相应的会谈。会谈是指双方或多方就某些重大的政治、经济、文化、军事问题,以及其他共同关心的问题交换意见。会谈可以是洽谈公务,或就具体业务进行谈判。会谈,一般来说内容较为正式,政治性或专业性比较强。外交使节到任后和离任前,还应对与本国有外交关系的国家驻当地使节进行礼节性的拜会,按国际惯例均应回拜,身份高者对身份低者可以回拜,也可以不回拜。

(一)会见时的介绍

1. 自我介绍时需注意以下两点

(1)自我介绍的时间不能太长,一般限制在一分钟甚至是半分钟内,以便对方倾听。

(2)自我介绍的内容涉及本人姓名、工作单位、所在部门和具体职务四个基本要素。

2. 介绍他人时需注意以下三点

(1)在接待外国来访者时,由各方负责人将己方人员一一介绍给他方人士。先介绍主人一方,然后介绍来宾一方。介绍时,通常应按职务高低依次进行。

(2)介绍他人时,先介绍主人,后介绍来客;先介绍职务低者,后介绍职务高者;先介绍男士,后介绍女士;先介绍晚辈,后介绍长辈。这样的先后次序是为了使被介绍双方中身份或地位较高的一方拥有"优先知情权"。

(3)介绍他人、为他人引见前,最好征求被介绍者双方的个人意愿,避免造成尴尬的局面。

(二)会见时的握手

握手是大多数国家相互见面和离别时的礼节。在一般情况下,握一下即可,不可用力,但年轻者对年长者、身份低者对身份高者则应稍稍欠身,双手握住对方的手,以示尊敬。男子与妇女握手时,往往只握一下妇女的手指部分。

握手也有先后顺序,应由主人、年长者、身份高者、妇女先伸手,客人、年轻者、身份低者见面先问候,待对方伸手再握。多人同时握手时注意不要交叉,待别人握完再伸手。

(三)会见时的座位安排

会见通常安排在会客厅或办公室。有时宾主各坐一边,有时穿插坐在一起。某些国家元首会见还有其独特的礼仪程序,如双方简短致辞、赠礼、合影等。在我国,习惯在会客室会见客人,客人坐在主人的右边,译员、记录员安排坐在主人和主宾的后面。其他客人按礼宾顺序在主宾一侧就座。主方陪见人在主人一侧,座位不够可以在后排加座。

三、涉外娱乐礼仪

在涉外交往中,往往会安排一些娱乐活动,如文艺晚会、体育比赛、风景游览等。这是开展对外活动的一个方式,既宣传了本国的文化、艺术及建设的成就,对客人来说也是一种艺术享受和娱乐活动。为外宾精心组织和安排文艺晚会,必须注意考虑外宾来访的性质,双方之间的关系,外宾的宗教、风俗习惯,外宾的特殊爱好,宣传本国的文化等因素。

(一)观看演出

在观看演出时,应印制专门的节目单,在节目单上必须有节目内容简介,帮助客人了解剧情。

外宾的最佳座位是第7排至第9排,宾、主要集中就座,一是作陪需要,二是便于安全保卫。

(二)参观、游览

外国客人无论是访问或旅游都会要求参观、游览一些项目。打算长期在一个国家居住和工作的外国人,要了解这个国家的某些情况,也会要求组织一些参观、游览。安排参观、游览时应注意以下几点。

1.项目的选定

参观、游览项目的选择,主要考虑几个因素,如访问的目的、性质、客人的意愿及兴趣。一般政府官员愿意看和本国生产发展有关的设施,业务人员愿意看与本专业对口的项目,妇女愿意看妇、幼、社会福利设施;年老体弱者不宜安排长时间步行的项目。

 社交礼仪

2. 安排布置

项目确定之后,应作出详细计划,包括先看些什么,后看些什么,中间是否休息,参观前是否有介绍,参观后是否座谈,等等。

3. 陪同

按国际交往礼节,外宾前往参观时,一般都有身份相应的人员陪同。如有身份高的主人陪同,宜提前通知对方。接待单位亦有一定的人员出面,并根据情况安排解说员。游览则安排导游人员。

4. 介绍情况

介绍情况要实事求是,数字、材料要准确,但涉及需要保密的内容则不要介绍。参观项目的基本情况尽可能事先发给客人书面材料,这既节省介绍时间,让客人多实地观看,又可以让客人事前对项目有所了解。参观单位负责人、陪同人员、解说员和导游人员应该对各种不同的外宾可能提出的问题有所准备,不至于一问三不知。

5. 摄影

通常可以参观的地方,都允许摄影。遇到不准摄影的地方,应事先向客人说明。

第二节　西　餐　礼　仪

随着我们对外交往的越来越频繁,西餐也离我们越来越近。西方人用餐,一是讲究吃饱,二是享受用餐的情趣和氛围。只有掌握一些西餐礼仪,在必要的场合,才不至于"出意外"。

西餐,是西式饭菜的一种约定俗成的统称,大致可分为欧美式和俄式两种。西餐菜肴主料突出、营养丰富、讲究色彩、味道鲜香。其烹饪和食用同中餐都有很大的不同,从而体现了一种西方文化。

一、餐桌的一般礼仪

(一) 姿态

在餐桌上保持舒适而优雅的姿态,既是为了用餐的愉快,也是为了对其他客人表示尊重。餐桌上的正确姿态应是轻松而不懒散,即腰背挺直,尽量不靠椅子背;身与餐桌保持一拳距离(10~15厘米);两手臂尽量贴近自己的身子(避免妨碍他人就餐),不要把手肘撑在餐桌上;不吃东西时,可将手放在大腿上,或是将手搁在桌沿上。

(二) 餐巾

吃西餐用的餐巾有午餐巾和晚餐巾之分,午餐巾是全部打开后铺在大腿上,而晚餐巾是对折后再铺在大腿上。

餐巾的用途主要有两点:一是避免菜汁滴在裤子上,二是用来擦嘴和手上的油渍。

用餐前应先将餐巾打开铺在膝上,如果餐巾很大,可以将餐巾放在椅子上,但不可

放在桌上，不可将餐巾别在领口上挂在胸前。餐巾只能用来擦嘴上或手指上的油渍，不能用于擦脸、擦汗。服务员送的香巾是用来擦面的，擦完后放回原盛器内。

（三）良好的吃相

良好的吃相是指在餐桌上吃食物时应具有的合适举止，主要体现在以下四个方面。

（1）入席后不可旁若无人，也不可眼睛一直盯着盘中菜肴，显出迫不及待的样子，或用手玩餐具等。用餐一般是在主人示意开始时，客人才可开始。

（2）吃食物时，注意尽量不要发出咀嚼声。

（3）喝汤时应用汤匙一勺一勺地喝，不能用嘴去啜汤。汤菜太热时，要待其稍凉后再食用，不要用嘴去吹散热气。

（4）取菜时，应取靠近自己的盘中的菜，不能在盘中挑来拣去，也不可只夹自己喜欢的菜肴，一次取菜不应太多。取菜时注意动作要轻，不要碰到邻座，尽量不要将菜拨弄到桌上，或把汤碰洒。如果不小心把菜掉在桌上，不可再将其放回盘内。若要取餐桌上放在离自己较远处的调味品或菜肴时，请别人给你传递，不能越过别人，甚至站起来伸手去取。若有自己不能吃或不喜欢吃的菜肴，不可显出不悦的表情，当服务员派菜或主人夹菜时，不可当场拒绝，可取少量放入盘内，并礼貌地说"谢谢！够了"。

二、西餐就餐礼仪

（一）西餐的特点

西餐在用料方面，肉禽中以牛肉为多，蔬菜中以土豆为多，主食以面包为主；在原料加工方面，多用大块原料做菜，如大块牛排、大块猪排、大块鱼、大块鸡等，在烹制过程中，调味品不易渗透，所以需加各种调料，并且使用刀、叉分割才能食用；除牛排和猪排等部分原料至九成熟外，其余都较生，有的菜甚至生吃。

（二）餐具的种类和摆法

参加西餐宴会时，熟悉各种餐具的用途并正确使用是十分重要的。在西餐宴会上，提供的食物常常并不多，但由于每一道菜都需要用不同的盘子、杯子、刀子、叉子和匙子，从而使得使用的餐具很多，但主要有以下五类：盘子、杯子、刀子、叉子和匙子。

1. 盘子

摆放在全套餐具中间的是用来盛主菜的主菜盘。如果有两道主菜，就会有两个主菜盘。在主菜盘上通常会有一个稍小的备用盘。它有多种用途：一是可以用来盛开胃小吃（在汤之前上），二是可以做汤碗的托碟，三是可以用来放鱼骨头。当然，在一次宴会上它不会同时具有上述几种用途。使用完毕，备用碟就会被撤走。有时，在主菜盘的左边还会有一个沙拉盘，在很多时候沙拉往往与主菜放在同一个盘里。在主菜盘的左上方，有一个盛面包和黄油的小碟。甜食盘是在主菜撤走后再摆上的。

2. 杯子

在正式的西餐宴会上，每一道菜会配一种不同的酒（通常是鱼配白葡萄酒，肉配红葡萄酒，甜食配香槟酒），而每一种酒需要配置一个不同的玻璃酒杯。酒杯通常是摆放在主菜盘的右上方,按使用顺序从右到左摆放(但有时也会从左到右摆放)。有一点需要特别记住:配上一道菜的酒不能在下一道菜时喝。

3. 刀、叉、匙

西餐餐具中最复杂的要数刀、叉、匙了。刀与匙摆放在菜盘的右边,叉摆放在菜盘的左边。

刀通常有四种:鱼刀、肉刀、黄油刀和水果刀。鱼刀和肉刀一起摆放在菜盘的右边。鱼刀是一种并不锋利的银刀,头比较尖,样子有点像铲子(为了便于避开鱼骨切割鱼肉),放在刀具中的最右边。肉刀是最大也是最锋利的钢刀,还有锯齿,用于切割牛排和猪排等肉类食物,有时也可以用来切蔬菜,放在鱼刀的左边。黄油刀是一把较小的圆头小刀,放在面包碟子的上端,刀柄朝右。水果刀是小型的刀子,一般在上水果时与水果一起拿上来。

叉是西餐餐具中最为主要的餐具之一,因此,它的种类也特别多。吃开胃小吃的叉子最小,摆放在叉子的最左边。然后,从左到右依次是鱼叉、肉叉、沙拉叉和甜食叉。

匙主要有三种:汤匙、布丁匙、茶匙或咖啡匙。大的汤匙用来喝大碗的汤,摆放在刀具的右边(如果汤是用小的杯子盛的,汤匙放在汤里与汤碟一起端上来)。布丁匙是吃甜食的,摆放在刀具的左边。茶匙与咖啡匙是在上茶或咖啡时一起送上的,用于搅拌饮料(见图13-1)。

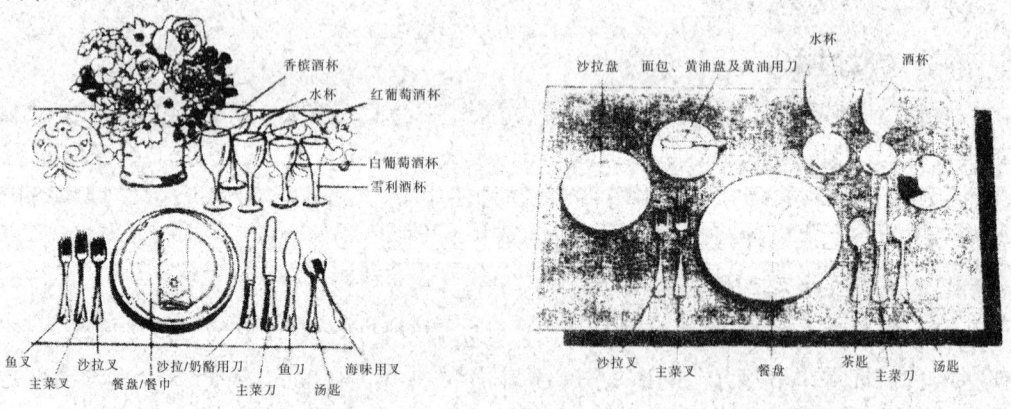

图13-1 餐具的种类和摆法

使用刀、叉、匙时,应记住一点:无论是刀、叉还是匙,都是从最外面的开始,由外向内使用。

(三)餐具的正确使用

1. 刀、叉

西餐所用的刀、叉很多,正式宴会每道菜肴都配有一套相应的餐具,一般以上菜的先后顺序由外向内排列摆放,或随菜一道端上来。每用过一道菜之后,服务员就将相应的刀、叉撤走。所以,一定不要乱了使用刀叉的顺序,以免到时餐具不够用或用不上而尴尬。

用刀时,应把刀柄的尾端置于手掌之中,以拇指抵住刀柄的一侧,食指按在刀柄背上,但应注意食指不能触及刀背,其余三指顺势弯曲,握住刀柄;持叉应尽可能持住叉柄的末端,而不能抓住叉柄的下部,叉柄倚在中指上,中指则以无名指和小指为支撑。叉如果不与刀并用时,叉齿应朝上。如果刀叉并用时,则持叉姿势与持刀相似。一般情况下,右手持刀,左手持叉,先用叉子把食物按住,然后用刀切成小块,再用叉送入口内。欧洲人使用时不换手,美国人则切割后将刀放下,换右手持叉送食入口。

每用完一道菜,将刀叉合拢并排置于盘上,叉齿向上,表示此道菜已用完,服务员会主动撤下;若尚未用完,暂停用餐,应将刀叉摆成八字形或交叉摆在盘上,刀口向内,以示尚未吃完。

使用刀叉时应注意:食物应当用刀切一块吃一块,不应把整盘食物都切成小块,然后用叉子一块一块叉起来吃。切食物时应尽量避免刀叉撞击盘子发出声响;餐刀是用来切割菜肴的,不能用餐刀戳着或抬着食物送进嘴里;用叉齿往嘴中送食物时,不要送到中途停住和别人说话或听别人讲话;进食时,不要将叉齿完全插入嘴里,以嘴唇不碰及叉齿最为标准。

2. 匙

用右手持匙,持法与持叉相同,手指务必持在匙柄上端,不可持在匙柄下部。很多种布丁都要匙叉并用取食,一个用以托盛食品,另一个用以帮助盛取。

喝汤时,只能将汤匙的三分之一放入嘴里,不要使劲吮吸,以免发出声响;喝完汤后,应将汤匙放在盘内,注意匙心朝上,匙柄放于右边边缘。

3. 杯

杯有高脚玻璃杯、茶杯等。高脚玻璃杯有凉水杯、红葡萄酒杯、白葡萄酒杯、香槟酒杯等。拿高脚玻璃杯时,应用大拇指和另外几只手指拿住杯子的下半部,当白葡萄酒是冰镇的时候除外,此时应用手捏着酒杯脚,以免手温把酒弄热。每次喝完酒或水后,要把杯子放回原处。

茶杯是用来喝茶或咖啡的。拿茶杯的方法是:把食指穿过杯子的耳朵,大拇指压在杯子耳朵的上面,用中指抵住杯子耳朵从而把杯子固定,注意小指头不要不自然地翘起来。在正式的宴会上,应当让茶杯、茶盘自始至终放在那里;而在不那么正式的宴会上,则在菜盘撤走以后可以把它们随意移动。

(四)西餐的上菜顺序

西餐的正餐,尤其是在正式场合所用的正餐,其菜序既复杂多样,又讲究甚多。在大多数情况下,西餐正餐的菜序由下列几道菜肴构成。一顿内容完整的西餐,一般要吃上一两个小时。

(1)面包配黄油(用餐前预先摆放着的)。
(2)开胃小吃。
(3)汤。
(4)鱼(如有开胃小吃,鱼通常省略)。
(5)肉与蔬菜、沙拉(沙拉有时作为单独一道菜上)。
(6)水果和点心(甜食)。

(7)咖啡或茶(通常在客厅里用)。

(五)一些西餐食品的吃法

1. 面包

面包往往是西餐的主食。其吃法是:用手将其掰成小块后拿起来吃,不能用嘴直接啃。如果需要涂抹黄油、果酱,应先用手将面包掰开,再用专用的小刀将黄油或果酱抹在面包块上,然后再吃。当盘上有一点食物不能叉起来的时候,还可以掰一小块面包来帮助,但不要用面包来擦盘子。

2. 开胃小吃

开胃小吃通常是一些海鲜。吃牡蛎这样的海鲜时,可以用又小又尖的叉子把里面的肉挑出来吃;而吃虾这样的海鲜时,可以用手把虾壳剥掉以后再吃。

3. 鱼

西餐中的鱼有两种吃法:一种是去掉鱼刺的煎鱼块,用叉子叉起来吃便可;另一种是整条鱼,其吃法就有些复杂。先用鱼刀将鱼头切下,放在专盛鱼骨的备用碟里;然后用鱼刀沿着鱼背割下上边的鱼肉放在盘子的一边;再用刀子切下一小块,用叉子送进嘴里。上边的鱼肉吃完后,将鱼骨拉掉放在备用盘里,然后再用刀子将鱼肉切成小块,用叉子叉起来吃。

4. 蔬菜和沙拉

吃蔬菜时主要用叉子,只有叉子叉不起来的菜才可用刀子帮忙盛取。如果是叉子叉不开的食物,而吃一口又太多(如莴笋、整棵青菜)时,可用刀子把菜切开后再用叉子叉起来吃。

沙拉通常作为主菜的配菜,在主菜吃得差不多时,由服务员端上装有沙拉的大盆让每人各自取一点。这时,吃沙拉就用原来吃主菜的刀叉。有时沙拉也作为一道主菜单独用盘子盛,这时往往配有专门吃沙拉的餐具。

5. 餐后点心

餐后点心,是在吃完主菜后上的。它的品种很多,以甜食为主。不同的点心吃法各异。

三明治、意大利馅饼:可用手拿着吃。

奶酪:用刀切下一小片,然后用手拿着吃。

布丁:一般用叉子叉着吃,如用叉取食物有困难,则可叉匙并用。

通心粉与细面条:用叉子叉起粉或面条,然后小心而快速地转动叉子,让面条缠在叉子上吃。

冰激凌、水果羹、鸡蛋羹:用匙舀着吃,吃完后将匙放在托盘上,而不要留在小碗或小杯里。

6. 水果

苹果、梨等,应先用刀切成数块,然后再用刀取出皮核。削皮除核时,刀口应向内,由外往里削。削好皮后,可以用手拿着吃,也可用叉子叉起来吃;吃香蕉时,应先用手剥皮,再用刀切成小块,用叉子叉起来吃,不能用手将整只香蕉拿起来吃;吃葡萄时,应将

葡萄一颗一颗揪下来吃,不能整串拿着吃;吃橘子时,可以用手剥皮后,一瓣一瓣拿着吃;西瓜、菠萝等通常都去皮切成块,然后用叉取食;橙子用刀切成块吃,荔枝、龙眼等可剥去皮用手拿着吃。

水果的果核应用手先接住,再放于盘沿,不可直接吐于桌面或地上。

小贴士:

(1)不少人在吃西餐时,都会担心"失礼"。其实,所谓餐桌礼仪是为了让餐膳可以不受阻碍和破坏,而得以顺利流畅地进行的实用守则。谨记"整齐、清洁和保持安静"三项原则便可无往而不利。

(2)在西方,去饭店吃饭一般都要事先预约。在预约时,有几点要特别注意:首先要说明人数和时间,其次要表明是否要区域视野良好的座位。如果是生日或其他特别的日子,可以告知宴会的目的和预算。在预定时间到达,是基本的礼貌。

(3)开胃小吃和鱼并不是每次宴会必备的,而且这两种往往只备其中一种。

(4)切食物时要尽量避免刀叉撞击盘子发出响声。

(5)喝汤时,应用汤匙由里向外舀汤喝,且不要发出声响。

第三节 涉外馈赠礼仪

在涉外交往中,往往会出现互赠礼品的情况。"礼尚往来"属正常现象,既有必要,也可以达到增进双方了解和友谊的目的。

一、涉外礼品选送

(一)礼品的纪念性

向外宾馈赠礼品首先考虑的是礼品的纪念意义。赠送礼品不一定要讲究礼品的贵重或商品的价值。中国有一句俗话:千里送鹅毛,礼轻情义重。现在在很多国家,人们都不时兴赠送过于贵重的物品。如果礼品过重,反而会给受礼者认为送礼者另有所图。

(二)礼品的民族性

最具有民族性的礼品往往也是最受人欢迎的礼品,如玉石印章、红木筷子、中国画、剪纸、地方的特色物品(如广西的壮锦、绣球,新疆的地毯,苏州的丝绣等)送外宾均很受欢迎。

(三)礼品的针对性

馈赠礼品要因人而异,因事而异。向外宾赠送礼品时,要考虑到外宾的修养、人格、品位、爱好。此外,还要考虑不同的情况与不同的场合。如在国务活动时,宜向国宾赠送鲜花、艺术品;出席家宴时,宜向女主人赠送鲜花、巧克力、土特产和工艺品,或是向主人家的孩子赠送糖果、玩具等;探视病人时,可向其赠送鲜花、水果等。

(四)礼品的差异性

向外宾赠送礼品时,还必须注意其所在国的风俗习惯及与本国的文化差异。在挑选礼品时,应主动避开对方有可能存在的下述六个方面的禁忌:一是与礼品品种有关的禁忌,二是与礼品色彩有关的禁忌,三是与礼品图案有关的禁忌,四是与礼品形状有关的禁忌,五是与礼品数目有关的禁忌,六是与礼品包装有关的禁忌。

此外,下列八类物品不宜被选来赠送外国人。

(1)一定数额的现金、有价证券。因为赠送和收受这类礼品会被视为有行贿受贿之嫌。

(2)天然珠宝与贵重物品、首饰,其原因与第一类相似。

(3)药品与营养品。在国外,个人身体健康属于隐私问题。因此,给其赠送药品及营养品会使其不快。

(4)广告性、宣传性物品。因为赠送这些东西会被认为是在利用对方或强加于人。

(5)易于引起异性误会的物品。向异性外宾送礼时,一定要注意,不要向对方误送示爱的物品或对其不恭的物品。

(6)受礼人忌讳的物品。这些忌讳的物品涉及宗教、政治、文化、民族、职业等方面。

(7)涉及国家机密及商业机密的物品、国家级贵重文物。赠送这类物品既损害了国家利益,而且可能还会触犯国家法律。

(8)不道德的物品。

二、涉外礼品馈送方式

根据礼仪惯例,向外宾赠送礼品时,要注意把握好以下两个环节。

(一)礼品的包装

礼品的包装是礼品非常重要的组成部分,是礼品送出去时给对方的"第一印象"。因此,礼品的包装材料一定要考究,要注意色彩、图案、形状等,并考虑到受礼人的爱好、风俗习惯等。

(二)礼品的送出时机

根据惯例,送礼要寻找一个最佳时机,这个时机因人、因事及因场合而有所不同。

(1)在会见会谈结束、起身辞行时,可选择这个时候向主人赠送礼品。

(2)见面并向对方道喜、祝贺时送出礼品。

(3)出席宴会后、辞行前向主人赠送礼品。

(4)观看文艺演出结束后,当登台向演员祝贺时当面赠送。

(5)游览观光时,当接待单位向自己赠送礼品后,最好当时向对方回赠礼物。

(6)为专门接待的工作人员准备的礼物,一般在抵达当地后尽早赠送给对方。

(7)作为东道主接待外宾时,可在外宾向自己赠送礼品时进行回赠,也可以在外宾临行前去外宾下榻之处进行探访时回赠。

三、涉外礼品接受

在接受礼品时要注意以下四点。

(一) 欣然接受

外宾向自己赠送礼品时，一般要大大方方地接受下来，没有必要过分客套。在接受礼品时，应起身站立，面带笑容，双手接过礼品，然后与对方握手并真诚地表示感谢。

(二) 当场拆启礼品并予以赞赏

在大多数国家，尤其是在西方国家，当着送礼人的面启拆礼品的包装，然后认真地对礼品进行欣赏，并不时说上几句赞美之词是一种通常的做法，也是一种礼貌。他们认为，收到别人的礼品，原封不动地往旁边一放，这是对礼品不感兴趣或是对送礼人看不起的一种表现。这与中国人接受礼品时的做法大相径庭。中国人的习惯是待送礼人走后再打开礼品包装，慢慢欣赏礼品。当场打开礼品包装反而被视为"不礼貌"。

(三) 拒收礼物要坚决

对外国人送的违法、违禁物品，有辱国格人格的物品，会导致产生误解的物品，过分昂贵的物品，一定数额的现金及有价证券都不宜接受。在拒绝接受时向对方加以说明。如对方在赠送礼品时并无恶意，在谢绝礼品时，顺便对对方表示感谢。

(四) 事后再谢

接受外宾的礼品，尤其是比较贵重的礼品后，最好在一周之内打电话或写信给对方致以谢意，这样更显正式。

第四节　国外主要禁忌

一、国外主要数字禁忌

在国外，一些数字受到人们的忌讳并被认为是"厄运"之数。亚洲国家如阿富汗，人们忌讳"13"与"39"，认为这两个数字具有消极的含义。在巴基斯坦，"13"和"420"这两个数字被认为是会给人们带来灾难和厄运的不祥之数。朝鲜人和中国人一样，忌讳"4"这个数字，因为它的发音与"死"类似。日本人忌讳"4"与"9"这两个数字，因为"4"在日文发音与"死"相似，而"9"的发音则与"苦"相近。在印度，"1""3""7"这三个数字被视为不吉利的数字。在美洲的一些国家，人们忌讳"13"和"666"这两个数字，"13"被认为不吉利，"666"则被认为表示魔鬼撒旦。欧洲的很多国家也是这样，人们都忌讳"13"和"666"这两个数字。在非洲，不少国家的人们，特别是这些国家的基督教徒也都非常忌讳"13"这一数字。

常在国外出差的人，乘坐欧美国家航空公司的飞机时，会发现大多数航空公司飞机的座舱里(但非全部)都无"13"号这排座,有的是把第14排直接连在第12排后面,有的排成"12 A""12 B"。

在西方国家,旅馆无13号房间,电梯也不标示13层,而用"12A"来代替。在法国城市的门牌号上,尤其难见到13号,人们常常用"12A"来代替。

二、国外主要食物禁忌

世界上有不少国家,由于民族或宗教的原因,对一些食物都有禁忌。如美国人不吃羊肉、狗肉、猫肉、蛇肉、鸽肉、淡水鱼与无鳞无鳍的鱼,不吃动物的头、爪及内脏,不吃生蒜、韭菜、皮蛋;俄罗斯人不吃海参、海蜇、墨鱼、木耳;英国人不吃狗肉和动物的头、爪;法国人不吃无鳞无鳍的鱼;德国人不吃核桃;日本人不吃皮蛋;韩国人不吃鸭子、羊肉和肥猪肉;缅甸人一般不吃猪肉、狗肉、牛肉及动物的内脏;尼泊尔人不吃牛肉、海参及姜等。

在所有的食物禁忌中,宗教方面的禁忌是最为严厉的。按照伊斯兰教教规,伊斯兰教教徒忌食猪肉,忌食自死之物,忌食未诵安拉之名宰杀之物和动物的血液,此外,狗、马、驴、骡、蛇以及其他一切食肉的禽兽都在禁忌之列,酒及含酒精的饮料也属禁饮之物。犹太人忌食兔肉、马肉、骆驼肉,不吃咸肉、火腿、龙虾、鳗鱼、蛤蚌。在印度,印度教教徒和锡克教教徒忌食牛肉。

三、国外主要交际禁忌

在国外与外国人交往交谈中,应注意下面几点。

(一)非议国家、政府和民族的话不说

在国际关系中,一国是不能干涉另一国的主权的。因此,对别国的内部事务应避免妄加评论,说三道四。对自己的国家、政府和人民也不能进行非议。这样做会被对方瞧不起。因为他们会认为,非议自己国家的人缺乏基本的国民素质,一个不维护自己国家和民族利益和尊严的人是不值得尊重和信任的。

(二)涉及对方个人隐私的内容不问

涉及个人隐私问题,如收入、家庭财产、年龄、婚姻、健康、文凭、经历、衣饰价格等私人问题不能询问。很多国家的法律都含有保护隐私权这一内容,我们应当把这些作为交际中的禁区。

(三)涉及国家、行业和企业的秘密不谈

在涉外交往中有时会遇到一些与国家秘密、知识专利、内部情报、企业财务、商业机密等有关的问题,这些都应该避免谈论。因为,每个国家都有其相关的国家保密法、知识产权保护法和相关的法律法规。我们不能随意涉足这些问题(否则会招致麻烦),更不能向外国人泄露国家及企业机密,构成违法犯罪。

(四)涉及庸俗、下流、低级趣味的内容不讲

与外国人交谈时,对一切庸俗、低级下流、与色情有关的内容,均不应谈及。否则既

引来对方不快,也自我贬低,影响自身形象。

(五)涉及对方弱点、缺陷等内容的话不说

任何一个有自尊心的人都不会喜欢别人谈及自己的弱点、缺陷,更不喜欢这些东西被曝光。即便是表示关心,也会引起对方的不快和不安。因此,应避免谈到涉及对方弱点、缺陷的内容。

(六)涉及他人短长的内容不说

在外国人面前非议第三者,实际上会被听者瞧不起,被认为是缺乏教养的行为,这也是外国人深为忌讳的事。俗话说,"来说是非者,必定是非人"。这是素质低、缺乏修养的一种表现。

(七)涉及疾病、死亡等不愉快的内容不说

疾病、死亡等始终是一个不愉快的话题,除非是在医院探视病人或是在某些特定场合,这类话题在涉外交往中应尽力避免。

(八)与妇女交谈时不说她长得胖、身体壮、保养好等话语

在涉外交际中对女性不说她长得胖、身体壮、保养好等话语。因为,对听者而言这绝非是赞美之词。"长得胖、身体壮"并不是她所追求的"优雅身材","保养好"言下之意是"她已不再年轻"。

(九)不随意批评长辈和身份高的人及自己的同事

尊重长辈、尊重上级,这在全世界都是一个共识。这涉及个人道德及修养问题。"具有与人合作的能力"是现代人应具备的一个素质,如果随意在涉外交往中抨击自己的同事,其"与人合作的能力"会令听者生疑。

(十)宗教政策及宗教问题不谈

宗教问题是世界各国面临并且急需解决的既棘手又敏感的问题。世界上很多地方发生的战争、动乱、骚乱多与宗教有关。因此,作为一般的涉外人员或在一般的涉外交往中,不与外国人谈论宗教问题。

思考练习

1. 涉外礼仪一般包括哪些内容?
2. 涉外接待时应注意哪些礼仪?
3. 从事涉外服务工作时应遵守哪些守则?
4. 在涉外礼品馈赠方面,有哪些东西不能作为礼品赠送给外宾?
5. 在接受涉外馈赠礼品时,中国人和西方人的差异是什么?
6. 在涉外交际中主要有哪些禁忌?

附　　录

附录一　自我形象十大检查

	男性		女性
头发	是否理得短而端正 是否保持整洁	头发	是否经常修剪 是否长度适中 是否蓬松凌乱
胡须	每天早上剃吗 剃得干净吗	化妆	是否过浓
领带	颜色花纹是否过于耀眼 上衣和裤子颜色是否搭配 穿前是否熨烫	内衣	有无外露
工作服	是否有破损或不整洁		
手和指甲	手是否干净 指甲是否剪短并清洁	手和指甲	手是否干净 指甲颜色是否过于艳丽
裤子	穿前是否熨烫 膝盖部分是否突出 是否有脏污 拉链、搭扣有无理好	裙子	穿前是否熨烫 拉链有无异常 是否有脏污
袜子	有没有破损 是否和衣服颜色相配	丝袜	颜色是否合适 有无漏洞
皮鞋	颜色是否合适 是否擦拭干净 鞋带是否系好	皮鞋	是否擦拭干净 颜色是否合适 鞋跟是否过高

附录二　鲜花礼仪

一、鲜花礼仪的起源

礼仪鲜花的起源同礼仪一样,是由习俗形成的。传递感情、寄情鲜花,古时已经开始了。

代表东方古代文明的礼仪之邦——中国,在礼仪鲜花的应用方面,可以追溯到久远的古代。考古发现,距今7000年前的陶器上已经有植物——万年青的图案,足以说明古人已用鲜花来美化自己的生活了。这种鲜花图案除了装饰作用外,还可能是某种感情和愿望的寄托。据史料记载,夏至东周(公元前21—3世纪)时期,对花、草和树木赋予了象征意义,如:兰草气味芬芳用以比君子。芍药可以分株,一名离草,故朋友相别赠以芍药表达依依惜别之情。离别赠芍药是古代中国最风行的鲜花礼仪。

古代鲜花礼仪并非中国独有。在古希腊,由于战争频繁,涌现出了一批批战斗英雄,人们用鲜花迎接凯旋的壮士,把最能表达崇敬之情的鲜花送给他们。每年到了儿童节(Anthester)这一天,孩子们都会头戴花冠庆祝自己的节日。这些可谓西方礼仪用花开始的代表。

先民们形成了良好的鲜花礼仪的习俗,给我们留下了宝贵的鲜花文化财富。鲜花礼仪的形式历经数千年延续到现在仍旧盛行不衰,并逐渐国际化。这一发展过程,经受了时间和空间的考验,表明鲜花礼仪具有民族性和世界性,礼仪鲜花具有无穷的魅力和独特的作用。

二、鲜花礼仪的应用形式

花卉在礼仪交往中的作用随着社会文明程度的加深而越来越大,并成为社会交际中的一个重要工具。鲜花在礼仪交往中主要有以下几种应用形式。

(一) 花的形式

1. 花束

它包括普通花束和新娘捧花,主要是使用各类包装纸、丝带等配材,对组合好的鲜花进行各种不同风格的包装。从造型上,花束可分为单面观和四面观,是束把状的一种插花形式。单手可握,双手可捧,因携带方便,它成为最受欢迎的一种礼仪插花,可用于迎送客人、访友、庆典仪式、馈赠礼品、结婚等场合。

2. 花插

使用针盘、花瓶等容器将花材固定在花泥等固定物上,形成不同的风格,可用于会议桌、接待台、演讲台、餐桌、几案等场所的花饰。花插在实际生活中应用也非常普遍,因其常使用花钵作为容器,因此也被称作钵花,一般置于桌子中央(如中餐桌、圆形会议桌和西餐桌等)或一侧(如演讲台、自助餐台、双人餐桌等)。

花插可以是独立式或组合式,会议主席台、演讲台等还常结合桌子的立面进行整体装饰。从造型上,花插可以有单面观、四面观,构图形式多样,有圆形、球形、椭圆形等对称的几何构图,也有新月形、下垂形等各种灵活多变的不规则式构图,构图主要取决于桌子的形状、摆放的位置及需要营造的气氛。

3. 花篮

它是以篮为容器制作成的插花,是社交、礼仪场合最常用的花卉装饰形式之一,可用于开业、致庆、迎宾、会议、生日、婚礼及丧葬等场合。花篮尺寸有大有小,有小型花篮、中型及中小型花篮,也有高至2米多的大型致庆花篮。它在造型上有单面观及四面观,有规则式的扇面形、辐射形、椭圆形及不规则的L形、新月形等各种构图形式。花篮有提梁,便于携带,同时提梁上还可以固定条幅或装饰品,成为整个花篮构图中的有机组成部分。花篮可分为礼品花篮、庆典花篮、装饰花篮、悼念花篮等几种类型。

4. 装饰花

它包括胸花、头花、腕花、肩花等,一般用于出席各类大型集会、重要会议、晚会、开幕式、结婚典礼等场合,佩戴于胸前、头上、腕上。装饰花只需较少的花材和配叶,就能制作出典雅大方的花形,起到装饰的效果。

5. 礼品盆花

对种植于花盆中的观花、观叶、观果等花卉,进行礼品的包装,也可以使之成为馈赠品。礼品盆花主要应用于拜访亲戚、朋友时作为礼品。

(二)赠花的礼仪

1. 了解"花卉语"

当我们用花为媒来传递友谊时,要注意运用正确的"花卉语",以免出现尴尬。

在不同的国家和地区,同一种花也许会有不同的寓意,如垂柳在美国表示"悲哀",但在法国,柳则是"仁勇"的象征。实际上,同一种类型的花卉,因其不同的颜色,也有不同甚至截然相反的意思,如红色的郁金香是"爱的表示",蓝色的郁金香象征"诚实",而黄色的郁金香则象征"无望的恋爱"。因此,要恰当运用好"花卉语"。

2. 不同场合的赠花

(1)赠恋人

向恋人赠玫瑰花的花语是"我真心爱你",蔷薇花象征"我向你求爱,小天使",桂花表示"我挚意爱你",这类花卉赠之恋人,可收到心有灵犀一点通之功效。若将这类花卉赠之其他对象,则会交际不成,反而引火烧身。

(2)赠婚礼

婚礼赠花可以送一束美丽鲜艳的由红玫瑰、吉祥草、文竹等花组成的花束。红玫瑰象征爱情美好;吉祥草祝朋友吉祥如意、生活美满;文竹绿叶葱葱,祝朋友爱情永葆青春。此外,并蒂莲表示"恩爱如初,幸福长存",百合花象征"百年好合",它们及红色郁金香等花都是赠婚礼的理想花卉。

(3) 赠病人

慰问病人，送一束黄月季，表示"早日康复"；一束芝兰，象征"正气清运，贵体早康"；或送一束松、柏、梅花，以鼓励他与病魔作斗争，象征"坚贞不屈""胜利属于你"。

庆贺生日赠花，年轻一点的可送其火红的石榴花、鲜红的月季花、美丽的象牙花，祝其前程如火一样红烈，青春如红花鲜艳等；对年老者，赠之以万年青、寿星草、龟背竹等，以示祝福老人健康长寿，快乐幸福。

3. 赠花的注意事项

正式场合，如组织开张、纪念、庆典等，大多可送花篮；迎宾、欢送、演出中送给演员，大多送花环、花束；宴请、招待会等送胸花。

送花时一般不能送单一的白色花，因为会被人认为不吉利；送玫瑰花时应送单数，不要送双数，但12除外；不要将红玫瑰送给未成年的小姑娘；不要将浓香型的鲜花送给病人。

送一束花时最好用彩色透明纸将花包装好，再系一根与鲜花颜色相匹配的彩带，这样既便于携带，又使花显得更漂亮。

附录三　中国主要节日

一、中国主要传统节日

春节——农历正月初一，古称元辰、元正、元朔、元旦、岁旦、岁首、岁朝、新正、首祈。

元宵节——农历正月十五，又称灯节、上元节。

清明节——公历4月5日前后，又称踏青节。

端午节——农历五月初五，又称端阳节、重五节、重午节、天中节、天长节，是我国传统的三大节日之一，古又称"龙子节"。

七夕——农历七月初七，又称乞巧节、七桥节、女儿节，称之为中国的"情人节"。

中秋节——农历八月十五，又称团圆节。

重阳节——农历九月初九，又称重九节、菊花节。

腊八节——农历腊月（十二月）初八。

二、中国主要法定节日

1. 全体公民放假的节日

(1) 新年

(2) 春节

(3) 清明节

(4) 劳动节

(5)端午节

(6)中秋节

(7)国庆节

2.部分公民放假的节日及纪念日

(1)妇女节(3月8日),妇女放假半天;

(2)青年节(5月4日),14周岁以上的青年放假半天;

(3)儿童节(6月1日),不满14周岁的少年儿童放假1天;

(4)中国人民解放军建军纪念日(8月1日),现役军人放假半天。

3.其他节日

(1)少数民族习惯的节日,由各少数民族聚居地区的地方人民政府,按照各该民族习惯,规定放假日期。

(2)二七纪念日、五卅纪念日、七七抗战纪念日、九三抗战胜利纪念日、九一八纪念日、教师节、护士节、记者节、植树节等其他节日、纪念日,均不放假。

附录四 称呼礼仪

1.交友名称种种

金兰之契:即以同胞兄弟相待的好朋友。旧时朋友相契,结为兄弟,互挽谦贴以为凭记,称之为金兰谦,省称兰谦。这种友谊被人们认为是深厚、真挚、美好、珍贵,因而比喻成芳香的兰花。

莫逆之友:即情意十分投合的好朋友。《庄子·大宗师》中说,有三个人"相视而笑,莫逆于心,遂相与为友"。"莫逆"的意思就是指彼此心意相通,情投意合,没有障碍,无所违逆。

刎颈之交:比喻可以同生死、共患难的朋友,出自《史记·廉颇蔺相如列传》:"卒相与欢,为刎颈之交。"这当然是一种形容夸张之词,意在说明对友谊的忠贞。正如古人言:"要齐生死而刎颈无愧也。"

忘年之交:打破年龄、辈分的差异而结为好友。

忘形之交:意思是指彼此以心相许、不拘形迹的朋友,出自杨循吉的《吴中语·魏守改郡治》:"然蒲圻爱彼殷勤,竟遂弃寐告,为。忘形之交。"

总角之交:即从小结识的好朋友。我国古代,小孩子束发为髻,叫作总角。

八拜之交:八拜是古代世交子弟见长辈的礼节,后世称结为异姓兄弟的人为八拜之交。

金石之交:形容友谊坚不可摧,如同金石一般,也可以说是十分深厚的友谊。

泛泛之交:是指情谊不深的一般朋友。

一面之交:仅仅相识,不甚了解。

小人之交:指重利忘义的朋友交往。

患难之交:指经历磨难而结成的朋友。
贫贱之交:指穷困潦倒时结交的朋友。
布衣之交:一指贫贱之交,二指显贵者与没有官职的人相交往。
知交:指朋友之间达到了"知己"的程度。
至交:指友谊最深的朋友。
世交:指两家世代有交情。
杵臼交:指交友不嫌贫贱。
石友:情谊坚贞的朋友。
死友:交情深笃、至死不相负的朋友。
挚友:志同道合的朋友。
素友:真诚纯朴的朋友。
诤友:开诚相见、直言规劝的朋友。
畏友:品德端重、让人敬重的朋友。
密友:最亲近、要好的朋友。《鸡鸣偶记》将朋友分为四类,对密友如此解释:"缓急可共,生死可托,密友也。"
昵友:指亲密的朋友。《鸡鸣偶记》对昵友如是解释:"甘言如饴,游戏征逐,昵友也。"
贼友:有了利益就互相争夺,有了祸患就互相倾轧,这就叫贼友。《鸡鸣偶记》中如是解释:"利则相攘,患出相倾,贼友也。"

2. 不同年岁的别称

在我国,表示年岁的方式有许多种。了解这些表达方式所代表的具体年龄,有利于在交际中判断对方的年龄,确定相应的称谓。

汤饼之期:婴儿出生三朝,称之为汤饼之期。
孩提:指幼儿始知发笑尚在襁褓中,也有写作"孩抱"或"提孩"的。
初度:指小儿周岁,后来亦泛指生日为"初度"。
垂髫:指儿童或童年。古时童子未冠,头发下垂,因而以"垂髫"代指童年。
总角:指童年。古时少儿男未冠、女未笄时的发型,头发梳成两个发髻,如头顶两角。
黄童:指幼年时期。
稚齿:指幼年时代。
韶龀:指孩童,即7~8岁的儿童。
教数之年:指9岁儿童。
外傅之年:指10岁儿童,也称"幼学"。
舞勺之年:指13~15岁少年。
束发:成童的年龄。清朝以前,汉族男孩15岁时束发为髻,成童;20岁时行冠礼,成年。因此用束发指代成童的年龄,即15~20岁。
及笄:指女子15岁。

社交礼仪

破瓜之年:指女子16岁。

待年:指女子成年待嫁,又称"待字"。

弱冠:指男子20岁。

花信:指女子成年期,即24岁左右。

有室之年:指男女的结婚之年。

而立:指30岁,也称"壮"。

不惑:指40岁,也称"强"。

知命:指50岁。

花甲:指60岁。

耳顺:指60岁。

杖乡之年:指男子60岁。

耆老:指六七十岁的老人。

古稀:指70岁。

皓首:指老年,又称白首。

杖国之年:指男子70岁。

杖朝之年:指80岁。

耄耋之年:指八九十岁的老人。

花甲重开:指120岁。

古稀双庆:指140岁。

3. 古人称谓

(1)尊称

令尊	称别人的父亲
令堂	称别人的母亲
令郎(令子、令郎君、令嗣)	称别人的儿子
令婿(令坦、令倩)	称别人的女婿
令爱	称别人的女儿
令正(令室、令阃等)	称别人的妻子
伉俪(佳偶)	称别的夫妇
乔梓	称他人的父子的敬辞
昆玉(昆仲)	称他人的兄弟的敬辞
跨灶	称贤能的儿子
贤契	称学生
高足	称别人的学生

(2)谦称

家父(家严、家君)	称自己的父亲
家母(家慈)	称自己的母亲
舍侄	称自己的侄儿

拙荆(拙内、荆室、内人等)	称妻子
外子	称丈夫
豚子(犬儿)	称儿子
小女	称女儿

(3) 别称

椿萱(严慈、高堂、膝下)	父母
严父(严君、严亲)	父亲
翁姑(舅姑、姑舅)	公婆
泰山(外父、外舅)	岳父
泰水(外姑)	岳母
同窗(同门、同砚)	同学
东床(坦床、娇客、东坦)	女婿
细君	妻子
良人(郎君)	丈夫
众子	指嫡长子以外的诸子
嫡子	妻生子
庶子	妾生子
手足(棠棣)	兄弟
门生(受业)	学生
季父	叔父